アドルフ・ヒトラーの一族

独裁者の隠された血筋

ヴォルフガング・シュトラール

畔上 司＝訳

草思社文庫

アドルフ・ヒトラーの一族＊目次

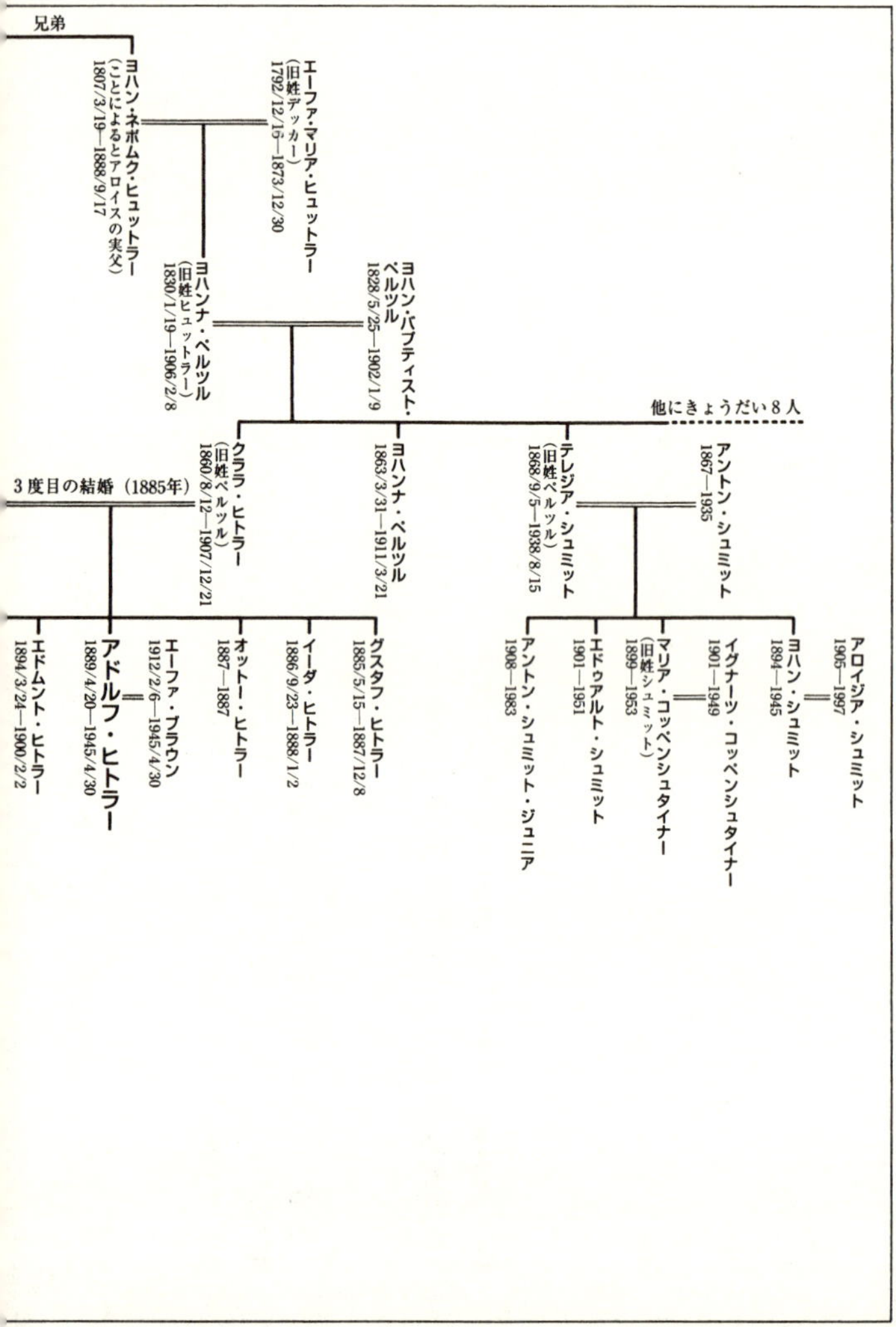
兄弟
ヨハン・ネポムク・ヒュットラー
（ことによるとアロイスの実父）
1807/3/19—1888/9/17
エーファ・マリア・ヒュットラー
（旧姓デッカー）
1792/12/15—1873/12/30
ヨハンナ・ペルツル
（旧姓ヒュットラー）
1830/1/19—1906/2/8
ヨハン・バプティスト・ペルツル
1828/5/25—1902/1/9
他にきょうだい８人
クララ・ヒトラー
（旧姓ペルツル）
1860/8/12—1907/12/21
ヨハンナ・ペルツル
1863/3/31—1911/3/21
テレジア・シュミット
（旧姓ペルツル）
1868/9/5—1938/8/15
アントン・シュミット
1867—1935
３度目の結婚（1885年）
エドムント・ヒトラー
1894/3/24—1900/2/2
アドルフ・ヒトラー
1889/4/20—1945/4/30
エーファ・ブラウン
1912/2/6—1945/4/30
オットー・ヒトラー
1887—1887
イーダ・ヒトラー
1886/9/23—1888/1/2
グスタフ・ヒトラー
1885/5/15—1887/12/8
アントン・シュミット・ジュニア
1908—1983
エドゥアルト・シュミット
1901—1951
マリア・コッペンシュタイナー
（旧姓シュミット）
1899—1953
イグナーツ・コッペンシュタイナー
1901—1949
ヨハン・シュミット
1894—1945
アロイジア・シュミット
1905—1997

ヒトラー一族の系図

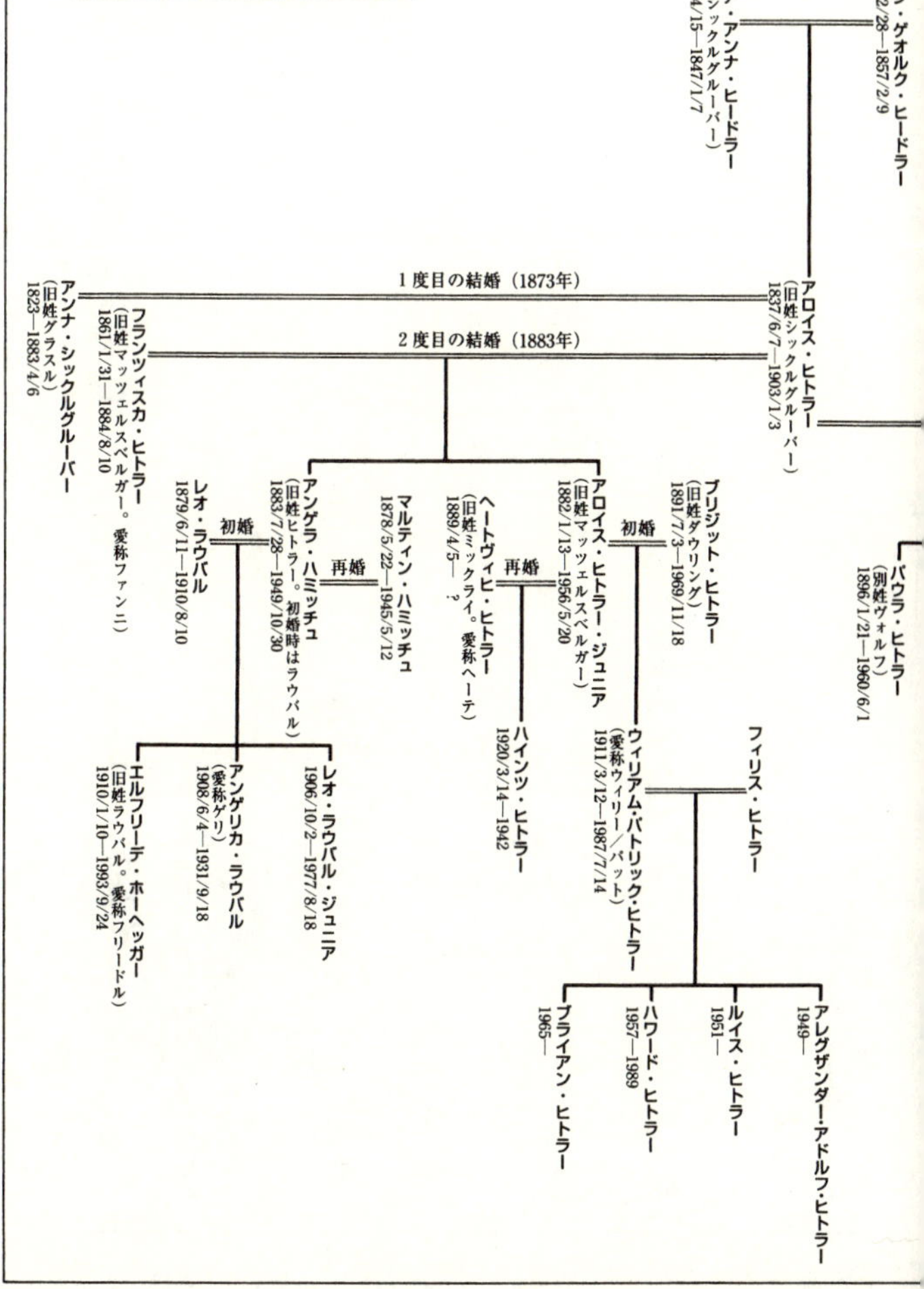
ヨハン・ゲオルク・ヒードラー 1792/2/28—1857/2/9
マリア・アンナ・ヒードラー（旧姓シックルグルーバー）1795/4/15—1847/1/7
アロイス・ヒトラー（旧姓シックルグルーバー）1837/6/7—1903/1/3
1度目の結婚（1873年）
アンナ・シックルグルーバー（旧姓グラスル）1823—1883/4/6
2度目の結婚（1883年）
フランツィスカ・ヒトラー（旧姓マッツェルスベルガー。愛称ファンニ）1861/1/31—1884/8/10
パウラ・ヒトラー（別姓ヴォルフ）1896/1/21—1960/6/1
ブリジット・ヒトラー（旧姓ダウリング）1891/7/3—1969/11/18
初婚
アロイス・ヒトラー・ジュニア（旧姓マッツェルスベルガー）1882/1/13—1956/5/20
再婚
ヘートヴィヒ・ヒトラー（旧姓ミックライ。愛称ヘーテ）1889/4/5—？
マルティン・ハミッチュ 1878/5/22—1945/5/12
再婚
アンゲラ・ハミッチュ（旧姓ヒトラー。初婚時はラウバル）1883/7/28—1949/10/30
初婚
レオ・ラウバル 1879/6/11—1910/8/10
フィリス・ヒトラー
ウィリアム・パトリック・ヒトラー（愛称ウィリー／パット）1911/3/12—1987/7/14
ハインツ・ヒトラー 1920/3/14—1942
レオ・ラウバル・ジュニア 1906/10/2—1977/8/18
アンゲリカ・ラウバル（愛称ゲリ）1908/6/4—1931/9/18
エルフリーデ・ホーヘッガー（旧姓ラウバル。愛称フリードル）1910/1/10—1993/9/24
アレグザンダー・アドルフ・ヒトラー 1949—
ルイス・ヒトラー 1951—
ハワード・ヒトラー 1957—1989
ブライアン・ヒトラー 1965—

ヒトラー一族の関連地図
チェコ
ドイツ
オーストリア
ヴァルトフィアテル地方
ヴァイトラ
シュピタール
シュトローネス
デラースハイム
カンプ川
イザール川
パッサウ
リンツ
ドナウ川
レオンディング
ウィーン
イン川
ブラウナウ
ハーフェルト
ランバッハ
シュタイル
ランツベルク
ミュンヘン
シュタルンベルク湖
ザルツブルク
オーバーザルツベルク
ベルヒテスガーデン
ケーニヒ湖

はじめに

アドルフ・ヒトラーは、自分の出生の秘密を生涯隠しとおした。自分の過去にまつわる多くの痕跡を徹底的に削除したのである。彼はあるとき、こう語った。「私は自分の一族の歴史については何も知らない。私ほど知らない人はいない。私は家族というものと完璧に縁遠い存在であり、親戚付き合いに不向きな人間である」。こうして彼の家系は、「民族共同体に魅了された総統」という仮面《プロパガンダ》の背後に隠されたのだ。

　歴史家ヨアヒム・フェストは書いている。「彼は一生、自分のことを隠しつづけ、美化しつづけた。史上これほど強引に、かつこれほど枝葉末節と思えることにいたるまで個人的事情に立ち入らせなかった例はほとんどない。彼はたえず血筋を錯綜させ、身元を曖昧にし、ただでさえ見通しがたい氏素性をいっそう曇らせようと腐心した」。イギリスの歴史家イアン・カーショウは、「ドイツのこの独裁者の伝記を再構築しようとしても、資料は非常に限定されている」と慨嘆している。

　また作家トーマス・マンは、亡命中の一九三九年三月に書いたある論文のなかで、「兄弟ヒトラー」にこう肉薄している。

「この男は大いなる不幸であるが、彼の性格と運命には興味を抱かずにいられない。……彼は兄弟であるが……不愉快で恥ずべき兄弟だ。……神経に障るし、ひどく忌まわしい血族である」

トーマス・マンは比喩的な意味合いで兄弟と言ったのだが、この言葉を耳にすると、すぐさまいくつかの疑問が浮かんでくる。たとえば、アドルフ・ヒトラーは本当はどういう兄弟だったのか？　血族に対してどうふるまったのか？　血族にしてみれば、高名な独裁者が一族のなかにいることで何か得をしたのか？　彼はどういった家庭に生まれたのか？　血のつながった末裔は今も生きているのか？

だが奇妙なことにこのテーマは、歴史の専門書では不当に軽んじられている。ヒトラー家の一門、きょうだいと親戚、およびそうした人々の生涯は、現在にいたるまでほとんど論じられていないのだ。

本書はこの空白を埋めようとするものである。と同時に、身内の人々を媒体として、この独裁者の知られざる像を浮かびあがらせようとするものである。縁者たちは、ヒトラーという現象を照らし出すうえで常とは異なる視角を提供してくれるからだ。

本書を著わすにあたっては、現在の学問的水準の研究成果を基本にしたが、それを補完してくれたのが数々の未公開資料だった。具体的にはＦＢＩとＯＳＳ（ＣＩＡの前身）所蔵の公文書、個人のコレクション、ドイツとオーストリアに存在する公文書、未発表の公文書、そして同時代人の証言である。

身内の方々は、ヒトラーの知られざる像を描き出してくれた。彼らは、この世紀の犯罪者を通常とは異なる角度、つまり人間としての視角から映し出し、ヒトラー個人についての従来の見方を補足、修正してくれた。

そこには、混乱した家庭があり、疑わしい出自と、母親との病的な絆があった。そして奇妙な事件にも事欠かない。たとえば異母兄の重婚。ゆすり屋の甥。この甥は、のちに戦争が勃発するとヒトラーの敵にまわって、実際に戦闘に参加する。それから実の妹。生涯ずっとこの強大な兄の陰に隠れた暮らしをし、兄の死後も兄のことで苦しみ、ひどく貧しい生活を送りながらも、死ぬまで兄のことを信じ、戦後には遺産を手にしようとした妹。さらには、現在も存命している最後の血族たち。彼らは偽名で暮らしてはいるものの、公式には出生時のヒトラー姓を名乗っている。

そしてアドルフ・ヒトラーと姪との情交や、敵の手に落ちて獄中で落命したいとこたち。あるいはまたヒトラーの遺産をめぐる争い。これは今なお係争中で、歴史家ヴェルナー・マーザー教授の支援を受けて新たな局面を迎えている。

第1章　一家の秘密

今から述べる筋書きは、まるで難解な映画のシナリオみたいだ。男と女が結婚しようとするが、そのとき突然、本当は結婚できないことが判明する。やりきれないことに、二人は血縁関係にあったのだ。だから法的には近親結婚になってしまう。近親相姦。しかもこの話には特別の趣向が凝らされていて、花婿は自分の父親が誰なのか、よく知らなかった。彼の母親が相手の名前を墓のなかに持っていってしまったのだ。しかも、映画監督がシナリオをさらにドラマチックにしなければ気がすまなかったかのように、花嫁はすでに臨月間近で、二人はどうしても結婚しないわけにいかない。

監督はこれでもまだ不満とばかりに、ほかの女性、それも花婿の本妻を登場させて、筋をいっそう盛りあげる。本妻が危篤状態にあるというのに、隣室では愛しあう二人がセックスに興じているのだ……。

やりすぎ？　いやいや、とんでもない。これこそヒトラーの家庭の実態だったのだ。ヒトラー家にようこそ！　主役の男女はアロイス・ヒトラーとクララ・ペルツル。二人はのちに、世紀の犯罪者の両親として有名になる悲しい運命にある。

長身で清潔なクララに路上で出会った隣人たちは、その優しそうな顔、青みがかった灰色の目、こざっぱりした身なり、きれいに後ろになでつけた髪から判断して、彼女の子供が悪人になることなど想像もつかなかった。クララは物静かな女性だった。親類や友人は彼女のことを、礼儀正しくて丁寧で控えめだと言った。家庭内ではきちょうめんなくらいだと。

若きアドルフにとってはこの母こそ、家庭内での頼みの綱だった。のちに彼は亡き母を過度に崇拝することになる。今も残っている母の写真を、ヒトラーは壁をはじめとしてどこにでも掛けていたし、第一次大戦中の塹壕内ではそれを胸ポケットに入れていた。のちに彼は、母の肖像を聖像のように美化させた絵を何枚か描かせているし、母の誕生日である八月一二日を「ドイツの母の記念日」として尊んだ。こうしてドイツ全国民が、ヒトラー個人の思い出を共有することになったのである。

彼の著書『わが闘争』のなかで、彼は母のことを「家事に没頭し、とくに私たち子供たちにはいつも同等に優しく心配りをしてくれた」と紋切り型の賛辞を寄せ、「私は父親のほうは尊敬していたが、母親のほうは愛していた」[*1]と芝居がかった告白をしている。またのちには総統本部内での談話で、母親崇拝の根拠としてこう独り合点をしている。「母はドイツ民族に偉大な息子を贈ったのだ」[*2]

母クララは同時に、ヒトラー家の系譜において要所を占めてもいた。アドルフ・ヒトラーを産んだから**だけ**ではない。彼女の出自を明確にすることによって一族の暗黒面が明るみに出て、のちのドイツ首相の原点がはっきりするからだ。クララはヴァルトフィアテル地方で育った。オーストリア北部、ボヘミアとの国境近くに位置する貧しい地域で、そここそはヒトラー一族の揺籃《ようらん》の地である。クララはこの地で、のちに夫となるアロイスと知りあう。一八八五年一月七日にクララは彼と結婚するが、この男はそれまでにすでに波瀾万丈の生活を送っていた。

父アロイスの疑わしい出自

アロイスは一八三七年に、デラースハイム近郊のシュトローネスで私生児として生まれた。だがこうしたことは、たとえ農民生活の中心たるカトリック教会から非難されていたにせよ、ヴァルトフィアテルのような田舎では珍しいことではなかった。母マリア・アンナ・シックルグルーバーは小農の娘であり、アロイスを産んだときには、当時の初産《ういざん》としては異常に高齢の四二歳で、しかも独身だった。彼女は相手の名を告白するのを拒否したため、洗礼台帳の該当欄は空白のままになった。

アロイスは生後何年間か、シックルグルーバー家で過ごしたが、五歳のとき、彼の人生は新しい針路をとる。母親が五〇歳のヨハン・ゲオルク・ヒードラーという、旅回りの粉挽《ひ》き職人と結婚したのだ。だが母は、困窮ゆえか、はたまた継父が拒んだためか、ともあれ息子アロイスを、夫の弟で数キロと離れていないシュピタールの町に住んでいた裕福な農民ヨハン・ネポムク・ヒュットラーに預ける。アロイスはこうして新しい家に住むことになる。これはいわば応急処置だったが、ヒュットラー夫妻はすぐさま養父母になり、実母のほうはアロイスが一〇歳のときに死去する。ヨハン・ネポムク・ヒュットラーはアロイスを実子のように扱い、暮らしの面倒を見て、彼を学校に入れてくれたので、アロイスはウィーンの靴職人のもとで見習いになることができた。

アロイスの将来は、すでに決まっているように見えた。同世代の何万という若者と同じく、一つの職業を習得し、故郷に戻って結婚し、子供をもうけ、落ち着いた快適な生活をめざすように思えたのである。一般に下層民ないし中の下の人々は、自分が生まれた環境の枠内にとどまるものであり、その枠を破るのはあくまでも例外だった。学歴不足、資産不足、そして当時の階級意識が強烈な束縛となっていたのである。

しかし、アロイスはウィーンで昇進のチャンスをつかんだ。税務当局が若手を田舎からも採用したのである。アロイスには充分な決意と意欲もあったし、おそらくは冒険心と挑戦意欲もあったのだろう。彼はそくざに受験を申し込んだ。こうして一九歳のとき、彼はオーストリアの税務署で教育を受けはじめたのである。国民学校《フォルクスシューレ》卒の学歴しかなく、社会の底辺で育った彼は理想的な官僚候補とは言えなかったので、不合格となる確率は高かったのだが、彼は難関を切り抜け、自分で自分の人生を形作っていき、ついには思いもよらぬ成功を収めた。

彼はちょうど四〇年間にわたって税関吏として奉職したあと、健康を損なって定年前に恩給生活に入る。退職関連の公文書には、「国家公認医が確認した証明書によると、勤務継続は不可能」と記されている。彼の手書きの書類はわずかに残されているのみであるが、その一つに、リンツ（オーストリア）の財務局宛に提出した請願書がある。恩給生活に入った直後に、「公務員奉職時の保証金」の返還を求めたものだ。この文章に見られる、謙虚ぶってはいるが気取った彼の言葉遣いに、いかにもオーストリア帝国官吏らしい役人臭がにじみ出ている。内容は以下のとおり。

「オーストリア帝国財務局殿

畏れ多くも下記署名人は、一八九五年六月二五日付御布告によりまして恩給生活に入った者でございます。

当人は、責任をもって請求書を提出できませんので、ブラウナウ・アム・イン、テアター小路七番地所在の家屋敷所有者であるヨハン・ムラウアーの所有になる下記署名人の保証金の譲渡権解禁を、どうか御許可くださいますようお願い申し上げるしだいでございます。

　下記署名人は右目的のために、下記署名人名義で保証金として支払われた額面九〇〇グルデンの債権譲渡権証書並びに利息支払書一通並びに現金にて納入済の保証金二〇〇グルデンの受領書を、畏れ多くも別添により御提出いたすものでございます」[*3]

制服姿の税関吏アロイス・ヒトラー

彼は勤務期間中に、高学歴の同僚と同様の昇進を遂げた。まず監督補佐に昇格し、その後も監督官、そして最終的には税関上級事務官へと栄達したのである。給料は退職まぎわには年額一一〇〇グルデンに及び、加えて二二〇〜二五〇グルデンの地域手当があった。校長でさえ、当時の給与はそれよりかなり低かった。一言で言えば彼は中流階層と言ってよく、またその職業ゆえに権威と名声も得ていた。その成り上がりぶりは、軍人のような短髪、濃い眉、手入れの行き届いた皇帝風の頰髯《ほおひげ》、さらに制服によって、外面的にも強調されていた。彼は母方の親戚宛の手紙に、誇り高くこう記している。「二六年前に最後に会ったとき以来、私は飛躍的に出世した」[*4]

この新たな階層意識は、さらに別の結果を生んだ。アロイスは一八七七年に、シックルグルーバー一族との手紙のやりとりを断ち切ったのである。のちに彼の娘パウラ（アドルフ・ヒトラーの妹）はこう述べている。

「父が親類のことを心にかけたことはまったくなかった。私は父の親類を一人も知らない。だから私たち、つまり私の異母姉アンゲラと私は、『私たちって何も知らないわね。父さんに親戚がいないはずないんだけど』って、よく語りあったものだった」[*5]

シックルグルーバー一族との断絶はその後も続いた。ナチス帝国の公式な祖先研究家たちも〈総統〉の一族のうちこの血脈を完全に無視したし、歴史家たちもヒードラー、ペルツル、コッペンシュタイナー家の調査のほうを好んでおこなった。その結果、シックルグルーバー一族の末裔については現在も霧のなかである。

アロイスは自分の祖先に背を向けることによって、みずからの地位にふさわしい出自を作りだした。今までの姓を、小さくなったコートのように脱ぎ捨てて、新しい姓をまとったのだ。この姓がその後、彼の息子によって全世界の恐怖の象徴となる。ヒトラーである。この改姓は、アロイスの生涯において奇妙きわまりない出来事だった。「文書の真正さを証明する記録」によれば、一八七六年六月六日に三人の証人とアロイス・シックルグルーバーが、ヴァイトラという町の公証人ヨゼフ・ペンクナーを訪れ、「アロイスはヨハン・ゲオルク・ヒトラーの息子である」と証言した。翌日、同じ儀式が、デラースハイム地域の主任司祭ヨゼフ・ツァーンシルムの前で繰り返された。同主任司祭は出生登録簿にこう記載した。

「父親として登記されたゲオルク・ヒトラーは、下記署名人たちと面識があり、また、子の母親アンナ・シックルグルーバーによって子アロイスの父親として名前を挙げられており、さらに当地の洗礼台帳に自分の名前が記録されることを望んだことが、下記署名人たちによって確認された。証人ヨゼフ・ロメダー、証人ヨハン・ブライテンエーダー、証人エンゲルベルト・パウク」[*6]

おそらくこの三名の証人は二日目にはやってこなかったのだろう。公証人の書類だけで充分とされ、証人の署名のかわりに三つの十字架が書きこまれている。通常と異なり、司祭ともあろう者が副署なしで良しとしたのだ。

こうしてその後アロイス・シックルグルーバーは、アロイス・ヒトラーと名乗るようになる。この姓を書くのに慣れていないことは一目瞭然だ。なぜなら、彼の母親の夫はヒードラーと名乗っていたのであり、ヒトラーではなかったからだ。そして養父ヨハン・ネポムクの姓はヒュットラーだった。だがこうした姓の語源はすべて同一で、日雇い農夫や小農といった意味である。

これは音声上の勘違いにすぎなかったのかもしれない。つまり、発音に従って公証人が記載した姓がヒトラーだったという説だ。こうしたことは当時珍しいことではなかった。現にヨハン・ゲオルクとヨハン・ネポムクの兄弟も、異なった姓を書いていた。そしてアロイスも、出生登録簿のスペリングとは違った綴りで書いていた。

しかし〈ヒトラー〉は意識的に選んだ姓だった。なぜなら、その間違った綴りを訂正することなど簡単にできたはずなのに、アロイスは一度も訂正しなかったからである。おそらく、この名前にしたほうが、さらにいっそう自分の出自から離れることができると考えたのだろう。彼は〈ヒトラー〉という新しい家系をスタートさせ、活力《あず》あふれる始祖として〈わが一族〉を創設したのだ。これには自尊心と自信がかなり与かって力があった。

アロイスが当時、想像できなかったことがある。自分がのろしを上げたヒトラーという姓が、その後世界じゅうに知られるようになったことだ。しかも、犯罪と恐怖支配の同義語としてだった。〈ヒトラー〉という姓は、柔らかな響きのヒードラーや土着の農民風なシックルグルーバーと違ってごつい響きがする。もしヒードラーのままだったら、総統への敬礼としてはまったく不適切だっただろう。いずれにしてもアドルフ・ヒトラーは、青年時代の友人クビツェクに対して、自分の父が硬い響きの姓を選んでくれて本当に嬉しいと言っている。

だが難点が一つだけある。それは、この改姓が違法だったという点だ。当時の法律によれば、当人の父親が公証人と聖職者の前で宣言するか、少なくとも書面を遺していなければならなかったのである。だが、実父とされるヨハン・ゲオルク・ヒードラーは改姓の一九年前に亡くなっていたし、同じく合法的に証言できたはずの母親マリア・アンナも二九年前に故人となっていた。けれども当局はこのことを重視しなかったようで、詳細な調査は実施されず、改姓は安直に処理された。当局にしてみれば、公証人の書類だけで証拠は充分だったのだ。

それにしても、三九歳にもなってからアロイスが新しいアイデンティティを求めた理由は何か？　急に家族意識に目覚めて、ヨハン・ゲオルク・ヒードラーの遺志を叶えようとしたとは考えられない。そういう希望があったなら、それまでにも機会はふんだんにあったはずで、長らく待つ意味などない。自分が私生児として生まれたという疵《きず》にしても、べつに邪魔にも障害にもならなかった。職業的にも改姓は重要ではなかった。彼はもうすでに身分が保証されていて、おまけに出世しはじめていたからだ。

答えは養父ヨハン・ネポムクにある。この人物は、自分の遺産を整理したうえで、アロイスを主要な受益権者にと望んでいた。ネポムクには娘が三人いたが、正式の息子は一人もいなかった。だから妻が死に、機が熟すと、誇りにしていたと思われるアロイスが遺産の大部分を受け取れるように、この改姓を決定したのである。

たしかにこうした遺産配分を証拠づけるに足る書類は一通も残っていないが、ネポムクが一八八八年に亡くなったあと、ほかの子供たちの財産は一銭も増えなかったが、一方、それまでわずかな貯金しか持っていなかったアロイスは同年突如、シュピタール近郊のヴェルンハルツに四〇〇〇グルデン以上はする農家の家屋敷を購入している。したがって、ネポムクは前もって資産を整理していたと推測されるのだ。それはおそらく節税のためだ。現代でもよく用いられる方法である。

そしてそのためには、ネポムクがアロイスの改姓を準備するという詐欺めいた方法が打ってつけだった。ネポムクが招集をかけた証人三人は、全員が内輪の仲間だった。なにしろロメダーは娘婿であり、ブライテンエーダーとパウクは血族だったのである。この四人が前もって打ち合わせをしていたことは明らかだ。それもこれも、こんなに長い年月がたってから故人の言葉を思い出すという驚異を、公証人たちに信じこませるためだったのだ。実は、証人たちは故人のことをあまりよく知らなかったにもかかわらず。

だがネポムクには、兄から預かったアロイスを改姓させるもっと強い理由があったことは、ほぼ間違いない。つまり、アロイスの実父はネポムクであり、公証人と司祭の前で申し立てたように兄のゲオルクではなかったことをすべてが暗示しているのだ。状況証拠はごまんとある。ゲオルクがアロイスの母親と結婚したのは、アロイス誕生から五年もたってからだし、放浪癖のある粉挽き職人ゲオルクには、何年も前から彼女と関係をもっていた形跡もなければ、ましてや同じ村に住んでいた痕跡もない。

ゲオルク実父説を否定する最大の論拠は、マリア・アンナとの結婚後も彼がアロイスを息子として事後認知しなかったことだ。当時はそうするのがふつうだったのに、しなかったのである。母親にしても、アロイス誕生の折りに父親の名を明かさなかっただけでなく、結婚後もその態度を崩さなかった。父親の名前を明かして、法的にも子供を家族の絆のなかに受け入れるほうが自然だったのに、そうしなかったのだ。

そしてゲオルクは結婚後も、実子とされるアロイスの面倒を見なかったのだ。母親にしても、自分の一人っ子をネポムクに預けたのである。アロイスはその新しい家庭で大事に育てられ、実子のように受け入れられ、結局は遺産の大部分を受け取ることになる。決定的な証拠がないため、父親が誰かという問題は完全には解明できないが、多くの歴史家はネポムク父親説を最有力と考えている。[*7]

けれども、もしそうだとすると重大な結論が導き出されることになる。「アドルフ・ヒトラーはごく内輪の近親結婚の落とし子である」[*8]と歴史家マーザーは書いている。この説によるとネポムクは、アドルフの母クララの祖父であるのみならず(クララはネポムクの娘ヨハンナの娘)、アドルフの祖父でもあるからだ。だからアロイスの結婚相手は、当人たちが言っているように三親等[本来なら五親等]の従姪《じゅうてつ》[いとこの子]であるだけでなく、父親の孫娘でもあったのだ。

こうした関係はたいていの文化圏では、充分な根拠ゆえにタブーとされている。ヒトラーの人種理論における〈血の恥辱〉(とくにアーリア人種とユダヤ人種との婚姻という歪曲された考え方においても同様だったし、のちのナチス政権下のドイツでも禁止されていた。だが、クララが産んだ子供六人のうち四人が明らかに虚弱体質であり、早死にしているという事実はこの近親結婚説を裏付けている。

もしアロイスが改姓せず〈父親不詳〉のままだったとすれば、アドルフ・ヒトラーは皮肉にも、自身がアーリア人種であることを証明できなかったはずだ。その出生登録簿を見れば、父方の祖父の欄が空白のままだったにちがいないからである。だからアドルフには二重の意味で、名前のトリックを使った自分の父親アロイスに感謝する立派な理由があったし、好奇心のかたまりのような連中に自分の出自をあまり嗅ぎまわらせない重大な理由があったのだ。

彼がこの点で失敗したことがあるとすれば、それは、過度に秘密にしたために「何を隠しているのだろう」と勘ぐられてしまったことだ。ヒトラー反対派は再三、彼には〈ユダヤ人の血〉が流れていると推測したし、フランケンベルガーという名のユダヤ人商人こそアドルフの本当の祖父だとする噂も広まった。歴史家はこの説を今のところ否定しているが、ヒトラー自身はこの推測を重大視し、一九四〇年代にゲシュタポ*訳註に秘密裡に自分の祖先のことを調査させているが、結論は出なかった。だからこそアドルフ・ヒトラーは、公式プロパガンダでたえず「ゲオルクこそ祖父」と呼ばせるよう、しつこく求めていたのである。

一族の父アロイスと女性たち

アロイス・シックルグルーバー（アロイス・ヒトラー）の性生活は、一九世紀社会の平均でもなかったし、田舎の習わしともかけ離れていた。テークラ・Pという女性と関係していた彼は、三〇歳のときに彼女にテレーゼまたはテレジアという女児を私生児として産ませたが、この初子が誰か、それについて歴史家は今のところ特定でき

＊訳註　ナチス・ドイツの秘密国家警察。

ていない。

その後彼は一八七三年に、ブラウナウ・アム・イン［以下ブラウナウと記す］の町の裕福な官吏の娘アンナ・グラスルと結婚する。彼はこのとき三六歳だったので、結婚は比較的遅かったと言える。けれども妻アンナのほうがもっと年上で、すでに五〇歳になっており、健康状態も良くなかった。アンナが金持ちだったおかげで、二人はメイドを一人雇っていた。彼にしてみれば、持参金目当ての結婚だったとも言える。

年齢が一四も違っていたし、ロマンチックな大恋愛にもならなかった。またアンナの年齢からして、子供を持って家庭を作るという考えもなかった。しかものちに彼は、自分の好みを実質的に披露してしまっている。自分の娘と言っていいほどの若い女性に目がなかったのだ。

アンナはすぐにピンときたにちがいない。やがて彼女が病弱になるにつれて、アロイスは二四歳下のフランツィスカ・マッツェルスベルガー（愛称ファンニ。イン郡のヴェングという町の娘）と関係をもちはじめる。ファンニは、ヒトラー家が住んでいたブラウナウの町のガストハウス［旅館兼料理店］〈シュトライフ〉で下働きをしていた。情事が始まったのはこの娘が一七歳か、せいぜい一八歳だったときだが、正確にはもう確認しようがない。だが、いずれにしても当時の法律からすると、彼女は疑いもなく未成年だった。

状況はさらに複雑になる。この時期にもう、同じく未成年だったクララ・ペルツルがヒトラー家に雇われていた。一八七六年のこと、当時一六歳だったクララは、病身の妻アンナを手伝うためにシュピタールからやってきたのだ。ただし、アロイスがファンニとの関係と同時にクララとも情を通じはじめていたかどうか、それは不明である。

クララ・ペルツルは一八六〇年八月一二日に、小農ヨハン・バプティスト・ペルツルとその妻ヨハンナの長女としてシュピタールで生まれた。母ヨハンナは、アロイスの養父ないしは実父ヨハン・ネポムク・ヒュットラーの娘である。このヨハンナときょうだいのようにいっしょに育ったアロイスにしてみれば、クララは公的には従姪にあたるが、アロイスのほうが二三歳も年上だったので、クララはアロイスのことをいつもへりくだって「おじさん」と呼んでいた。

同地域内で比較的大きな町だったブラウナウに来てくれないかとの、この「おじさん」の呼びかけにクララは喜んで従ったようである。なにしろ初めての勤めであり、ヴァルトフィアテル地方のような片田舎にあっては転地は刺激的だった。経験に乏しいおどおどした娘にしてみれば、アロイスとその名誉ある職業に気持ちが高ぶったことは間違いない。

ファンニとの火遊びは、人口三〇〇〇人ほどの国境の町ブラウナウで噂になった。

夫アロイスに浮気されたアンナは離婚を求めるようになり、一八八〇年一一月についに別居の運びとなった。こうしてアロイスのベッドには、アンナのかわりにファンニが入るようになった。今で言う同棲である。

新しい女主人ファンニは勘の鋭い人物で、クララ・ペルツルを追い出しにかかった。年上といっても一歳しか違わないクララが将来アロイスと結婚するかもしれないと、ファンニは正当にも恐れたのだろう。

クララはシュピタールに戻り、ファンニは二年後に私生児（男の子）を産む。アロイスはその子をアロイス・ジュニアと名付け、一八八三年のファンニとの結婚後に認知した。最初の妻アンナの死後わずか一カ月半のことだった。そして誰の目にも明らかなことだったが、二二歳だったファンニは結婚前にふたたび臨月間近になった。結婚立会人は、イン川の対岸に位置するバイエルンの町ジムバッハから来た二人の税関吏だった。その二週間後にはもう、ファンニは娘アンゲラを産んでいた。アロイスは当時四六歳で、このとき初めて嫡出子をもうけ、その子育てに関与したのである。

だがその年、ファンニは重病にかかった。結核だった。アロイスは、彼女の抵抗も振りきって、クララを再び家に入れた。表向きの理由は、クララに看護の経験があること、そして家計を任せられることだったが、もちろんそれだけではなかった。アロイスとクララは情を通じはじめる。二人は、瀕死のファンニの面倒を見ようとしなかった。ファンニは一八八四年八月に二三歳で亡くなったが、ほぼ同時期にクララはアロイスの子を宿した。

ファンニの死後まもなく、二人はためらうことなく結婚を決意する。このカップルは神経が細やかではなかったのだ。だが結婚の計画はそれほど円滑には進まなかった。近親関係が原因で、計画は挫折しかけたのである。書類上ではクララはアロイスの従姪、つまり五親等の血族である。結婚するには、教会の特別許可を得る必要がある（だが二人にとっては幸運なことに、ネポムクがアロイスの実父かもしれないことを知っている人は一人もいなかった。もし誰かに知られていたら、結婚はそもそも不可能だったはずだ）。

アロイス・ヒトラーと最初の息子
アロイス・ジュニア

そこで二人は公式に教会に特免を求めた。リンツの教会当局宛に手紙を送ったのである。

「畏れ多くも、下記署名人二名は婚姻いたすことを決意いたしました。しかしながら、添付書類に明らかなように、この儀には当事者二名が三親《ママ》等の血族同士という教会法上の支障が存します。そこで当事者は、司祭区事務局様が当事者に特免をお与えくださいますよう、謹んで嘆願いたす所存でございます。理由は以下のごとくであります。

婿は、死亡報告書に記載のとおり、本年八月一〇日よりやもめであり、二歳半の男児（アロイス）と一歳二カ月の女児（アンゲラ）の父親であります。婿は子供たちのために女性の養育者を必要としております。婿は税関吏の仕事のため昼間ずっと、そして夜もしばしば留守にしておりまして、養育もごくわずかしかできませんので、なおさらでございます。嫁は、母親の死後、養育を受け持ったことがございますので、子供たちと非常に親しくしておりますから、養育も順調にはかどるでしょうし、結婚生活も幸福なものとなりましょう。そのうえ、嫁には資産がございませんので、立派な婚姻を申し込まれる機会はほかには今後容易には見出しがたいと思われます。

以上の懇願を根拠といたしまして、上記のごとき血族としての支障に特免をお与えくださいますよう、下記署名者は重ねて嘆願いたす所存でございます[*9]」

リンツの司祭区事務局がこの嘆願書をローマに伝達したところ、何週間後かに許可証が送られてきた。アロイスとクララは一八八五年一月七日にようやく結婚できた。四七歳と二四歳のカップルだった。式はクララが抱いていたロマンチックな想像とは異なるものだった。

「朝六時に私たちはブラウナウの都市教区教会で結婚したが、七時になると夫はもう勤めに出てしまった[*10]」

祝典とか喜びの披露宴もなく、友人同士の飲み会もなかった。祝い事にもかかわらず、夫は勤務を一日も休もうとしなかったのだ。彼にとって式は手続きにすぎなかった。クララといっしょに住むようになってからずいぶん時間がたっていたし、すでに性的な関係もあった。このことは、それから四カ月後に二人の初子グスタフが生まれたことで明らかである。

クララは主婦という立場に慣れていなかった。その後も長いあいだ夫のことを、子供時代以来の習慣で「おじさん」と呼んでいた。父親のような年上の夫を彼女はどう見ていたのだろう？　たしかに夫の収入で得られる経済的な安定は重要だっただろう。

そして税関吏の妻という立場が田舎で博する名声も魅力だっただろう。

けれども彼女は、過去何年間かの経験から、夫がどんな人物かを知っていた。クララは夫と違って敬虔《けいけん》なカトリック教徒だったので、しばしば教会に行った。彼女の日課は、掃除、料理、買い物、育児の規則正しい繰り返しだった。隣人や友人との出会いは相変わらずまれで、声をかけられてもたいていは「残念だけど時間がないの。家事があるので」と言って逃げていた。謙虚な性格ゆえ、どんな侮辱も吸収して静かに受け入れてしまった。夫にはほとんど反抗しなかった。あからさまに対立することなど、きわめてまれだった。

それなりの理由があった。夫アロイスは、のちに彼の子供たちが証言しているように高圧的で怒りっぽかった。殴打は日常茶飯事だった。クララがそのことで悩んでいたかどうか、その点ははっきりしないが、悩んでいたことを示唆するような、そして自宅での雰囲気を婉曲に述べていると読める二つの文章がヒトラーの『わが闘争』に出てくる。

「この争いが両親のあいだでおこなわれると、それもほとんど毎日、粗雑な本音がしばしば完膚無きまでに暴露されると、こうした場面の影響は、たとえ徐々にせよ、ついには子供たちにも及んでしまう。両親の不和が、母親に対する父親のがさつな乱暴のかたちをとり、泥酔した状態での虐待にいたるときにはいったいどんな状況になるか、それはこうした境遇を体験したことのない人には想像が困難だろう」

アドルフ・ヒトラーはそうした想像ができたようで、彼はこう続けている。

「しかしひどい結果になるのは、夫がのっけから自分独自のやり方を行使し、妻が子供たちのためにそれに反対した場合だ。こうなると争いと不和が生じ、夫は妻から離れていくにつれてアルコールに近づいていく」[*11]

父アロイスのビール、ワイン好きは有名だった。事務所での仕事が終わると実質的には毎日、ガストハウスに行って何杯かあおり、たえまなくパイプを吹かして、同僚たちとの常連席で会話をとりしきっていた。話題はおもに経済問題。彼が酔っぱらったかどうか、酔っぱらったとしたらどの程度か、それは当時の証言者によってまちまちだが、いずれにしても、時々そうした場所に父を迎えに行った息子アドルフ・ヒトラーは、その情景を後年、たとえ意識的にせよ、ドラマチックにこう書いている。

「私は一〇歳から一二歳の少年時代に、いつも夜遅く、あの鼻持ちならない、煙ったい飲み屋に行かされた。いつもさっさと入っていって、父が座っているテーブルに近づいた。父は私の顔をぼんやりと見すえていた。私は父の体を揺さぶって、こう言うのだった。『父さん、もううちに帰ろうよ！　行こうよ、いっしょに行こうよ！』。私が一五分か三〇分、しきりに頼んだり、ののしったりしてようやく父が腰を上げてくれることもよくあった。こうして私は父の体を支えながら、家に向かうのだった。あれは、身の毛もよだつ恥辱、私が今までに感じたなかで最悪の恥辱だった[*12]」

アドルフ・ヒトラーがアルコール拒否を生涯貫くことになったのは、おそらくこの時期の経験に遠因がある。

飲みに行かない日でも、父アロイスは急いで帰宅しようとはしなかった。仕事が終わると散歩して、自分が飼っているミツバチの巣箱を見に行った。それが彼の唯一の趣味だった。ミツバチの巣箱に近いからという理由で、ブラウナウの旧市街のアパートに何カ月も住んだこともある。

友人は一人もいなかった。親しく付き合った人と言えば、まず仕事仲間のエマヌエル・ルーゲルトが挙げられる。のちにアドルフ・ヒトラーのために堅信〔信仰を強めるための秘跡〕の代父を務めた人だ。それからカール・ヴェセリー。この人とは、父アロイスは一八七八年に知りあって以降、飲み屋でちょくちょく会っていた。

「アロイス・ヒトラーはわれわれみんなから好かれていなかった。彼はとても厳格で、やかましくて、そうそう、仕事では小うるさくて、とても無愛想な人間だった」とある仕事仲間は書いている[*13]。

幾度もの引っ越しは、一家にとって負担だった。ブラウナウで勤務していた二一年間で引っ越しは四回だけだったが、その後は七年間で六回も引っ越した。これは仕事上の理由では説明がつかない。むしろ落ち着きのなさとせわしなさ、そしておそらくは内心の不満の結果だろう。「彼は気ぜわしい人間だった」と仕事仲間の一人は述べている。

せかせかした性格は不動産取引にも表われている。ネポムクの死後に購入したヴェルンハルツの土地家屋を、アロイスは三年後にはもう売却している。自分の土地に落ち着くというヴァルトフィアテル地方の伝統を、アロイスは受け継がなかった。故郷という考えは、彼にとって何の意味もなかった。彼にはふるさとというものがなかったのだ。

老年を迎えたアロイス・ヒトラー（父）

同時に彼にとっては一族も自分のルーツではなかった。一八九五年に恩給生活に入ったときも、アロイスは子供時代を過ごしたヴァルトフィアテル地方に引っ越すでもなく、大都会ウィーンや青春時代を過ごした各地に引っ越すでもなかった。二四年以上過ごした国境の町ブラウナウ、故郷と呼ぶに最もふさわしいはずのブラウナウも、彼は愛していなかった。ともあれ、それまで過ごしてきた各地と親戚から離れることが、彼には快適だったのだ。

そして彼は、ランバッハ・アン・デア・トラウン近郊のハーフェルトで広大な土地付き家屋を購入する。同地で再度、田舎暮らしを味わおうとしたのだ。農業を趣味にしようとしたわけで、基本的にはドロップアウトして農業をおこなおうとする現代人と同じ考えだった。だがその結果は、現代の落伍者と同様に惨憺《さんたん》たるものだった。三万八〇〇〇平方メートルの畑と牧草地での仕事は、彼には荷が重すぎたし、おまけに経済的にも赤字になってしまった。

こうして二年後には農業の夢をあきらめざるをえなくなり、そこの不動産を売って、リンツ近郊レオンディングのミヒャエルスベルク通り一六番地にある小さな庭付きの家を取得した。ハーフェルトで持っていた農家は周囲から孤立していたので、こんどはまるで大都会に転居したようなものだった。これがアロイス最後の引っ越しとなる。

母クララとその子供たち

夫の裏面をクララ・ヒトラーは熟知していた。彼女は小さいときから夫を知っていたわけだし、ごくそばにいたので彼の女性関係も耳にしていた。それでも彼女は不服を言うでもなく運命に従っていった。苦悩に耐えるその能力は、とくに母親としての立場を考えあわせると、まさに人間業とは思えない。なぜなら、クララの生活は、主婦としてよりも母親としての立場のほうが重大だったからだ。家庭内にはすでに、夫の二度目の結婚で生まれたアロイス・ジュニアとアンゲラという二人の子が住んでいた。クララ自身は子供を六人産んだが、その全員に悲劇が襲った。

初子のグスタフは一八八五年五月に誕生したが、アロイスとクララは一月に結婚していたので、私生児という非難は免れた。そして、その一年後の一八八六年九月には娘イーダが誕生した。母親としての晴れがましい幸せは一年間続いた。

だが一八八七年の晩秋に、グスタフがジフテリアにかかった。クララはそのときまた妊娠していた。その後生まれた息子オットーも兄同様にジフテリアに感染したようで、出生から何日もたたないうちに死亡した。その埋葬が終わったと思うまもなく、一二月八日に長男グスタフが亡くなった。クリスマスに影を落としたのは息子二人の死去だけではなかった。クララは、咳の止まらないイーダの心配もしなければならなかった。ジフテリアの兆候だった。翌年一月二日、イーダもこの世を去った。

だからクララはわずか数週間のあいだに、一人を産み、三人を亡くしたことになる。たとえ当時の子供の死亡率が今より高かったとはいえ、母親にとって子供の死ほどつらいことはない。しかもそのショックに三度も遭遇すれば、その人の人生に深い爪痕《つめあと》を残してしまう。

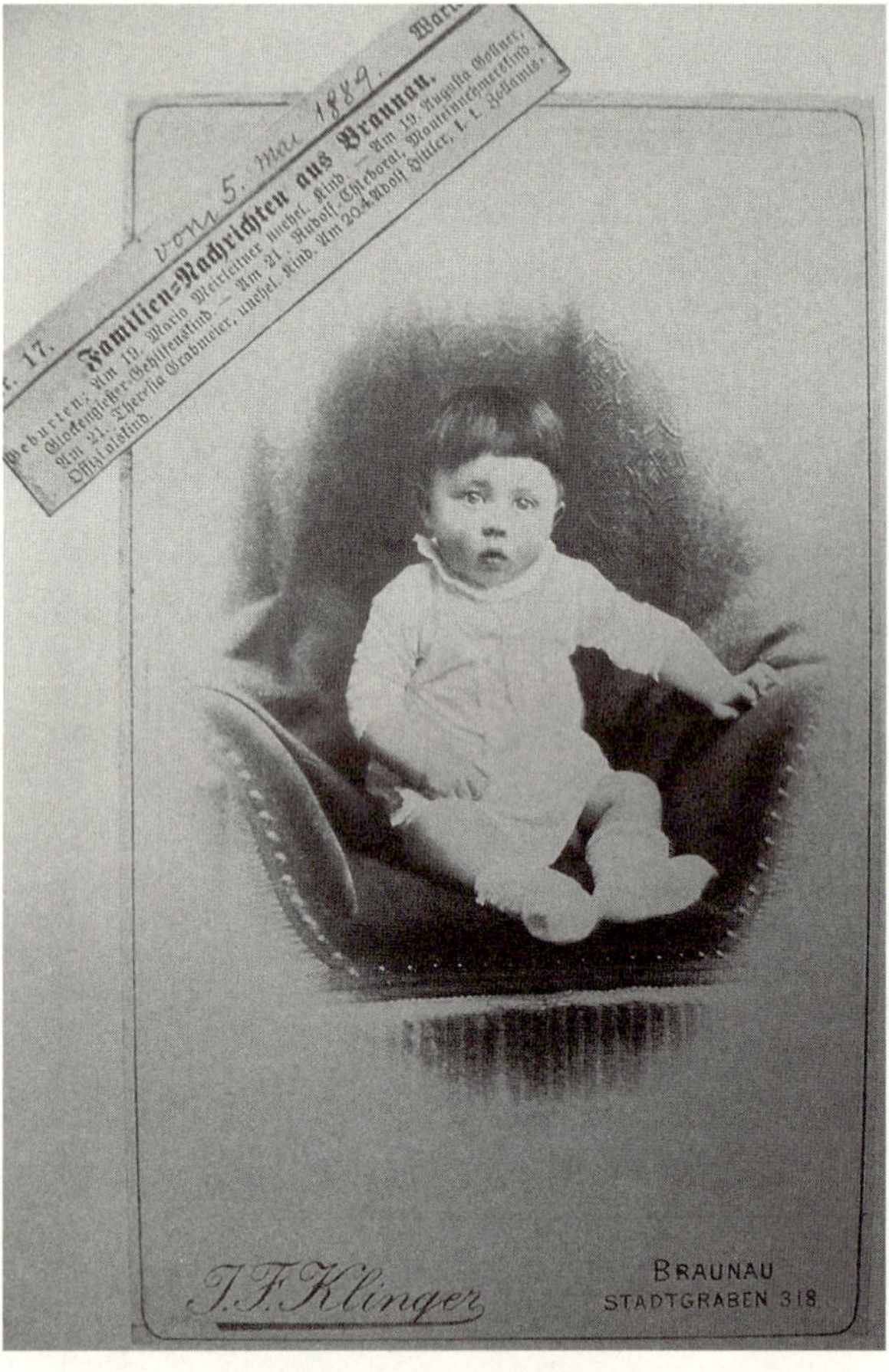

アドルフ・ヒトラーの誕生写真

イーダの死から半年後に、クララは再び妊娠する。そして一八八九年四月二〇日の聖土曜日［復活祭直前の土曜日］、外気温摂氏七度の午後六時三〇分に、ヒトラー一家が生活していたブラウナウの〈ガストホーフ・ツー・ポンマー〉*訳註でクララに息子が生まれる。その二日後、つまり復活祭翌日の月曜日午後三時一五分に、カトリック司教イグナーツ・プロープストはその子に洗礼を授けてアドルフ・ヒトラーと命名し、神の祝福を与えた。

同席したのは、クララの妹ヨハンナ・ペルツルと産婆のフランツィスカ・ポインテッカーだった。代親［洗礼立会人］として洗礼台帳に記されているのは、「ヨハンおよびヨハンナ・プリンツ、住所ウィーン第三区、レーヴェン小路二八番地」だった。母クララ二八歳、父アロイス五一歳のときのことだった。

子供たちが早死にした直後だけに、クララはもう子供はほしくなかったと推測される。だが、避妊の方法をまったく知らなかったわけではないとしても、それは敬虔なカトリック教徒として信仰に反する行為だった。アドルフを産んだあとのクララが四年以上にわたって妊娠しなかったことは目を引くが、一八九四年三月には息子エドムントが洗礼を受けたとあるし、その後さらにもう一度クララは産婆を呼ぶことになる。

＊訳註　ガストホーフもガストハウスと似ていて旅館兼料理店。訳せばポンマー亭。

一八九六年一月末に娘パウラが産まれるのだ。父アロイスはすでに五八歳で、恩給生活に入っていた。

エドムントは生後何年間かは通常どおりに成長していったが、六歳の誕生日を迎える直前にはしかにかかり、またしても急死することになる。一九〇〇年二月二日のことだった。クララが産んだ六人の子供のうち、生き残ったのは二人だけになった。アドルフと、七歳年下の妹パウラである。

この何年かのあいだ、クララが非常に頼りにしていたのは、ヒトラー家に同居していた妹ヨハンナ・ペルツルだった。たしかにときおり別の家政婦に来てもらったこともあるが、それを除けば、未婚のヨハンナだけが、クララに余裕をもたらしてくれる労働力だったのである。クララは妊娠したり悲劇に耐えたりするほかに、大家族を切り盛りしなければならなかった。前述したように、アロイスの二度目の結婚で生まれた子供二人、アロイス・ジュニアとアンゲラもいっしょに住んでいたのだ。だからクララは時には五人の子供の面倒を見なければならないこともあった。

ヨハンナ・ペルツルがクララの結婚以降、一家の一部になっていたことはたしかだが、家族のなかでどのような位置を占めていたかは、奇妙なことに今もって不明である。歴史家のなかには、彼女についてまったく、あるいはわずかしか触れない人もいるし、ナチス時代の歴史叙述家も、ヒトラー一家の全メンバーを賞賛しているのに、彼女のことは完全に無視している。またヒトラー自身の『わが闘争』にも、彼女に言及している箇所はない。

それなりの理由があったのである。ヨハンナ（愛称ハンニおばさん）は、他人の目に触れさせたくない人だったようだ。まず猫背だった。さらにまずいことに、当時の証言者たちによればヨハンナは精神を病んでいたらしい。たとえば、アドルフが生まれたときにヒトラー家で働いていた家政婦フランツィスカ・ヘルルは、次のような理由で暇をもらいたいと申し出ている。「あの頭のいかれたせむし女とは、もういっしょにいたくない！」。ブラウナウの医師クリーヒバウム博士も、統合失調症の疑い[*14]ありと診断しているし、ヒトラー家のかか

ヨハン・バプティスト・ペルツルと
ヨハンナ・ペルツル

りつけの医師エドゥアルト・ブロッホ博士も、ヨハンナ・ペルツルは「家族が〈彼女のことを〉隠しているが、精神病だからだ。彼女はおそらく軽度の精神薄弱である」[*15]と述べている。ヨハンナは一九一一年三月末、四八歳にして糖尿病性昏睡のため死去する。

ヨハンナに関するナチスの沈黙も理解できる。彼女のような人がいるということが、〈人種の純潔〉というイデオロギーを打ち壊してしまうのを恐れていたにちがいない。ヒトラー時代には、二七万五〇〇〇人の身体障害者、精神障害者が、〈T４〉という安楽死計画により〈価値のない生命〉として殺害されたのである。[*16]ナチスにしてみれば、ヒトラー一族のなかにヨハンナのような人がいることなど、あってはならないことだったのだ。

お母さん子のアドルフ

アドルフが生まれてから数年間は、一家に特別な出来事は起きなかったので、毎日決まりきった生活が続いた。母は家事をやり、ヨハンナがそれを多少なりとも手伝う。夫にして父のアロイスは夜遅くに帰宅して、酒臭い息を吐きながら、台所のラックから持ってきた陶製パイプを吸い、寝室に消える。子供たちの面倒を、彼はほとんど見なかった。

グスタフとイーダが亡くなった今となっては、母クララにとってアドルフが最年長の実子だった。彼女はアドルフの健康と幸福を心配し、甘やかした。またしても病気で子供を失うのではないかという不安もあった。アドルフへの偏愛は目に余るようになっていた。それに対して継子のアロイス・ジュニアとアンゲラは、自分たちが大切にされていないと感じるようになっていた。

　早い時期からアドルフは、優しさに対して嫌悪の情をもっていた。そのことを妹パウラはこう証言している。

「知らない人が近くにいないと兄は母に抱擁されていたが、私が片手で兄を抱こうとすると、兄は私を突きはなした。女性にキスされるのも好きではなかった[*17]」

　一八九二年八月、興奮するような出来事が起こった。引っ越すことになったのである。父アロイスが昇進し、イン川の対岸に位置するドイツ領内のパッサウに赴任することになった。一家にとって楽しい時代。幼いアドルフは典型的なニーダーバイエルン「バイエルンの北東部地方」の方言を覚えたので、後年になってもその訛《なま》りのほうが、オーバーエスターライヒ[*訳註]やウィーンの方言よりはるかに目立った。彼は近所をうろついたり、インディアンごっこをして時を過ごした。

＊訳註　オーストリア中部、リンツ付近の地方。

だが一八九四年四月になると、父アロイスがまた転勤になった。こんどの赴任先はリンツで、単身赴任になった。クララは時たまの訪問時にしか夫と顔を合わせず、それ以外の時間は一人で過ごした。アドルフの弟エドムントが産まれたのが、いっしょに引っ越せない原因だったのだろうが、なぜ父アロイスが家族を丸々一年間も呼び寄せなかったのか、その理由はわからない。クララはこの長期間の別離を嘆くことなく耐えた。ことによると、暴君のいない静かな時間を楽しんでいたのかもしれない。いずれにしても愛息アドルフは、厳格な父がいないのでたっぷり楽しめた。

だが一八九五年のなかごろ、この屈託のない時期は終わりを告げる。父アロイスが四〇年間の勤務を終えて恩給生活に入り、人里離れたハーフェルト村の土地付きの家を購入し、そこに一家で引っ越したのだ。アロイスはこんどは養蜂と農業のほかに、たっぷり余る時間を使って家のなかで命令ばかりして、家族に不愉快な思いをさせるようになった。

そして、少なくともクララにとっては、アドルフが何をやらかしているか、それをたえずチェックする必要がなくなった。アドルフが五月一日に入学したのである。ランバッハ近郊フィシュルハムの学校に通うことになったのだが、通学は歩いて三〇分かかった。学校は簡素な建物であり、授業は全校一クラスでおこなわれた。

「戸外でのバカ騒ぎや、学校までの遠い道のり、そしてとくに、母がときおりひどく心配したとても粗野な男の子たちとの付き合いが、私を、部屋に閉じこもってばかりいる子供たちとはまったく違うふうにした[18]」

しばらくは異母兄アロイス・ジュニアがいっしょに通学してくれたが、この異母兄はその後父と激しい喧嘩をして家出し、二度と戻ってこなかった。

ハーフェルトの不動産は、家計が赤字になったのでその二年後には売却し、ヒトラー家はランバッハの賃貸住宅に住み、すぐにまた同じ町のなかで引っ越した。アドルフは同地の国民学校で、成績、態度ともに優秀と認められた。また近くにあった修道院では歌唱を学び、一時期はミサの侍者[*訳註1]と少年聖歌隊員を務めたこともあった。アドルフと教会との、唯一本格的な接触だった。

その後父がリンツ近郊レオンディングの家を買ったので、一家は一八九八年一一月にまたしても引っ越しをして、教会と墓地のすぐ近くに住むことになった。それから四〇年後にヨゼフ・ゲッベルス[*訳註2]は、この〈総統のかつての住みか〉についてこう述べている。

「ひどく小さくて粗末。私が案内された一室が、彼の領分だった。狭くて天井は低か

＊訳註1 朗読奉仕者および祭壇奉仕者。
＊訳註2 ナチス政権の国民啓蒙・宣伝相。

学校時代のアドルフ（最上段中央）

った。ここで彼はさまざまな計画を練り、将来の夢をはぐくんだのだ。次は台所。ここは良き母親が料理をしていた場所だ。その背後は庭で、そこで少年アドルフは夜、リンゴとナシを摘んだのだ」[*19]

父アロイスは怠け者の日々を送った。午前中はヨゼフ・マイルホーファーの住まいに向かう。村長で、のちにアドルフの後見人になる人物。二人は果樹栽培と養蜂について長話をする。それからアロイスは〈ヴィージンガー〉という飲み屋に場所を替え、ワインを一、二杯飲む。その後ミツバチの巣箱を見に行く。家に戻って昼食。晩になるといつも決まって常連が集まって、政治談義に花が咲く。これに参加した人たちはアロイスのことを「とても独善的で怒りっぽい」と評している。何杯もビールを飲んだせいもあったかもしれない。

子供たちは午前中は家から出ていた。アドルフはレオンディングの国民学校に通っていて、第三学年に入っていた。村の生活が気に入っていて、学友たちと泥棒ごっこなどをした。とくに夢中になったのは、近所での戦争ごっこだった。アドルフは「この楽しかった時代の思い出」について文章を書いていて、自分のことをこう評している。

「本当にほかの子供たちとは違った少年だったが、世間一般の〈感心な子〉とは言えなかった！　学校の勉強はおかしいくらい易しかったので、私には暇な時間がふんだんにあった。だから室内にいるより太陽の下にいるほうが多かった。……当時は野原と森が戦場であり、いつも起こる〈紛争〉はそこで解決された。……私はガキ大将になった。学校の勉強は簡単だったし、当時はよく勉強したが、それ以外では、きわめて扱いにくい子だった[*20]」

成績表を見ても、彼が優秀な生徒だったことはわかる。アドルフの世界はこの時点ではまだ順調だったのだ。

家庭崩壊

世紀末はヒトラー家に深刻な変化をもたらした。アドルフの弟エドムントが一九〇

○年二月に亡くなったのだ。今やアドルフが最年長なだけでなく、ただ一人の息子になったので、将来、人前に出しても恥ずかしくない家督相続者になるべき彼の肩に、両親の期待が集中した。「父は私を官吏にしようと思っていた」とアドルフはのちに何度も口にしたが、本当かどうか疑わしい。

「私は勉強をするようにと言われた。……だが父は基本的には、息子も自分のように国家公務員になるだろう、いや、なんとしてもそうせねばならないと思っていた。……かつて自分が一生やってきたことを息子に否定されるということは、父には考えられないことだったようだ。だから父の決断は単純だった。その決断は決まりきったこと、明白なことだった。父の目から見れば自明のことだった。結局のところ、一生を通じてつらい生存闘争を続けたため横柄になっていた父の性格からすれば、こうした事柄の最終決定を少年自身に、つまり父の目から見れば経験不足で、したがって責任能力のない少年自身に任せることなどまったく耐えがたく思えたらしい。もしそんなことをしたら、子供の今後の人生のために父として当然担うべき権威と責任の点からも、非難すべき劣悪なこととされ、父がつねに抱いていた義務履行の考え方と一致しないと思ったことだろう」*21

ともあれ父は、反抗的な息子アドルフを上の学校に入れた。リンツの州立実科学校（中学校）だった。通学に片道一時間を要したので、村の仲間と遊ぶ暇はほとんどなくなった。アドルフはこんどのクラスではもう、レオンディングのときのようにボスではなかった。

　両親はすぐさまアドルフのことで心配せざるをえなくなる。学校の成績が落ちてきたのだ。それまでは何でも難なくできたのに、こんどは猛勉強してもダメだった。一年生のおしまいにアドルフは落第し、留年になったのである。当時の成績は1の〈優〉から5の〈不可〉までだったが、アドルフは操行《そうこう》（素行）が3（良）、勤怠が4（可）、数学と自然史が5（不可）だった。留年して二度目の一年生をやったときには、中程度の成績をとっている。

　悪い成績を持ち帰ったために家庭内でどのようなドラマが演じられたか、それは容易に想像できる。野心が強くて厳格な父は、（正当にも）息子を怠け者と批判し、母は、ただ一人残った息子の将来を心配しただろう。ともあれ両親も耐乏生活を強いられ、食費を工面して息子を長期間養う覚悟をした。『わが闘争』のなかでヒトラーは父との関係を、強い意志をもった二人の人間の対立として描いている。

「私は当時まだ一一歳にもなっていなかったが、生まれて初めて反論せざるをえなかった。父は、一度もくろんだ計画と意向を実行しようと非常に頑固に決心していたようだが、息子のほうも、自分がまったく、ないしはほとんど受け入れがたい考えをあくまで強情に拒んだ[*22]」

誰が決定権をもっているかについて、この高圧的な家長が確信を抱いていたことはたしかである。家長への反抗などもってのほかだった。妻の反抗も、子の反抗も。父はいかにも当然のように無条件の服従を求めたが、それは彼が官吏としての仕事を通じて習得してきた〈国家に対する服従〉と同一だった。父がおもに用いた教育手段は殴打だった。いちばん年長のアロイス・ジュニアもびんたを食らったが、彼が家出したあとはアドルフの番になった。父はアドルフをしばしば怒るようになった。おどおど心配するばかりの母は、あいだに入れなかった。妹のパウラはこう言っている。

「兄の挑発で父は極度に厳しくなった。兄は毎日ひどく殴られていた。……他方、母は兄を愛撫し、父が厳格さでは伝えられなかった愛情をしきりに兄に伝えようとしていた[*23]」

アドルフが室内で殴られているとき、母クララはしばしばドアの外で心配に打ち震えながら待っていたが、介入する勇気はなかった。アドルフはのちに秘書のクリスタ・シュレーダーにこう自慢している。

「私がある日、カール・マイ「ドイツの児童文学作家」を読んでいたら、痛みを感じていないふりをすることが勇気の証だという文が出てきたんだ。そこで私は、次に殴られたときには声を出すまいと思った。そして実際にその時が来たとき……殴られるたびに数を数えた。『父さんに三二回やられたよ！』と母に誇らしげに伝えたら、母は、私の頭がいかれたと思っていたよ」。アドルフは同時にこうも告白している。「父のことは好きではなかった。怖かった[*24]」

父と息子の対立は意外な結末を迎えることになる。一九〇二年八月なかば、父は地下室で大量の石炭を動かしたとき、大喀血《かっけつ》をした。父はこのとき六五歳になっていた。だが急速に回復し、通常の習慣に戻って、再び怒り狂った。学校でのアドルフの成績がまた下がったのが原因だった。一九〇三年一月三日の土曜日、父が通いなれた飲み屋〈ヴィージンガー〉に出かけたときには、なんら変わったところはなかった。父はグラスのワインを一飲みするかしないかのうちに、横に倒れこんだ。従業員たちが彼を隣室に運び、ベンチに横たえた。医師と聖職者が到着したが、アロイスの死を確認できただけだった。公式の死因は肺出血だった。

二日後には葬儀が、自宅から数メートルも離れていないレオンディングの墓地で執りおこなわれた。リンツの『ターゲスポスト』紙は一月八日に追悼文を掲載した。記事の内容は、故人の仕事仲間とクララの説明に基づいたものだったが、「故人に関しては良い面しか語らない」とする慣例にならって、故人本来の性格はほとんど隠蔽《いんぺい》されている。

「彼の口からは、にべもない言葉が漏れることもあったが、荒っぽい外見の奥底には良き心が隠されていた。彼はつねに全精力を傾注して、法と合法性のために尽力した。

アドルフ・ヒトラーの母
クララ・ヒトラー（旧姓ペルツル）

博識の彼は、どのような事柄に関しても、問題の解決をもたらす発言を差しはさむことができた。その寡欲さと節約・倹約精神も彼の特長であった」。はっきり言えば、罵声を浴びせる知ったかぶりの男であり、家族には節約させるけちだったということだ。

クララは夫の死によって気が楽になり、同時に重くもなった。苦しみの元凶が死んだので苦悶の源泉は枯渇したが、同時に、若いアドルフを抑制できる人が一人もいなくなったのだ。彼女にとってはアドルフがしだいに負担になってきていた。アドルフはますます学校をさぼるようになり、勝手に一日じゅう散策に出かけたりするようになっていた。しだいに手に負えなくなり、気まぐれになっていったのである。

友人や親類が口をそろえて言っているとおり、クララは優しすぎたし、何事であれ貫き通す意志をもちあわせていなかった。アドルフに対しては過保護で愛情細やかだったが、つねに怯えていて弱気であり、母親としては息子を建設的な方向に導くことができなかった。しかも毎日おびただしい家事に追われていたので、時間的にもアドルフをしっかり管理することなど不可能だったと思われる。

アドルフは学校の成績がまた悪くなり、二年生のときは、操行が3（良）、勤怠が4（可）、数学が5（不可）だった。追試でようやく三年生になることができたのである。当時の学級担任エドゥアルト・ヒューマー博士は、アドルフがミュンヘン一揆*訳註1と将帥廟《フェルトヘルンハレ》への行進*訳註2の責任者とされた一九二四年の裁判の折りに、こう述べている。「あの痩《や》せこけた青白い顔の少年のことは、よく覚えている。あの子は毎日、リンツとレオンディングのあいだを往復していた。偏りはあったにせよ、才能があったことはたしかである。しかし自制心はほとんどなかった。少なくとも反抗的であり、わがまま、ひとりよがりで短気だった。学校という枠にはめることは明らかに困難だった。彼は勤勉でもなかった。もし勤勉だったら、間違いなく才能はあったのだから、かなりの成功を収めたにちがいない。ヒトラーはすばやくスケッチを描いただけでなく、学科でも同様の才能を示していたが、ただ勉強する意欲がいつもすぐなくなってしまうのだ。教師たちが忠告し叱責しても、敵意を隠そうとしないことがまれではなかっ

---

*訳註1　ナチスが一九二三年に企てたクーデター。
*訳註2　一揆の直後におこなわれたナチスのデモ。

た[*25]」

アドルフが実科学校から持ち帰る成績表がどんどん悪くなっていったので、母クララは心配が絶えなかった。三年生のとき、彼は母に学年終了証明書を渡したが、そこにはまたしてもがっかりするような評価がたくさん並んでいた。勤怠は4（可）、フランス語は5（不可）。だが母は、より高度な教育を息子に受けさせたいという希望を捨てなかった。それにはリンツの実科学校をやめさせるしかない。母がもっと広い視野をもっていたら、アドルフの悪い成績ではこれ以上の学校に行くのは無理だと思ったことだろう。

だが母は新たなスタートを切ることにし、気乗りしない息子をシュタイルの実科学校に送りこんだ。彼はそこで四年生のクラスに入った。毎日通学するのは距離の点から無理だったので、クララはアドルフを、シュタイルの商人イグナツ・カンマーホーファーが所有していた裁判所官吏コンラート・エドラー・フォン・チキーニ宅に下宿させる。しかし、高等教育と将来の展望という母の願望は無駄に終わる。アドルフから四年生の成績表を見せられたとき、運命は決した。アドルフは学習到達目標をまたしても達成できず、母の愛情はすべて徒労になってしまったのである。アドルフ・ヒトラーの最後の成績表は以下のとおりである。

操行	3	（良）
勤怠	4	（可）
宗教	4	（可）
ドイツ語	5	（不可）
地理と歴史	4	（可）
数学	5	（不可）
化学	4	（可）
物理	3	（良）
図画	2	（秀）
体操	1	（優）
速記	5	（不可）

二科目（ドイツ語と数学）が5なので進級は不可能だった（速記は選択科目だったので5でも問題なかった）。母が息子に抱いていた希望は砕けた。それとも再度、留年させるべきか？

彼女の生活に変化が生じた。継子のアンゲラが、一九〇三年に官吏レオ・ラウバルと結婚し、レオンディングの家をあとにしてリンツに移り住んだのである。レオンデイングの不動産は、今や広すぎるように思えた。それに母にしてみれば、もっと収入が必要だったのかもしれない。こうして彼女はレオンディングの庭付きの家を一九〇五年六月に売却し、リンツのフンボルト通り三一番地の賃貸アパートに引っ越す。それはアパートの四階で、台所と居間、それに小部屋がついていた。

この売買でクララの手元には六〇〇〇クローネが残り、それを投資した結果、さらに利子が手に入った。ほかに寡婦年金もあった。そのうえクララの妹ヨハンナがいわば家賃として、自分の財産から月五〇グルデン弱を拠出してくれた。これは地元の家賃の何倍にも相当する高額だったから、血族への支援金と見なしていいだろう。

アドルフの今後の学校教育に関しては、彼の巧妙なお芝居が決定的な影響を与えた。実際には咳をともなう風邪だったのだが、彼はそれを大げさに肺病だと主張したのである。母は、すでに四人の子を病気で早死にさせてしまっていたので、恐怖心を抱いてしまった。アドルフは『わが闘争』のなかで、このいかさまをこう美化している。「そのとき突如として病気が私の助け船になってくれた。そして数週間後には私の将来および、実家との長く続いた論争にけりがついた。私が重い肺病にかかっていることを見てとった医師が母に向かって、私を今後役所のようなところへ絶対入れてはいけないと強く進言してくれたのである。実科学校のほうも、少なくとも一年間は休学しなければならないとのことだった。私がひそかに熱望していたこと、いつも達成しようとしてきたことが、この出来事によって、ほとんどひとりでに実現してしまった」。[*26]
だが当時の顔見知りは誰一人として、そうした病気のことを思い出せなかった。つまりは嘘だったのである。

アンゲラとレオ・ラウバルの結婚記念写真

だが兆候を信用したクララは、アドルフといっしょに列車に乗って、自分の妹が嫁いでいたヴァルトフィアテル地方のシュミット家に休養に行った。グミュント駅には、おじが牛車で迎えにきていて、シュピタールまで乗せていってくれた。

祖先の故郷であるこの田舎で、アドルフは何週間か快適な休暇を過ごした。医師に面倒を見てもらいながら、アドルフはたらふく食べ、大量に牛乳を飲み、スケッチを描き、付近をはしゃぎまわった。だがシュミット家の畑仕事はやらず、たんに傍観していただけだった。これは故意の侮辱である。好意を示してくれたおじ夫婦にしてみれば、農作業に猫の手も借りたかっただろうし、親類や友人同士の助け合いは彼らにしてみれば当然のことだったのだが。

田舎でのこの休暇が終わると、クララはアドルフをリンツの新居に連れていく。学校のことは話題にのぼらなくなった。アドルフが小部屋を独占し、母クララ、娘パウラ、そしてヨハンナおばが居間で眠った。クララとヨハンナはその後も、買い物や掃除、料理といった家事をしていた。

どこの親も悩むことだが、息子を今後どうすべきかという問題は未解決だった。官吏になるという希望はすべて消え去ってしまった。学業を打ちきったことで、職業選択の幅はさらに狭まった。一六歳のアドルフ少年は本来、同年齢の何万人という子供たちと同じ状況にあった。つまり、独り立ちのためには実践的な職業教育を受ける必要があったのである。

だがアドルフは違っていた。彼は母に、芸術方面で生きていきたいとしつこく頼みこんでいた。本音を言えば画家になりたかった。だがこの希望には実践がともなっていなかった。養成所に通ったこともないし、美術学校への入学も、また美術アカデミーの受験も、この時点ではまだ一度も経験していなかった。

友人たちや義理の婿レオ・ラウバルは、「アドルフを職に就かせるべきだ」とクララに迫ったが、クララはアドルフの言いなりになっていた。こうしてアドルフは、家計のために仕事をすることはせず、芸術三昧《ざんまい》の生活を送っていいことになった。

それどころかクララは、アドルフの突飛な希望を叶えてやるために再三財布の紐《ひも》をゆるめていたのである。一九〇六年五月から何週間かのウィーン旅行の費用も出してやった。アドルフはそのお金を使ってオペラ座と美術館には足繁く通ったが、美術の養成所探しはしなかった。またアドルフが不意に音楽に興味をもったときには、母はグランドピアノを買ってやったし、軍楽隊で音楽をやっていた人にレッスンを受けさせ、その謝礼も出してやった。だが、その四カ月後にはアドルフはピアノへの意欲を失い、昼はまたのべつスケッチばかり描いていた。とくに熱中していたのは、リンツの町の空想的な都市計画だった。夜遅くに寝入って、長時間眠っていた。のちに自分で言っているとおり「お母さん子」であり、「何もしないでいる快適な生活」と「まるで美しい夢のように思える幸福な日々」[*27]を享受していた。定職のことなどまったく考えていなかった。

クララは、芸術的知識を高めたがっているアドルフに、国民教育協会の図書部と美術・博物学協会の両メンバーになることを許し、また時々はリンツの劇場のチケット代を渡していた。ヒトラー家の家計簿にきちょうめんにリストアップされているところによれば、ヨハンナおばも時には二〇ヘラーないし数クローネの小遣いをアドルフに与えていた。五〇ヘラーあれば、軍楽隊の演奏会や、州立劇場の四階立ち見席のチケット（いちばん安いチケット）が買えた。バラエティショーや、ガストハウスでの小規模な歌曲リサイタルなら、一〇ヘラーあれば入場できた。

アドルフがとくに好んでいたのはワーグナーの歌劇・楽劇で、当時の唯一の友人アウグスト・クビツェク（愛称グストル）と出会ったのもそうした上演の折りだった。クビツェクはリンツの椅子張り職人の息子だったが、父親の跡を継ぐ意思はなく、音楽家になりたがっていた。二人が会っていた期間は、一九〇五〜〇六年の冬から一九〇八年の夏までだった。クビツェクは、フンボルト通りのヒトラー家をよく訪れていた。その住まいのことを彼はこう述べている。

「小さな台所には緑色の家具がいくつか置かれていたが、窓は、中庭に面した一枚だけだった。居間は……通りに面していた。横の壁には、父親の写真が一枚掲げられていたが、印象深いもので、いかにももったいぶった役人風の顔つきで写っていた。顔つきはちょっと不機嫌そうだったが、手入れの行き届いたカイゼル髯《ひげ》の分だけ穏和に見えた[*28]」

クララは、偏屈な息子に友達ができたこと、共通の関心をもつ話し相手ができたことを喜んだ。クビツェクはこう回想している。

「クラおばさんは私に向かって、アドルフについての心配をどんなに頻繁に切実に語ったことか！　おばさんは、アドルフが父親の望んでいた人生行路を歩んでいくように助力してほしいと、どんなに私に望んだことか！　私はおばさんを失望させるしかなかった。だが、おばさんは気を悪くはしなかった。おそらくおばさんは、アドルフの行動がはるかに深い原因に根ざしたものであり、私が影響を与えることなどまったくできないことを予感していたのだ[*29]」

　クビツェクは、目の前のクララが若いときの写真よりはるかに老けて見えたと明かしている。白い髪、「おばさんの容貌から感じられる静かな苦悶」、そして「生真面目な顔立ち」は、明らかに苦悩といらだちを表わしていた。クビツェクは続けてこう書いている。「こんなにしばしばおばさんの前に立っていると、私はなぜかいつも同情を感じたし、おばさんに何かしてあげねばと思っていた」

　アドルフより約一歳年上のクビツェクのことを、未亡人クララは、自分の数々の問題に理解を示してくれる聞き手と見なしていた。だがこれは尋常ではない。四〇代なかばの女性が、自分の心配を一〇代の男の子に打ち明ける。ふつうなら違ったかたちをとるはずだ。結局クビツェクは、何度も訪問したのに彼女にとってはよそ者だった。どうやら、家庭内のことを話せる親類が彼女にはいなかったのだ。クビツェクは書いている。

「アドルフは芸術家としての自分の将来像を語ったが、それが不明瞭だったので母親には理解できなかったし、もちろん満足もできなかった。一人だけ生き残った息子についても心配しているうちに、母親の気持ちは暗くなっていった。……『お父様はお墓のなかで安らかに眠っていらっしゃらないわ』と母親はアドルフによく言っていた。『それもこれも、おまえがお父様の意向にまったく沿わないことをしているからよ。良い息子になるための基本は従順だわ。でもおまえは従順じゃない。だから進学もしなかったし、幸福な生活も送っていないのよ』」[*30]

だが、そう嘆いても息子は行動を起こさなかった。母も母で、息子の怠惰な生活のためにその後も我慢して支払いを続け、彼を働かそうとはしなかった。

母のもろさは、一九〇六〜〇七年の冬には体にも出た。痛みを訴えたのだ。顔は青白くて虚弱そうに見えた。かかりつけのユダヤ人医師エドゥアルト・ブロッホ博士が診察した。診断結果は、胸筋内の悪性腫瘍《しゆよう》。はっきり言えば乳ガン。四日後の一九〇七年一月一八日にはもうリンツの病院で一時間の手術を受け、腫瘍が除去された。彼女は二〇日間の入院を余儀なくされたが、その結果、計一〇〇クローネの治療費は家計に負担となった。まだ疾病保険のなかった時代の話である。

ブロッホ医師は、一七歳のアドルフと一一歳の妹パウラに、「手術はしたが重態だ。

乳ガンが進行しているので、ほとんど望みはない」と打ち明けた。

母クララは見るからに弱くなった。歩くことも、階段の上り下りもつらくなった。そこで五月に彼女は、四階にあるリンツの住まいをあきらめて、ドナウ川の対岸のウルファールに引っ越すことにする。一家は最初、ハウプト通り四六番地に住んだが、一四日後には再び引っ越して、ブリューテン小路九番地のアパートに移った。この住まいは二階にあり、全部で三室だった。

「あの簡素な家具付きの住まいについて私が受けたおもな印象は、その清潔さだった。全体が輝いていたのだ。椅子や机の上には塵《ちり》一つなかったし、床は磨かれてしみもなく、窓ガラスにも汚れ一つなかった。ヒトラー夫人はすばらしい主婦だった」とブロッホ医師は報告している。[*31]同医師は六月はじめにクララを再度診察した。クララは健康こそ損なっていたが、主婦業に打ちこんでいて、今後も母親業を完璧にこなすつもりでいた。

彼女はきっと助けが必要だったにちがいないが、当てにできるのは妹ヨハンナだけだった。大人になる寸前のアドルフは当てにならなかった。彼は母を説得して、再度ウィーンに行きたがっていた。こんどはウィーン造形美術アカデミーで美術の勉強を始めるためだった。母の健康状態が悪いことは知っていたが、彼は一九〇七年九月はじめにウィーンに向けて出発する。スーツケースにはスケッチと油絵が入っていた。

一八歳のアドルフは、ウィーンのシュトゥンパー小路二九番地で一部屋を又借りした。勉学の前に受験という障害があった。試験は一九〇七年一〇月一日～二日に実施され、受験生は全部で一一三人いた。アドルフは一次試験を通過したが、二次で不合格となった。その理由は「見本スケッチ不可、肖像画少数」とのことだった。

失踪者ヒトラー

自宅に残してきた家族のことを、アドルフはめったに考えたことがなかった。何枚かの葉書をかかりつけの医師や友人クビツェク宛に送りはしたが、文面は決まりきった言葉が並んでいるだけだった。自分の成功や失敗についても、この画家落第生は自宅に何も知らせなかった。神経質になった母は、訪問してきたクビツェクにこう尋ねた。「アドルフから知らせはありましたか？」。クビツェクはそのときの状況をこう記している。

「つまり、彼は母親にもまだ郵便を出していなかったのだ。私はとても不安になった。何か起こったにちがいない。……クララおばさんはいつもより気に病んでいるようだった。その顔には深い皺《しわ》が刻まれていた。両目はうるんでいて、声には疲れとあきらめの響きがにじんでいた。私の印象では、おばさんはアドルフがいっしょにいないことで投げやりになり、いつもより老けて病弱に見えた[*32]」

会話のなかで、息子の将来についての母の不満と絶望が噴き出した。「あの子が実科学校でまともに勉強していてくれたら、今ごろは大学入学資格試験に合格していたでしょう。でも、あの子は言うことを聞かないのよ。父親と同じで頑固なの。どうして急いでウィーンに行ってしまったのかしら？　わずかな遺産なんだから貯めておけばいいのに、軽率に浪費してしまった。これからどうなるの？　絵なんて描いたって何にもならない。歴史物語を書いたって一銭にもなりはしない。……でもアドルフはそんなことは考えていない。あの子は自分の道を歩んでいる。まるでほかの人なんかいないみたいにね。あの子が独り立ちしたところなんて、私は見られないでしょうね」[*33]

母は、あれほど目をかけていたアドルフが傍らにいないので苦悶していた。そこでアドルフに、ウルファールに戻るよう命じた。一九〇七年一〇月二二日、ブロッホ医師は一家の人たちに、「クララが不治の病であること、余命いくばくもないこと」を伝えた。一〇月末以降、クララはその衰弱と苦痛ゆえに、自宅で病床に伏したままになった。ただときおり、肘掛け椅子のところまでなんとか動いていって、そこでしばらく座っていることができるだけだった。

アドルフは母のベッドを台所に移して、その脇に長椅子を置き、自分は夜そこで眠った。台所にだけ暖房が入っていたのだ。一生を通じて初めて、しかもこのときだけ、アドルフは家事に参加し、ヨハンナおばと一一歳の妹パウラの手伝いを時々おこなった。

ブロッホ医師は一一月以降、ヒトラー家を毎日往診するようになった。彼はヨードホルム療法をおこなうことにした。効果がないとはいえ、当時は腫瘍を食い止めるためにふつうにおこなわれていた方法だった。胸部の傷口をガーゼで覆い、その上から殺菌剤であるヨードホルムをしたたらせるのだが、そのためにクララは焼けるような痛みを感じた。

治療のための苦痛を彼女は我慢しようとしたが、何度もしくしく泣いたり、ため息を抑える声が住まいに満ちた。この療法のために、クララはたえず喉が渇いたが、何も飲みこむことはできなかった。母がしだいに死に近づいてゆくのを、家族はただ見つめているしかなかった。クララにとっての唯一の慰めは、ブロッホ医師が投与したモルヒネだった。

一九〇七年一二月二一日午前二時、クララは四七歳で亡くなった。遺体は二日間自宅に置かれ、知人と友人が花で哀悼の意を表わした。アドルフは母のために非常に高価な棺を購入した。金具をふんだんに打ちつけた棺で、値段は一一〇クローネもした。遺志により、遺体はレオンディングの夫の横に埋葬された。一二月二三日朝のことだった。葬列がウルファールからレオンディングまで進んでいくあいだ、湿っぽい霧があたり一帯を覆っていた。

淋しい葬列だった。クビツェクのほかには、ブリューテン小路九番地の住人数人が親類に付き従っているだけで、アドルフは霊柩車の後方を歩いていた。彼は黒の長いコート、白の手袋、シルクハットという出立ちだった。その脇には妹パウラと、義理の兄レオ・ラウバルがいた。妊娠中だったアンゲラは、窓を閉めきった一頭立ての馬車に乗っていた。

ハウプト通りに入ると、葬列はばらついた。アドルフとパウラが、もう一台の一頭立て馬車に乗りこみ、レオ・ラウバルは妻アンゲラの馬車に同乗した。ヒトラー家だけが先に進むようになり、埋葬は昼には終わった。ヒトラーはのちに『わが闘争』のなかでこう書いている。「母の墓を前にして立っていたあの日以来、私は一度も泣いたことがない」[*34]

一二月二四日にアドルフはブロッホ医師を訪問し、三〇〇クローネを清算した。同医師はこのときの出会いを記憶している。

「四〇年間ほどの体験のなかで私は、懸命に涙をこらえながら私の医療努力に感謝の言葉を述べるためにやってきたときのアドルフ・ヒトラーほど、苦痛に打ちひしがれ、苦悩に満ち満ちた若者の姿を見たことはなかった」[*35]

ほかの人々も、母の最期の日々に一八歳のヒトラーが親身に、そして愛情豊かに母親の面倒を見たと証言している。ことによるとこの前後に、彼の心のなかで何かが壊れたのかもしれない。なぜなら同日、彼は残りの一族といっしょにクリスマスを祝うことを断わり、異母姉アンゲラが自宅に招待したのを拒否しているからだ。彼はその晩、あてどもなく付近を徘徊した。一九〇八年一月はじめ、彼はクビツェクといっしょに再度、レオンディングの墓に行っている。クビツェクはのちにこう記している。
「アドルフはとても落ち着いていた。私は彼の変貌ぶりに驚嘆した。母の死が彼の心を深く揺るがしたことを、そして彼が肉体的にもそれで苦しんだことを私は知っていた。……なのにそのときの彼ははっきりと、堂々とそのことを話したので私は驚嘆したのだ。まるで他人事みたいな口調だった[*36]」

一一歳のパウラと一八歳のアドルフは孤児になってしまった。レオンディングの村長ヨゼフ・マイルホーファーは、二人の後見人になるつもりであると発表した。彼は何度かアドルフに何かの職業の見習いになるよう勧めたが、アドルフはどうしてもウィーンに戻りたがった。ウィーン造形美術アカデミーの受験に失敗したことは、一族にはわざと黙っていた。パウラとヨハンナおばは、まずはウルファールの住まいに二人だけで戻ったが、ヨハンナおばはヴァルトフィアテル地方の親戚のところに戻ってしまったので、結局異母姉アンゲラが少女パウラを引き取ることになった。

アドルフは再びシュトゥンパー小路二九番地の部屋に戻り、彼のあとを追ってきた友人クビツェクとすぐに同居するようになった。クビツェクが音楽院受験に成功し、熱心に勉強していたのに反し、アドルフは支給されるようになった孤児年金と遺産を頼りに漫然と暮らしていた。朝はいつまでも寝ていたが、夜はかなり遅くまでクビツェク相手にいつまでも独白を続け、クビツェクの眠りを奪っていた。二人はたしかにつましい暮らしをしてはいたが、オペラにだけはかなりの額を払って通っていた。

初年度の修了試験のあと、クビツェクは夏休みになったので、リンツの実家に戻った。アドルフはそのころ、シュピタールの親戚のところに行き、避暑で来ていたヨハンナおばにお金をせびった。オペラをふんだんに観るととても高くつくのだ。お人好しのおばは、大好きなアドルフに九二四クローネを貸した。若い法律家や教師の年収に相当する額だった。彼はこのお金で三部屋ある広い住まいを二年間借りた。彼女の全財産の二割に相当するこの九二四クローネを、ヨハンナおばはもちろんアドルフから返してもらえなかった。アドルフにとってはこれで職探しをしなくていいことになった。

アドルフは、ヴァルトフィアテル地方でアンゲラに出くわさないことを望んだ。アンゲラは彼に、孤児年金を全額パウラに渡すように、そして自分は独立するようにとせっついていたのだ。だが、アドルフは相変わらずそんなつもりはなかった。次回の試験に備えてまともに勉強するつもりもなかった。当然の結果が出た。彼が受験資格取得のために提出した作品は不合格とされ、秋の入試も受けられなかった。また、建築の勉強をしたいという希望も、学業がとぎれていたので、これまた萌芽のうちに摘みとられてしまった。

クビツェクが夏休み後、何も知らずにウィーンに戻ったときには、共同生活を送ってきた部屋は別の人に借りられていて、彼の所持品は別の場所に移されていた。アドルフは一言も説明せずに、そっと姿を消したのだ。それから数十年後、オーストリアがドイツに併合されたころ、クビツェクは、青春時代の友人アドルフが何者になったかを知るようになる。だが、さしあたりアドルフは痕跡も残さずに姿をくらました。リンツの異母姉アンゲラや妹パウラも、アドルフがどこに隠れているのか、何をしているのか、知らなかった。

アドルフは友人や親類とのつながりをばっさりと断ち切ったのである。彼はその後何年間か、ウィーンの浮浪者収容所と独身者合宿所で寝泊まりし、スケッチを売ってはいくばくかのお金を得ていた。入試に失敗したことを恥じて隠れていたのだ。徴兵も忌避していた。つまり、のちに家族の意義と祖国への愛を演説することになるこの男は、青春時代にはそのどちらもほとんど考えていなかったのである。

一九一三年五月、この逃亡者はひそかにミュンヘンに向かった。第一次大戦が目前に迫っていた。彼はまったく新しい生活を始めることになる。そして彼は、オーストリアに残ったヒトラー家各人の生活をも大きく変えることになるのだ。

第2章　隠された故郷

一九四五年四月。ソ連軍は帝都ベルリンの攻撃を開始し、ドイツ兵はあらゆる前線で撤退していた。そして、戦場や強制収容所では何千万人という人々が死亡していたが、それこそはナチス支配の残酷な結末だった。体制は終焉に近づいていた。人々は平和を求めていた。戦争終結はあと数日に迫っていた。

そうした折り、首相官邸の地下壕では不気味な場面が演じられていた。心身ともに衰えを見せていたアドルフ・ヒトラーが、目の前の巨大な机の上に作られたリンツの町の模型を、身を乗り出して眺めていたのだ。

「あの何週間か彼は、機会さえあれば昼夜を分かたず、いつ何時でもあの模型を前にして座っていた」と、その模型を設計した建築家ヘルマン・ギースラーは報告している。ヒトラーはその空想都市を「われわれが出発点を見出すことになる約束の地だ」[*37]と確信していた。訪れてくる人たちに向かってヒトラーは、その地下壕で自分のプランを披露し、未来のリンツについて勝手に弁じたてていた。外界と、間近に迫った敗北などは頭になかった。

照明を変えることによって、リンツの町が早朝、昼、晩といったさまざまな時間帯にどう見えるかシミュレーションされた。ヒトラーが青春時代にわずか何年間か住み、短期間通学したその町が、究極の勝利を収めたあとにはドイツ帝国の新たな巨大都市《メガポリス》になることになっていた。ヒトラーがすでに「総統を名付け親とする都市《パーテン・シュタット》」と命名していた町が、世界都市になり、文化の首都になるというわけだった。

ドナウ河畔に代表的な建築物が計画され、それがナチス自慢の建物群で飾られる予定だった。建築材料は、近くのマウトハウゼン強制収容所から運ばれることになっていた。高層ビル一棟はナチス幹部専用だったし、〈ガウ〉[*訳註1]には〈ドナウ塔〉〈ガウ・ホール〉、展覧会場があって、一〇万人分の座席が用意されるはずだった。ほかには〈ニーベルンゲン橋〉、ホテル〈歓喜の力〉、そして工業大学。

ドナウ川を見下ろすリンツ西方フラインベルクの町には、養老院を建設する予定だった。中庭を擁する四角な建物で、ヴァルトフィアテルでよく見かける形だった。「ブラウン嬢[*訳註2]以外は誰もそこには連れていかない。ブラウン嬢と愛犬だけだ[*38]」

この都市計画の中心としてヒトラーが考えていたのは美術館で、そこに彼は、ウィーンの美術史美術館やフィレンツェのウフィッツィ美術館に対抗すべく、自分が購入したり収奪した絵画を飾ることにしていた。

「リンツは今持っている物、今後持つ物に関して、ドイツ帝国に感謝することになる。だからこの町は、ドイツ思想を担うことにならなければならない。リンツ市内のどの建物も『ドイツ帝国寄贈』と記されなければならないのだ」とヒトラーはまくしたてていた。[*39]

そして彼は国家的聖地として両親の墓を設計していた。タージ・マハル[*訳註3]よりも壮麗で、ウィーンのシュテファン教会よりも高い塔が一本そびえている。そこの鐘は定刻になるとアントン・ブルックナー作曲の第四交響曲の旋律を演奏する仕掛けだ。そのためにも、レオンディングにある父母の棺をリンツに移さねば。

こうした都市計画、こうした両親賛美は、ヒトラーが故郷との強い結びつきを感じたり先祖を崇拝していた証拠だろうか？　いや、まったく違う。自分の祖先をこれ見よがしに展示するのは、せいぜいのところ晩年を迎えたヒトラーの誇大妄想だった。

もっと若いころのヒトラーは、故郷と血族に対してまったく別な接し方をしていたが、リンツとの決別にともなって、彼の青春時代も終わりを迎えたのである。ウィー

＊訳註1　ナチス管轄区域としての大管区。
＊訳註2　のちにヒトラーの妻になるエーファ・ブラウン。
＊訳註3　インド・ムガル帝国の霊廟。

ンへの引っ越しは、その変革の証となった。彼は今や孤児であり、独りぼっちで何の係累もなく、これからどうしていいかもわからなかった。その後しばらくするとウィーンに潜伏するようになり、定職も定収入もない不安定な生活を送るようになる。

だが落ち着きのないこの男は、ウィーンにはあまり長くとどまらなかった。やがてミュンヘン、ベルヒテスガーデン、ベルリンへと向かうようになる。つまり父と同じことをすることになる。彼が子供だったころ、父は引っ越してばかりいたのだ。この独裁者に〈故郷〉はあったのだろうか？　政治の場ではたえず故郷を口にしていたが、個人的に故郷と呼べるところはそもそもあったのだろうか？　彼は自分の過去に、自分の原点であるヴァルトフィアテル地方にどう接したのだろうか？　伝統や慣習に対して、個人的には賛同していたのだろうか？　故郷はたいていの場合、地理的にも血縁的にもほっとする地域なのだが。

一族の記憶を抹消

母を愛し、リンツの町を愛していたにもかかわらず、ヒトラーはみずからの血統については、そのときどきのプロパガンダの都合に合わせていた。たとえば一九三八年のオーストリア侵攻のさいには、両親の墓と、そのそばにあったかつての住まいを訪れたし、カメラを持った特派員たちをつねに従えていた。

しかし、墓への崇敬と手入れが本来当然のことであるという観点に立てば、彼は自分の一族に対して深い親愛の情を抱いてはいなかったと思われる。実際、ヒトラーがそうした公式の機会以外に故郷リンツを訪れることはごくまれだった。

両親への畏敬の念にしても、父母の死後はたいしたものではなかった。それどころか彼は本来、両親の墓を壊すつもりだったのである。地中に吸いこまれて誰にも見つからなくなれば、自分の血統は永遠にわからなくなるだろうと考えていたのだ。これは彼の妹パウラとも通ずるところがあって、彼女も父母の思い出をあまり大切に思っていなかった。

ともあれヒトラーは、レオンディングの〈聖所〉を存続させることにさほど腐心しなかった。彼は億万長者だったし、墓の管理料金を定期的に送るべきだったのだが、送金は一度もなされなかった。もしナチス党員たちが世話をしなかったら、墓は地元共同体によってきれいさっぱり破壊され、更地にされていただろう。ナチス党員は、ヒトラーが権力を掌握したあと、党幹部宛に書面でこう訴えた。

「もしリンツのナチス党員が何年か前に支払いをしなかったら、総統のご両親のお墓はもうなくなっていたと思われる」[*40]。一九三八～四三年に、レオンディングの神父だったヨハン・ハウドゥムがヒトラー家の墓を自発的に購入し、自費で手入れをしていたのである。

だがほかの場合には、ナチス党員もあまり実《じつ》を上げることはできなかった。アドルフの弟エドムントは一九〇〇年二月にレオンディングで六歳で亡くなったが、その墓はすでに撤去されていた。アドルフも、その異母姉や妹も、そしておばやおじも、その墓を維持しようとしなかったのである。前述の党員のなかに祖先研究を趣味にしていた人がいたが、彼は絶望的な語調でこう記している。

「上記の者［エドムント］の墓が不明だったので、私は主任司祭にそれを確認してくれるよう頼んだ。ことによると総統のお考えで、その子が新たに両親の墓といっしょに埋葬されたかもしれなかったからだ。しかし、そういうことはなかった。エドムント・ヒトラーの墓は依然として行方不明である」[*41]

同じことは、アドルフの兄オットーについても言える。オットーは一八八七年に生まれたもののすぐに亡くなってしまったのだが、ブラウナウ市内にあったと思われるその墓をヒトラー家はとっくの昔に忘れ去り、その場所はもうわからなくなっていた。

だが総統を公式に祝賀し、以前の住人の思い出を保持しようという地元ナチス党員の熱意が高まってきたため、ヒトラーはやむなく、レオンディングにあったかつての実家を一種の巡礼地にすることにした。とはいえ、権力掌握後何年間かその手配をしたのはヒトラー当人ではなかった。彼自身は潤沢な資産を持ちながらも、それまでは、その実家を購入してそこを自分の故郷として味わうことなど、まったく考えつきもし

レオンディングの両親の墓に献花するアドルフ・ヒトラー

なかったのである。

一九三八年五月九日、ナチスのオーバードナウ大管区指導者《ガウライター》がその建物を買いとり、そこを〈総統の実家〉としてプロパガンダした。しだいにそこには何万人という訪問者が訪れるようになり、来客記念帳に丁重な献身と忠誠の誓いを書きこんだ。戦後この家はレオンディングの町の所有になった。現在そこには町立の葬儀社が入っている。

本来ならレオンディングのほうがリンツよりも、ヒトラーの故郷という色彩が強かったはずだ。当時人口七万前後だったリンツが若きヒトラーの視野に入ってきたのは、レオンディングの実家から大嫌いな実科学校まで、毎日片道一時間歩いて通ったからだった。彼はレオンディングで約八年過ごしたが、それに反してリンツには一九〇五年六月～一九〇八年二月の三年弱しか住んでいない。

とはいえ、リンツ時代は青年ヒトラーにとって、最も屈託のない時期だった。学校という強制からも離れ、職に就かなければという重圧も感じることなく、漫然と過ごした日々だったのである。お金は母が出してくれた。後年のヒトラーはこの時期に対して古き良き時代として郷愁を感じ、故郷に心酔することになったのだろう。けれども一九二四年に書かれた『わが闘争』のなかで彼は、リンツ時代のことをたしかに最も美しい時代と記してはいるものの、オーストリアを故郷と感じるとは一行も書いていない。

「こうした理由がそろっていたので、ずっと以前の少年のころからひそかな希望とひそかな愛情を覚えていたかの地への憧れが生じたのだ」〔傍点訳者〕。それはドイツだった。「ドイツの都市だ！ ウィーンとのこの違い！ あの多種族が住むバビロンの都市を思い出すだけで胸が悪くなった」。なぜなら、彼の心臓は「一度も君主国オーストリアのためにではなく、つねにただドイツ帝国のために」鼓動していたからである[*42]。

東方への拡大政策を正当化するために、ヒトラーは再三ドイツ人に、真の故郷は東方にあると吹きこもうとした。アーリア人の「生存圏《レーベンスラウム》」が、「生存圏なき」ドイツ人に与えられてしかるべきであると。

このイデオロギーの唱道者の一人であるコンラート・マイヤー博士は、一九四一年にミュンヘンの学生新聞にこう書いている。

「ある土地が、良き文明を初めてもたらした者に属するという考えは、過去何百年かのドイツの東方政策の結果などにより誤りということになってしまった。もしこの考え方が正しいなら、東方は、バルト海沿岸地方からカルパチア山脈まで全域が現在ドイツ領になっているはずだからだ[*43]」

ヒトラーはこの生存圏イデオロギーを『わが闘争』のなかですでに用いていて、こう書いている。

「われわれの外交の将来の目標は、たんなる西方志向でも東方志向でもなく、われわれドイツ民族のために必要な土地を獲得するという意味での東方政策である。……われわれ民族の力の基礎を、植民地にではなく、故郷ヨーロッパの地で維持できるようにすべきである！」*44

ヒトラーに気に入られようと、彼の生地ブラウナウも挑戦しようとした。この町と彼との結びつきは弱く、『わが闘争』のなかでも数行触れられているにすぎない。オーストリア併合後も義務的に訪問しただけで、その後ヒトラーがブラウナウを訪れることは一度もなかった。

ナチスは、ヒトラーの生家であるかつての〈ガストホーフ・ツー・ポンマー〉を手に入れることを、ヒトラーの腹心マルティン・ボルマンに委任した。彼は一般価格の四倍の値段でそれを購入して改築し、そこに文化センターや公共図書館などを設けた。この町が米軍によって解放されたあと、ドイツの特殊部隊がこの建物を爆破しようとしたが、米軍がそれを阻止した。

この家はその後も変転きわまりない歴史をたどることになる。まず戦争の残酷さを浮き彫りにする展示会場として利用されたあと、一九五二年に元所有者に買い戻された。その後は、オーストリア国家が賃借したり、市立図書館になったり、銀行の事務所になったり、工業高校の校舎になったりした。

一九六〇年代以降は、〈生活補助〉という団体がここで障害者の面倒を見たり、作業所付きの託児所を運営した。二〇〇〇年には〈ブラウナウは問題提起する〉というスローガンの運動が起こり、この建物を再び市ないし国に買ってもらおうとした。罪深い者が生まれたこの家のなかで、ナチス関連の政治展覧会を開こうとしたのである。

ヒトラーは一九〇八〜一三年に首都ウィーンで生活し、リンツよりもはるかに強い印象をもったが、しかしウィーンを故郷と呼ぶことはなかった。それどころか後年になると、ウィーンに対して明白な敵意を示した。

「文化面でウィーンがもっている主導的立場を打破して、それをアルプスとドナウの大管区に移すことこそ壮大な責務だ[*45]」と総統司令部で表明している。また『わが闘争』のなかではこう述べている。

「ウィーン——多くの者には悪意のない歓楽の縮図と考えられ、遊び人には華やかな場所と考えられるこの都市は、私の場合は遺憾ながら、生涯でいちばん哀れな時代をまざまざと思い出させるだけだ。今日でもなおこの都市は、私に悲しい思いを起こさせるのみである。この奢侈《しゃし》な都市の名声のなかで、私は貧困と悲惨のときを五年間過ごしたのである[*46]」

だが、これはヒトラーが後年になって作った嘘である。彼は節約と孤児年金のおかげで、ウィーンでは至極快適な生活を送った。ほかの何万という住民と違って、パン

生地ブラウナウを訪れたアドルフ・ヒトラー

のために仕事に専念する必要はなかったのだ。

ほかの多くの場合にも、ヒトラーはウィーンへの憎悪がにじむ軽蔑的な言葉を発している。快適な生活のあと、青年時代におそらくひどく惨めな状況に陥ったからだろう。たとえばゲッベルスは日記にこう書いている。

「総統はウィーンに関しては大計画を抱いていない。それどころか、ウィーンは恵まれすぎているので、総統は少し削減するかもしれない」。また別の箇所にはこう記されている。「ウィーンは今はたしかに百万都市かもしれないが、田舎都市に格下げすべきとの仰せだ。……ちなみにウィーンは今までオーストリアの田舎をつねにひどく扱ってきたので、その結果田舎は、オーストリアではもちろんドイツ帝国内でも指導的な役割を任されないでいるというのだ」。ウィーン市民についてさえ、次のようにこき下ろしたという。「総統はウィーン市民をよくご存じだ。彼らは忌まわしいならず者であり、ポーランド人、チェコ人、ユダヤ人、ドイツ人が混在しているのだ[*47]」

ヒトラーがはるかに親近感を抱いていたのはミュンヘンだった。一九一三年にウィーンを出発した彼は、意識してミュンヘンを選んだ。ニュルンベルク、シュトゥットガルト、ベルリン、ハンブルクといった都市ではなかった。バイエルン方言とオーストリア方言が似ているから引っ越したわけではないだろう。もしそういうことなら国境の町パッサウのほうが近かったし、そこはヒトラーが子供時代を過ごした町でもある。

彼は後年、第一次大戦に兵士として参加してからもミュンヘンに戻ってきている。この町にはほとんど友人がいなかったにもかかわらずである。彼はミュンヘンに魅了されていたのだ。

「しかし、そのうえ私は、自分が知っているほかの町よりもこの町に心からの愛着を感じていた。それはほとんど滞在の当初から抱いていた感情だった[*48]」

ミュンヘンはヒトラーにとって最期のときまで「選んだ故郷」であり「運動の首都」でありつづけた。彼はここで党活動を開始し、ここでナチスの党本部を確立し、ここで信奉者の多くを獲得した。そうした信奉者は、一九三三年の政権掌握後も彼に忠実に付き従った。そして彼はこの地に居を定めた。プリンツレゲンテン広場の豪壮な住まいは、彼にとっては何年たっても気の休まる場所だった。客観的にヒトラーの故郷だと言える町があったとすれば、それはミュンヘンである。

それと正反対だったのが、公式の帝都ベルリンだった。こちらは彼が最大級の勝利を祝った場所であり、政治と、そして文化が集中していた町だったが、ヒトラーはドイツで最も重要なこの都市と奇妙にも距離をおき、何年間もホテル住まいをした。新築の首相官邸をはじめとして豪邸はあったのだが、彼は執務室としては使用せず、そのかわりに時々週末に南部に飛んでいった。

そこにはミュンヘンの自宅だけでなく、自動車ですぐ行ける愛する山々があった。かつてはオーストリアとの国境近くだったベルヒテスガーデン近郊オーバーザルツベルクに、ヒトラーはいわば巣を作っていて、〈ハウス・ヴァッヘンフェルト〉というその家を中心として、使用人やSS（親衛隊）用の建物を次々と増やしていった。

だが、その高地でヒトラーはエレガントな生活を送ったわけではない。それどころか、農民のような簡素な田舎暮らしをしたのだ。つまり、ヴァルトフィアテル地方にかつて住んでいた先祖、あるいは当時住んでいた親戚とそっくりの生活をしたのである。

森のなかを散策するときには、革ズボンを着用している姿を誇らしげに撮影させたが、それはまさに日本人がオクトーバーフェスト［ミュンヘンのビール祭り］で革ズボンをはくようなもので、たんなる見せかけにすぎなかった。けれども田舎に先祖をもつヒトラーはその演技を真剣におこなっていたし、高貴な地主として自然に近づくというアイデアに満足していた。彼が『わが闘争』のなかで父親について綴っている文章は、そのまま彼自身に当てはまる。「彼は……土地を買い、それを管理し、長く働きつづけてから再び祖先のもとへと戻ったのである」[*49]

「祖先地区《アーネンガウ》」の親戚たち

ここでヒトラーの本来の故郷に目を向けてみよう。ヴァルトフィアテル地方である。ドナウ川とチェコ国境のあいだに位置するこの地域に、彼はそれほど好感を抱いていなかったようだが、この地方こそは彼の過去の原点なのである。ドイツ各地と違い、ここは地理的にも家系的にもヒトラー家の故郷と呼ぶにふさわしい地域なのだ。

アドルフは父母の価値観を継承して成長したが、父母はともにヴァルトフィアテル地方の出身だった。この地域は農民の伝統、カトリック信仰、社会構造、政治環境が独特で、それらが一族の歴史とあいまって彼の祖先を特徴づけているが、アドルフ自身にもその痕跡がうかがえる。

一九四四年にゲシュタポは、ヒトラーの祖先および血族に関する報告書を秘密裡に作成したが、その文書はヒトラーの家系に「精神錯乱者と愚者」がいたことに触れたあと、こう結論づけている。「シックルグルーバー家の血統には、子孫に白痴がいることから明らかなように、異常な人々が出現している」

幼いころのアドルフは、ヴァルトフィアテル地方に住んだことこそなかったが、それでも休みになるとそこの親類の家に滞在した。だが注目すべきは、第一次大戦中にすでに実質的には以前の友人やきょうだい全員に対して消息を絶った伝令兵ヒトラーが、前線から故郷に戻る休暇の目的地を、愛するミュンヘンではなくヴァルトフィアテル地方と申告しながら、本当はベルリンに行っていたという事実である。一九一七年九月三〇日〜一〇月一七日の休暇期間もベルリンの戦友の実家で過ごしたし、一九一八年九月一〇日〜二七日もベルリンにいた。兵士ヒトラーが塹壕の恐怖から戻った地は、自分の家族やヴァルトフィアテル地方の親戚のところではなく、親類もいないベルリンだったのである。異母兄アロイス・ジュニアや異母姉アンゲラ、そして妹パウラのほうが戦友よりも本来親しいはずなのに、訪問に値しないと考え、彼らの住所を探そうともしなかった。

ヒトラーは第一次大戦中にますます一族から疎遠になっていった。この根無し草の兵士にとっては、むしろ前線の戦友こそが一種の故郷だったと言ってもいいだろう。

当時のある知人は、こう記憶していた。

「ヒトラーとは長くいっしょにいたにもかかわらず、彼が当時小包を、いや郵便物さえ受け取ったかどうか、私はまったく知らない。好奇心を抱いた私はよく彼に、故郷には誰もいないのかと尋ねた。答えはいつも、『いない！』だった。きょうだいがどこにいるか、本当に知らなかったのだろう」[*50]

別の戦友は、ヒトラーがオーストリアをもう自分の故国と見なしていないと報告している。彼の当時の故郷は、最初の連隊長の名前をとって命名されたリスト連隊だった。彼は戦後にはバイエルンを故郷として、ミュンヘンで建築家になるつもりだったのだ。[*51]

彼が先祖の地に赴いたのは政治家になった直後のことだった。つまり一九二〇年になって彼はようやくヴァルトフィアテル地方に姿を見せたのである。同年二月にドイツ労働者党から改名した国家社会主義ドイツ労働者党（ナチス）は、一〇月一〇日にグミュントの映画館で集会を催し、彼はヴェルサイユ条約とヴァイマル共和国に反対するアジ演説をおこなったのだ。聴衆の一人がこう記憶している。

「ヒトラーはあのとき、各種の平和条約によってドイツ民族は奴隷化され、年貢を納める階層に成りさがったと語った。彼はその激越な調子で、大勢集まった社会民主党員をすっかり魅了してしまった。社会民主党の演説家リヒャルト・フォーベルスキーは形無しだった[*52]」

社会民主党員は翌晩こそ、ヒトラーがグロース・ジークハルツの町に登場するのを阻止したものの、ヴァルトフィアテル地方には忠実なヒトラー・ファンがいた。一九二〇年の時点ですでに、グミュントのドイツ労働者党員は党名を国家社会主義ドイツ労働者党（ナチス）に改めていたし、その直後にはナチスの支部がヴァルトフィアテル地方の各地（キルヒベルク、リチャウ、シュレムス、ヴァイトラ、グロース＝ゲルングス、ヴァイトホーフェン、ホーエンアイヒ、ハイデンライヒシュタイン、ヒルシュバッハ、ツヴェットル、ラープス）で創設されたのである。

ヒトラーの故郷と血統に起因するごたごたは、第三帝国のプロパガンダにまで影響した。国民にヒトラーの人となりを知らせて彼の人気を高めようとした文筆家たちも、故郷と血統という問題になると論調がちぐはぐになった。公式のナチス出版物にヒトラー一族のことが掲載されたのは、たった一回だけである。それは、画家で以前は友人だったアルバート・ライヒが初期（一九三三年）に書いた『アドルフ・ヒトラーの故郷』であり、著者はこのなかでとくにヴァルトフィアテル地方を取り扱い、総統の母方の親戚であるシュミット家の何人かについて叙述した。こうした不手際は、それ以降の公表物では「あってはならないこと」とされた。

一方、カール・シュスターは同年に『アドルフ・ヒトラーが故郷に選んだ地』を発表し、ベルヒテスガーデン地方とオーバーザルツベルクをとりあげた。これに続いて、ナチス専属カメラマンのハインリヒ・ホフマンが『山中のヒトラー』というタイトルの写真集で、同様にバイエルン・アルプス地方を賞賛した。

故郷に関する問着をいっそう錯綜させたのは、ホフマンが一九三〇年代末に発表した写真集『故郷でのヒトラー』で、オーストリアに焦点を当てはしたものの、リンツ、ブラウナウ、ウィーンを均等にとりあげた。そしてルドルフ・レンクは一九四〇年に発表した『オーバードナウ――総統の故郷』という本で、再びヴァルトフィアテル地方をヒトラーの故郷だと主張した。

一族の政治的故郷

ヴァルトフィアテル地方の政局は、オーストリア・ハンガリー二重帝国と、勃興してきた社会改革運動、そして人口構成への配慮によって特徴づけられていた。この多民族国家では、ドイツ語を話す国民は全体の四分の一で少数派であり、多数派を構成していたのは、ハンガリー人、チェコ人、ポーランド人、セルボ＝クロアチア人だった。だから「オーストリアは同じ言葉を話す人々、つまりドイツ人と一体になるべきだ」と考える人たちもいたのである。

ヒトラーの父アロイスは、官吏としてはたえず国家への忠誠を主張していたが、居酒屋の常連を相手にするときには別の態度をとることもあり、カトリック教会と外国人を罵倒した。そしてヒトラー家でも、ヴァルトフィアテル出身の当時の一有名人のことが語られたことがあっただろう。その有名人とは、ゲオルク・ハインリヒ・リッター・フォン・シェーネラーである。この人物は政治家であり、地元の名士であるだけでなくオーストリア全土にその名が知られていた。

アドルフ・ヒトラーはシェーネラーのことをのちに、手本の一人と言っている。ヒトラーは何人かの右翼理論家やデマゴーグの思想に賛同し、それを発展させていったのだ。そうした人物としてはたとえば、〈アーリア人〉の思想を説いたグイド・フォン・リスト、文筆家ランツ・フォン・リーベンフェルス、工場労働者の息子フランツ・シュタイン、そしてウィーン市長カール・ルエーガーが挙げられる。

『わが闘争』のなかでヒトラーは、模範とするシェーネラーの生涯を「純粋で非の打ち所がない」と賛嘆し、「個人的な共感」を表明している。「彼はオーストリア国家が必ず崩壊することを、ほかの誰よりも正しく明確に認識していた[*53]」

ナチスの幹部たちも、この思想家のことを賛美していた。その一例を挙げよう。「シェーネラーの思想に取り組むのはすなわち、大ドイツの歴史にたずさわることを意味する。シェーネラーは、今までに生きたドイツ人のなかで最も情熱的だった一人であり、ビスマルクとアドルフ・ヒトラーのあいだの時期におけるドイツ最大の政治的教育者だった」[*54]

またナチス専属の文筆家オットー・ヘンケは、ヴァルトフィアテルとのつながりを次のように強調した。「総統の先祖の故郷は、ゲオルク・リッター・フォン・シェーネラーの尽力により、激烈な反ユダヤ主義の精神的故郷となった」[*55]

シェーネラーは立身出世を絵に描いたような家庭に生まれた。彼の祖父は守衛だったが、父マティアスはウィーン工業大学で学んだのち、リンツとブトヴァイス［現チェコのチェスケーブジェヨビツェ］を結ぶ鉄道馬車の敷設で名を立て、工場主の娘（一九歳）と結婚した。そして鉄道に関するその功績に対し、皇帝から爵位を授けられた。一八四二年に息子ゲオルクが生まれた。彼は農業アカデミーで学び、一八六七年には、父が購入していたツヴェットル近郊のローゼナウ農場を管理するようになった。そこはヒトラー家の活動領域から数キロと離れていなかった。

その新任の農場主ゲオルク・シェーネラーは、一二〇ヘクタールの土地付き家屋のやりくりをしっかりおこない、模範的な農業経営を実施した。彼はツヴェットルで二〇〇〇名の会員と一三〇の支部を擁する農業団体を創設した。そうした支部はヴァルトフィアテル全域のここかしこにあり、間違いなくヒトラーの祖父母と両親も所属していたし、家庭内でもこの団体のことが話題になった。

シェーネラーは講習会も催し、創意工夫を気前よく実行して住民から認められもした。たとえば彼は、二〇〇カ所の消防隊創設や二五の地元図書館設立に資金を出したり、地元の若者の体力増強のために体操器具を購入したり、困窮者を支援したりした。彼の部下の大半は、旅回りの農業労働者や貧しい小農だったが、彼は親切に彼らに接した。一九世紀では珍しいことだった。当時の貧困層は地主や貴族の言うがままだったからだ。

ヴァルトフィアテル地方の農民に対する彼の慈善行為は、あっというまに周辺一帯に知られるようになった。彼はみんなから父親のように慕われ、ついには名声赫々《かっかく》たる人物となった。

ヒトラーの父アロイスとも、間接的なつながりがあったことが証明されている。一八七四年初頭に、シェーネラーはツヴェットルの地域教育委員の一人になった。そこで、デラースハイム地域の主任司祭ヨゼフ・ツァーンシルムといっしょに活動することになったが、この主任司祭こそ、その二年後にアロイス・シックルグルーバーがアロイス・ヒトラーへと改名するのを支持した人物である。この神父とシェーネラーが当時、アロイスのこの異常な行為について論議したかどうか、それはわかっていない。

シェーネラーの名声がさらに高まったのは、彼が政界入りしたときである。一八七三年に彼は、ヴァイトホーフェン郡とツヴェットル郡を代表して帝国国会議員に選ばれた。当初は過激な民主主義者だったが、彼の政治姿勢はすぐに変化を来《きた》す。国内にいる外国人の人口過剰に反対して、ドイツとの合併に賛成するようになり、オーストリアにはドイツ語を話す人だけが住むべきだと主張するようになる。彼が個人崇拝していた大いなる模範はビスマルクだった。

彼が各種の過激な要求をしたため、国家権力は彼に敵対せざるをえなかった。のちのウィーン市長でヒトラーが手本としたルエーガーも賛同した一八八二年の「リンツ綱領《プログラム》」で、彼は、児童と婦人の労働を制限するよう求め、また老齢保険と傷害保険の改革を求め、報道と集会の自由を求めた。ハンガリーは分離独立すべきだとも言った。

警察は、シェーネラーの政界入りがヴァルトフィアテルで引き起こした波風について、こう報告している。

「民衆は極度の興奮状態にあり、シェーネラーの敵はしだいに少なくなりつつある。……シェーネラーはまさに地元民の典型と言える。つまり無遠慮なのだ。この民衆にしてこの人物ありといったところだ。……シェーネラーは同地域の上層階級のなかに敵が数多くいるようだが、面と向かって彼に反対する人は一人もいない。粗暴さ、凶暴さを恐れているからである。……シェーネラーは同地では熱烈に賛美されている」[*56]

ヒトラーにとっての「憎悪の手本」

シェーネラーは講演や集会のさいに、声を限りにプロパガンダをおこなった。その結果、ヴァルトフィアテル地方の人々のあいだには、彼の人種差別的な考え方や反ユダヤ主義的な見方が大きく広まっていった。シェーネラーが口にした多くの発言、彼が抱いた多くの動機を、ヒトラーはのちにほとんどそのまま受け継いだ。

シェーネラーは、自分が創立した〈新リヒャルト・ワーグナー同盟〉を活用して急進的国家主義を推進しようとし、「ドイツ芸術を、捏造《ねつぞう》とユダヤ化から救おうと」した。そして「人間が、危険な毒蛇や荒々しい猛獣を絶滅しなければならないのと同様に、寒冷な空の下で成熟した人間には、寄生人種を絶滅する義務がある」[*57]とか「ユダヤ教徒だろうがキリスト教徒だろうが同じことだ。人種こそ不道徳なのだ」といったスローガンを広めた。

「人種の純潔によって統一を！」というモットーにのっとって、シェーネラーは、国家公務員、学校、各種団体、新聞社内からユダヤ人を排斥するよう求め、ユダヤ人から住所選択の自由を奪い、大学と軍隊のユダヤ人受け入れを制限することを要請した。公開の集会で「ユダヤ人は入場禁止！」と書かれたプラカードを初めて掲げたのは彼である。彼にしてみれば、ユダヤ人がドイツ人になることができないのは言わずもがなだったし、「ドイツ人の血」と「人種の分離」のみが国家の存続を保証することも論をまたなかった。これはいわば教義《ドグマ》だった。

「例外的なユダヤ人は絶対にいる、と何人かの紳士が言ったとすれば、私は『もし私に例外的なキクイムシを見せられないなら、私はそうした言葉を信用できない』と言おう。自分が追いはらわれたくなければ、他人を追いはらうことだ。……もしわれわれドイツ人がユダヤ人を追放しなければ、われわれのほうが追放されてしまう[*58]」

　まさにヴァルトフィアテル地方こそは、憎悪のスローガンの温床になっていた。一八八八年にシェーネラーは、ヴァルトフィアテル地方の三七四市町村の名において、ニーダーエスターライヒ州知事に「反ユダヤの請願」を提出し、そのなかで、住民たちを代表してこう要求した。

「われわれが住んでいる地方では……しだいに民族的な変化が始まっている。スラヴ人のみならずユダヤ人も深く浸透するようになっており、公的な性格をもつ地位でさえユダヤ人によって再三占められるようになっている。とくに目立つのは、地方警察の内部に入りこんでヴァルトフィアテル地方に勢力を伸ばしている点だ。……われわれの地域のドイツ的性格はスラヴ人によって危険にさらされかねないが、しかしユダヤ人の危険性はさらに大きい。なぜなら、このオリエント民族は、われわれ土着の民族を完全に追放しようともくろんでいるからだ[*59]」

　思想を伝える手段として役に立ったのは、極右紙『ヴァルトフィアテルからの使者《ボーテ・アウス・デム・ヴァルトフィアテル》』をはじめとする刊行物だった。同紙は地域住民に反ユダヤ的な報道をしていて、たとえば一八八五年にヴァルトフィアテル地方のホルンという町で小売商ガブリエル・バウアーが死亡したときにはこういう記事を掲載した。

「ユダヤ人の遺体一体。ホルンとその周辺には非常に大勢のユダヤ人がいて、宗教的共同体を構成している。森の新鮮な空気はユダヤ人にはとてもよく合うようだ。ここではいつも生誕の話しか聞かない。天に召されたユダヤ人の遺体を受け入れるために、ここにあるユダヤ人墓地の門が開くことはまれである[*60]」

シェーネラーの思想は、『エスターライヒッシェ・ランデスツァイトゥング』紙（クレムスで発行）や『ツヴェットル・ツァイトゥング』紙でもひいきにされていたので、ヴァルトフィアテル地方では頻繁に、粗野な人種差別理論についての最新情報が流れるようになった。

シェーネラーの〈全ドイツ運動〉は、ヒトラーがウィーンにいた時期にも大きな反響を呼び、大勢の賛同者を得ていた。そしてヒトラーは、この運動がセクト的で奇妙な儀式をおこなっていることも知っていた。つまり、シェーネラーは部下から総統《フューラー》と呼ばれ、「ハイル！」と声をかけられていたのである。シェーネラーは反論されると我慢できなくなったし、民主主義は不快な考えとして否定していた。

だが、彼の理論と思想はしだいにセクト化していった。独特のドイツ暦の導入がその一例である。暴力が原因で四カ月の牢獄暮らしをしたり、政治的権利をときおり喪失したり、過度の飲酒に耽ったりしたために、結局この狂信者は消耗してしまい、ツヴェットル近郊に所有するローゼナウ農場に引きこもってしまった。そして、同地で一九二一年八月に死亡したのである。彼の最後の希望は、死後に叶えられた。ハンブルク近郊ザクセンヴァルトのフリードリヒスルーにあるビスマルクの墓の近くに埋葬されたのである。

アドルフ・ヒトラーはシェーネラーの思想、その憎悪のプロパガンダの多くを模倣した。しかも、先祖の故郷に生を享《う》けたこの先駆者を尊敬していたので、記念銘板を作ったり、道路に彼の名をつけたりした。ヴァルトフィアテル出身のシェーネラーこそは、若きヒトラーが初めて接した政治思想家だったのである。ただし父アロイスを通じてであり、父は居酒屋の常連席で、そうしたスローガンについて飲み仲間相手に好んでおしゃべりしていた。たとえその過激さには魅了されなくても、おそらくいくつかの考え方に魅力を感じていたのだろう。アドルフ・ヒトラーの青春時代の友人クビツェクは、この父アロイスのことを「シェーネラーの友人」と書いている。

リンツの実科学校時代にアドルフと級友たちは、農民の友にして反ユダヤ主義のシェーネラーが主張する思想に感激し、「ハイル！」とたがいに呼びあい、黒、赤、金の旗を振り、ヤグルマギクを上着の折り返しにつけていた。旗とヤグルマギクは、全ドイツ運動とシェーネラーの象徴だったのである。ヒトラーはウィーンに定住した一九歳のときにすでにこの運動に共感していて、ベッドの上に、枠入りのシェーネラーの闘争スローガンを掲げていた。「ユダヤ人がいなくなり、ローマがなくなれば、ゲルマン民族のドームが建立される。ハイル！」

このようにヴァルトフィアテル地方とそこの住民、伝統はヒトラーの心に刻みこまれていたが、第一次大戦が終わって政治家としてスタートを切ると、彼はすぐさま原点である故郷を、そして血統を隠そうとしはじめる。彼が許可した刊行物は、世間を超越した〈民族の総統〉というイメージ作りに資するものだった。俗界での真実など、そのイメージにとって邪魔になるだけだったのである。

けれども故郷や血統を隠そうとしたのは、そのときだけではなかった。すでに青年時代にヒトラーは、ヴァルトフィアテルの先祖を隠そうとしている。「彼は自分の親戚のことをあまり話したがらなかった」とクビツェクは記している。彼によれば、アドルフはヴァルトフィアテル地方のことを「貧しくてわびしい地方だ」[*61]と言っていた。『わが闘争』でも同様で、先祖のことを「貧しい小農」に変えてしまっている。また、ある履歴書で父の職業を「郵便局員」にしたこともあるし、兵士の身分証明書では母の名をペルツルから「ヘルツル」に変えていた。親しい人の前でも、ヒトラーは自分の出自を偽っていた。

「私は自分の一族の歴史については何も知らない。私ほど知らない人はいない。親戚がいることすら知らなかった。首相になってようやく知ったくらいだ。私は家族というものと完璧に縁遠い存在であり、親戚付き合いに不向きな人間である。そういうことはどうでもいいのだ。私は民族共同体にのみ属しているのだ」[*62]

彼の女性秘書クリスタ・シュレーダーは、これを裏付ける記述をしている。

「ヒトラーには一族という意識がなかった。彼にとって〈一族〉とは、ごく狭い身内だけのことだった」[*63]

異母兄アロイスの息子ウィリアム・パトリックが一族のことを世間に発表すると言ったとき、ヒトラーはこの父子に激怒した。個人的な事柄をそれまで報道陣に隠してきたヒトラーは、「自分が誰か、どこから来たか、どの一族に生まれたか、それを人々は知ってはいけないのだ」と言った。妹パウラは、兄には一族という意識がなかったと一九四五年に語っている。

ヒトラーは、言語に絶する自己顕示欲に駆られて、新しい自画像を作らせたのだ。一九四三年八月一四日の会議録にはこう記してある。

「提案その六、総統への提出は承認済。最終的な勝利を収めたのちは、あらゆる宗教を無条件で即廃止すること。……それと同時にアドルフ・ヒトラーを新たな救世主と宣言すること。……総統は救済者と解放者の中間的位置に据えられることとする。いずれにしても、神々しい栄誉を与えられた神の使いとされること。各種宗教の既存の教会、礼拝堂、神殿、礼拝所を〈アドルフ・ヒトラー奉献所〉に変更すること。……

神の使いのモデルとしては、聖杯の騎士ローエングリンが望ましい。……総統の出自は、それ相応のプロパガンダによって今まで以上に隠されるべきであり、今後退任なさるさいにも、痕跡のないように、完全に秘密裡におこなわれるべきこと」

ヒトラーはこの提案の下にこう記している。「これこそ、まず第一に必要な青写真だ！改善はゲッベルス博士に任せる」[*64]

地図から消された父祖の地

ヒトラーは、自分の過去とつながりのある二カ所だけを、プロパガンダのために飾りたてた。ブラウナウとレオンディングである。だが、それにはずれたヴァルトフィアテル地方の人々は、そんなに簡単に引きさがりはしなかった。ナチス政権の時代には、彼らはまさに自分たちの地域こそヒトラーの本来の故郷だと信じていたからである。

ここの住民は早い時期からヒトラーを賛美していた。一九三〇年の国会議員選挙においてすでに、ナチスは同地方で一〇パーセントの票を獲得していた。一九三二年にはホルンとクレムスの町のあちこちの広場で、ヒトラーの演説録音を地元の党幹部がラウドスピーカーを使って流していた。オーストリアで政権が交代する以前の一九三二～三三年にすでに、ヴァルトフィアテル地方の何カ所かの市会議員選挙でナチスは与党になっていた。シュタイン、ツヴェットル、グミュント、クレムスでは、市長がナチスだった。

こうした首長や市議会が、ヒトラーへの共感を誇示したとしても何の不思議があろう。多くの市はヒトラーを名誉市民として顕彰したり、〈ヒトラーのオーク〉*訳註を植えたり、あるいは記念銘板を建てたり道路名につけたりして、自分たちの地域こそ「総統の祖先地区である」と誇った。すでに一九三二年、つまりドイツでナチスが政権を掌握するより前に、ドゥローゼンドルフ近郊のアウテンドルフ村は、「あらゆる時代を通じて最も有力な自由運動の指導者にして、われわれの祖国オーストリアの息子たるアドルフ・ヒトラーを名誉村民としたし、その一カ月後にはグロース＝ポッペン村が「変わらざる忠誠の証」としてヒトラーに同じ名誉を与えた。

だがヒトラーは、自分の先祖の故郷にスポットライトを当てようとするそうした名誉や記念物をいっさい無視した。彼は一九三八年一一月に、「総統の祖先や総統自身が滞在したことを思い出させる記念銘板」は希望しないという指示を出している。一九四二年にシュピタールの町が記念銘板を設置しようとしたときには、ヒトラーは激昂し、即時廃棄を求めた。祖母を称える名誉の墓も取り壊しを命じられたし、アロイ

＊訳註　春祭りにさいして植樹されたオークの木。

ス・ヒトラー広場という名称も廃止された。

だがヒトラーが最も過激におこなったのは、先祖の故郷の地を変化させることだった。ドイツ最大の練兵場へと変貌させたのである。一九三八年春のオーストリア併合から何カ月もたたないうちに、ヒトラーはヴァルトフィアテルの中央に位置する二〇〇平方キロメートルの広大な地域に、陸軍の射撃場を設けた。ここはデラースハイム練兵場と呼ばれ、南はカンプ河畔まで延び、北部はアレントシュタイクを経てさらに北へ、そして西はツヴェットルの町との境界近く、東はノイペッツラ周辺まで広がっていた。一九三八年八月八日にはこの地で初めて砲兵隊の射撃が実施された。そして、この地域は立入り禁止区域に指定され、軍所有地とされた。

この地域内には、ヒトラー一族にとって重要な場所がいくつもあった。ヒトラーの父アロイスはデラースハイム近郊のシュトローネス生まれであり、シックルグルーバーからヒトラーへと改姓したのもこの地だった。祖母のマリア・アンナ・シックルグルーバーも同じくシュトローネス生まれであり、この地域で暮らしてクライン＝モッテン村で死去し、デラースハイム墓地に葬られた。一族の歴史にとって重要な地域であったことは疑いもないが、今や突如として「住んではいけない地」とされ、一般人は立ち入れなくなったのだ。

歴史家のなかには、この地方を練兵場に変えたこととヒトラー一族の歴史とは無関係だと主張する人もいる。だがそれは間違いだ。たしかにこの地方は人口も少なく産業も零細だったから、住民を立ち退かせるのは容易だった。ナチス賛美者の率も高かったので、強制措置への抵抗もあまり強くはなかった。だがそうした地域なら、オーストリアとドイツにいくつもある。それにデラースハイムは練兵場の外縁に位置していたから、もし境界線を異なる方向に引けばヒトラーの故郷を破壊から守るのはさぞ容易だっただろう。しかし実際にはそうならず、一族の原点の地域はヒトラーの命令で地図から消え、住民の記憶のなかでのみ生きつづけることになったのである。

この転換は情け容赦なく実施された。一九三八年六月〜四二年秋までに、四回にわたって計六八〇〇人が故郷を追われた。その多くはヴァルトフィアテル地方をあとにした。計四二の市町村、六つの集落、一〇の水車小屋、幾多の一軒家が〈強制立ち退き〉を食らった。

これを実行したのは〈ドイツ移住協会〉のアレントシュタイク支所〈デラースハイム近郊〉だった。故郷からの立ち退きを命じられた最初の農民たちは、練兵場の外に代替地をもらった。ほかの農民はお金で片をつけられた。だが、約一四〇〇軒の家に住んでいた七〇〇〇人近くの全員にこうした措置をとれないことは明白だった。代替地も不足していたし、充分な金銭の用意もなかった。先祖伝来の故郷を去りたがらない人も大勢いた。こうして最終段階に向かっていっそう先鋭化した強制措置・移住が実施されるようになり、多くの人々は何ももらわずに追放されていった。デラースハイムだけでも、四一九棟に住んでいた二〇〇二人がその運命に遭った。

ドイツ移住協会はこのときの経験を、ユダヤ人不動産の〈アーリア化〉に活かした。すでに一九三八年に、かつてユダヤ人が所有していた家屋敷が、移住民のための住まいへと改築された。同協会は同じ年にこう述べている。

「政治変革を経て今や、非アーリア系の所有になっている家屋敷をドイツ人農家新築のために獲得する好機が生じている。この機を逸したらそれこそ責任のとりようがない。まさにオーストリア《オストマルク》における国境政策の問題はきわめて重要であり、今までのユダヤ人による大農園経営に代わって強力な農業を導入する機会を、すべてつかまねばならない[*65]」

ヒトラーは目標を達した。彼の一族が住んでいた「祖先地区」は今や練兵場になり、人々の好奇の目を免れたのである。残ったのは、記憶の絆と写真だけになった。その他のものは、陸軍の榴弾が破壊した。こうして、祖母が眠っていたデラースハイム墓地と教会はしだいに廃墟と化していった。それとともに、ヒトラー家の故郷と一族の思い出も消えていったのである。

第3章　プライベートな絆

彼女はヒトラーにとって女神《ミューズ》だった。母以外でただ一人、深い好意を、そう、愛情にも似た感情を抱いた女性だった。ほかには愛犬のシェパードにだけ抱いたような感情だった。

ヒトラーの侍医カール・ブラントは戦後、ヒトラーとゲリの関係について、「ヒトラーは以前、聖人崇拝にも似た口調で彼女のことを語っていた[*66]」と述べたし、ヒトラーの妹パウラは「兄が本当に愛したのは母と姪ゲリだけだった[*67]」と書いている。ヒトラーの専属カメラマンで長年の同行者ハインリヒ・ホフマンは、ヒトラーからこう打ち明けられたという。「私はゲリを愛しているので、ゲリと結婚したいくらいだ。しかしきみは私の考え方を知っているし、私が独身を貫く決心をしていることを知っている[*68]」

あの有名な映画監督レニ・リーフェンシュタールは、ミュンヘンにあったヒトラーの豪壮な住まいを一九三五年一二月二五日に訪問したときのことを、次のように報告していいる。オリンピック映画製作について会話を交わしたあと、ヒトラーは彼女の腕をとってそのフロアの端まで行き、ひっそりと閉じられたドアの前に立った。彼は鍵をとりだして錠を開け、その本殿を披露した。本、胸像、衣服がきちんと整理されていて、あたかもその部屋の主だった女性が今帰ってきてもおかしくないような感じだった。一隅には、若い女性の堂々たるブロンズ製の胸像が置かれ、花瓶には活けたばかりの花が差されていた。「ゲリ、私の姪だ。私は彼女のことをとても愛していた。できれば結婚しようかと考えたただ一人の女性だ。しかし運命はそれを望まなかった」

ゲリは一九三一年九月にその部屋で、ヒトラー自身のピストルを使って自殺した。ヒトラーの一生を通じて最も奇妙な女性関係は、そのとき終わりを告げた。

ゲリ――ヒトラーが夢中になった姪

ヒトラーがゲリに初めて近づいたとき、彼女はまだ生まれていなかった。一九〇七年冬のある日、リンツでのことだった。当時一八歳だったヒトラーは、瀕死の母クララの看護のためにウィーンから戻ってきていた。そして六歳年上の異母姉アンゲラに会った。彼女は妊娠三カ月だったが、その胎児がゲリだったのである。ゲリ（本名アンゲリカ・マリア・ラウバル）は一九〇八年六月四日にリンツで誕生したが、母の異母弟であるアドルフ・ヒトラーはそのときにはもうとっくにウィーンに戻っていて、その後何年間も親戚の前に顔を見せなくなった。ゲリはそのころは——まだ——彼のことを気にしていなかった。

アドルフ・ヒトラーとゲリの子供時代は、いくつかの点で似かよっている。ゲリはアドルフと同様、長子でも末子でもなかった。兄レオ・ジュニアと妹エルフリーデがいた。母アンゲラは、一族の父アロイスの二度目の結婚、つまりフランツィスカ・マッツェルスベルガー（愛称ファンニ）とのあいだにできた子だった。

一九〇三年にアンゲラは、リンツ出身の税務官レオ・ラウバル（当時二四歳）と結婚したが、この官吏はすぐに若きアドルフの怒りを買った。つまりレオはアドルフの母クララに向かって、「アドルフにまともな教育を受けさせるように」と忠告したが、アドルフのほうは安逸をむさぼる放縦な生活を送っていて、芸術家としての甘い生活を夢見ていた。怒ったアドルフは、レオのお節介について、青春時代の友人クビツェクにこう愚痴をこぼしている。「あの偽善者のせいで、実家《うち》がいやになってしまった！」

ゲリは、アドルフと同様に、早くに父を失った。父は一九一〇年八月に、わずか三一歳で急死してしまったのだ。遺産はほんのわずかだったし、寡婦年金にしても、夫の勤務期間が短かったので少額だった。母アンゲラは、三人の子供の養育費を手に入れるのが困難だった。そこで亡夫レオの姉マリア・ラウバルが同年にレオ・ジュニアを、そして一九一五年にはゲリを、リンツからほど遠からぬパイルシュタイン村の自宅に引きとった。ゲリはそこに二年いて、おばが教師をしていた国民学校に通った。そして一九一七年に母のもとへ戻った。母は当時、ウィーン第六区のグンペンドルファー通りに住んでいた。母はこの娘をダシにしていつの日かチャンスを獲得し、つましい暮らしから脱け出したいと思っていた。

ゲリはラール小路のマリアヒルファー女子ギムナジウムの入試を受け、高等教育を受けることになった。しかし、アドルフおじとまったく同様に学校にほとんど興味はなく、余暇のほうを楽しんでいた。成績は中から下に落ちた。母はウィーン第六区のアマーリング通りにある実科ギムナジウムに転校させた。こんども成績はかんばしくなかったので、母はゲリを留年させ、再度一年生の授業を受けさせた。まさにアドルフ・ヒトラーが実科学校の一学年で落第したのと同じである。ゲリは三年生のときにも落第しそうになった。三科目が〈不可〉だったのだ。

再びおばのマリア・ラウバルが救援に駆けつけて、ゲリをリンツに連れ帰り、同市内のシュピッテルヴィーゼにあるアカデミッシェス・ギムナジウムに入れた。ここでもゲリの成績は思わしくなかった。それでもゲリは、一九歳だった一九二七年六月二四日に、アドルフおじとは違ってオーストリアの大学入学資格試験に合格した。ドイツ語作文の試験で選んだテーマは、「苦難に満ちたこの世に、神は三つの恩恵をお与えくださった。理想、愛情、そして死である」というもので、彼女のその後を暗示するような予言的な題材である。

恋愛に関しては、それまでは誰ともあまり進展はなかったが、リンツ時代になると、ギムナジウムの男子同級生がボーイフレンドになった。アルフレート・マレタである。第二次大戦後オーストリアの国民党を結成した一人で、その後オーストリア国民議会の議長に指名された人物である。彼はゲリとよくいっしょに通学し、休みに入ると周辺へのハイキングに連れ立って出かけた。彼はのちにこう回想している。

「ゲリは私にとって本格的な恋人ではなかったが、いずれにしてもかなり長いあいだ、とてもロマンチックな憧れの的だった。おそらく私たちの間柄はロマンチックと呼ぶのがふさわしかったのだろうが、学友たちに気づかれたことは一度もなかった[*69]」

当時のゲリは政治問題にはまったく無関心だった。勃興しつつあったナチスとおじヒトラーをマレタが罵倒しても一度も反発しなかったと、後年マレタ本人が述べている。

ゲリが初めてこの高名なおじに会ったのは一九二四年のことだった。ロマンチックどころではない場所、つまり刑務所内だったのである。彼女は七月二四日に兄レオ・ジュニアと、ミュンヘン近郊のランツベルクに向かった。ヒトラーは一九二三年一一月の一揆と将帥廟への行進の責任をとって五年の禁錮刑を受け、そこの刑務所に服役中だった。その薄暗い建物、反響する廊下、格子のはまった窓は、それまでオーストリアの牧歌的な風景しか知らなかった一六歳のゲリにかなり強烈な印象を与えたにちがいない。

しかしアドルフおじへの訪問で、もう一つ驚かされたことがあった。当時同じ刑務所に入っていた人たちの報告によれば、ヒトラーはちょっとした王様然としていて、罪を悔いている囚人のようではなかったのだ。訪問客を迎えるときには特別室も使えたし、たえず周囲には自分の言いなりになる取巻き連がいた。看守ですら彼を囚人というより宿泊客のように遇していた。この囚人は昼間の六時間、刑務所の敷地内を監視なしで散歩することも許されていた。ヒトラーは太りすぎのようで、顔も、多くの贈り物（チョコレートやケーキ）のために少しむくんで見えた。だが、ゲリにとってヒトラーの印象は悪くなかったようだ。そしてヒトラーは、刑期満了前の一九二四年末に「態度良好」ゆえ仮出獄を許された。

ゲリは、この有名なおじが自分の人生に影響を与えたことを、その直後に気づかされた。ふつうの女生徒だった彼女が、突如として周囲の関心の的になったのである。彼女の歴史の教師ヘルマン・フォッパは、右傾化していた大ドイツ民族党の支持者だったので、できればヒトラーとミュンヘンで面会したいのだがと、彼女に頼んできた。ミュンヘンには、一九二七年夏の大学入学資格試験が終わってからクラス全体で行くことになった。

こうして七月はじめに生徒たちは、ヒトラーと話すためにミュンヘンに旅行した。ヒトラーは教師やゲリなどに強い印象を与えた。この面会は、カロリーネン広場に面したブルックマン夫妻（エルザとフーゴー）の屋敷でおこなわれた。フーゴーは出版社主で、自分の屋敷を面会場所にと提供してくれたのだが、同夫妻はそれまでにもしばしばヒトラーに金銭とコネの面で援助をおこなっていた。ゲリと同級生マレタは特別にブルックマン邸での宿泊を許され、ほかの面々はホテルやペンションに泊まった。

ヒトラーは茶色の戦闘服で現われ、全員と握手し、長たらしい演説をぶった。翌日、ゲリとマレタは、ヒトラーと「仲間の闘士」たちとの、カフェ・ヘックでの個人的な会合に同席を許された。ここでも権力と影響力が顕示され、ゲリも再び影響を受けた。

ゲリの心はすぐに決まった。彼女はウィーンやザルツブルクではなく、ミュンヘンの大学に入りたくなったのである。おじの近くにいたかったのだ。ヒトラーが一九二七年八月に開かれたニュルンベルクでのナチス全国党大会に彼女を招いて以降は、なおさらそう思うようになった。ゲリにとっては、旗を振る制服を着た人々、はてしないパレードと演説はあまりに強烈だった。そしてその中央に、彼女が親しみを込めて「アルフおじさん」と呼んでいたアドルフおじがいて、彼を中心にしてすべてが回っていた。

党幹事ルドルフ・ヘス［のちに副総統］はヒトラーの命を受けて党大会後の一週間、

ゲリとその母を乗せて、ドイツ全土を自動車で案内した。ニュルンベルクを出発点として、バイロイト、ヴァイマル、ベルリン、ハンブルクそしてミュンヘンという行程だった。

一九二七年秋、ゲリはミュンヘンにやってきて、イギリス庭園沿いに走るケーニギン通りのペンション〈クライン〉に住みはじめる。ヒトラーが一部屋を又借りしていたティールシュ通りまでは、そこから散歩程度の距離だった。

ゲリは一一月七日に医学部に入学を申し込み、一九二七〜二八年の冬学期が始まった。だが今までの癖《くせ》は大学でも続いた。きちんと勉強する気がなかったのだ。学ぶ意欲がなかったのである。まさにアドルフおじ同様、ボヘミアン的生活が大好きだったのである。

一学期を終えた段階でもう学業を打ちきり、二度と大学に戻らなかったのも不思議ではない。それ以降は学費を払わなかったので、結局退学になった。大学で講義を聴かなくなった彼女はカフェ通いを始め、アドルフおじと会うようになった。アドルフおじ、そしておじの取巻き連といっしょに山岳地帯やオーバーバイエルン地方の湖畔を散策した。

カメラマンのホフマンの娘ヘンリエッテも同行した。ゲリはキーム湖で裸で泳いでは喜んでいた。それに反しヒトラーは、かたわらで本を読んでいた。ヒトラーは、せいぜい靴と長靴下を脱いで浅瀬を歩く程度だった。

長身痩軀のゲリ、目が茶色で髪が黒っぽかったゲリは、みんなの心を惹きつけた。「ゲリは、出会った瞬間からみんなの中心になった。その素直な性格、ほのかなあだっぽさをもっていた彼女は、ただそこにいるだけで全員を上機嫌にさせてしまった」と、ヒトラーの専属カメラマンだったハインリヒ・ホフマンは記憶している。[*70] またエミール・モーリス［詳しくは後述］は、一九六七年の時点でもまだ夢中になってこう語っている。「プリンセスだった。通りに出ると、誰もが振り返った。みんなと同じく私も彼女にぞっこんだった」[*71]

とくにアドルフおじは彼女のことが気に入っていたようで、ホフマンはこう語っている。「ゲリに対する彼の態度はいつも礼儀正しくきちんとしていたが、彼女を見る視線や話しかける口調からは、深い好意が感じられた」[*72]。ヒトラーは姪ゲリに対する気持ちを高めていき、二人の仲は親戚同士の通常の間柄を超えていった。ふつうの言葉で言えば、それは愛情と呼んでいいだろう。しかし、ヒトラーは自分の気持ちに対するお返しとして、無条件の服従と従順を求めた。

このことが初めて明白になったのは、ゲリがミュンヘンに到着してから何カ月かあとのことだった。その機縁になったのは先述のエミール・モーリスで、彼はＳＳの共同創設者にしてＳＡ（突撃隊）の高官、かつヒトラーの運転手で、忠実な付き人だった。ランツベルクの刑務所でも二人はいっしょに入獄していた。そのモーリスが、一一歳年下の快活なゲリと恋愛するようになった。彼が言い寄ってくるのをゲリが拒まなかったのだ。これは、なんという選択だったことか！

なぜならモーリスは、熟達した時計職人ではあったが癇癪《かんしゃく》持ちで、悪名高い乱暴者だった。副業のボディガードは、彼には打ってつけだったのだ。一九二一年一一月のホーフブロイハウス（ミュンヘン）での暴動では、彼とその仲間は、ヒトラーの演説を邪魔する人たちを次々に病院送りにした。ほかにも、彼は傷害や不法武器所有で何度も告訴されていた。さらに彼は、ほかの所行も自慢していた。一九二一年一〇月末には、州議会議員エアハルト・アウアー殺害未遂の疑いでミュンヘンのシュターデルハイム刑務所に入ったし、一九二二年九月～二三年一月には、マンハイム株式取引所襲撃未遂の疑いでマンハイム州刑務所に収監された。

そういう男にゲリは惚れたのである。結婚話もすぐに出た。アドルフおじだけが、二人に対する態度をはっきりさせなかった。エルンスト・ハンフシュテングル（愛称はプッツィ、つまり小男。古くからのヒトラーの友人で、のちのナチス外国報道機関顧問）から見れば、モーリスこそはゲリの「本命」だったが、「ゲリは、自分の潑剌《はつらつ》とした色気が相手に強い印象を与えたように感じたときには、その相手との交友を絶対逃さなかった」[*73]。

一九二七年一二月、ルドルフ・ヘスの結婚式のあとで、モーリスはヒトラーに打ち明けた。ゲリと婚約した、結婚したいと。ヒトラーは意外な反応を示した。不意に激昂し、この親友を怒鳴りつけて罵倒したのだ。モーリスは一瞬、その場で射殺されるのではないかと思った。「彼があのような状態に陥ったのを、ほかには一度も見たことがない」とモーリスはのちに述べている。

翌日、場所は変わってヒトラーの住まいで、その続きが演じられた。こんどはゲリもその場にいた。ヒトラーは、持てる演説術のすべてを駆使して、忘恩と裏切りについて語った。そして、二人が今後二年間は会わないこと、それまでは監視付きでのみ会うことを強硬に要求した。

ゲリ・ラウバル

だがヒトラーの要求はほとんど満たされなかった。二人が密会していたからである。モーリスはヒトラーの要求に屈することなど一度も考えたことはなく、その後も結婚話に固執していた。

だがヒトラーは強烈な手段に打って出た。「ゲリをウィーンに戻し、彼女の母親アンゲラには今後いかなる資金援助もしない」と脅したのである。卑劣な手段だった。ヒトラーの異母姉アンゲラは資産がなく、ヒトラーからの入金に頼って生きていたのだ。

ヒトラーは友人モーリスを一九二八年一月に即刻解雇し、以後は給与を支払わなくなった。モーリスは結局、ミュンヘンの労働裁判所で退職金八〇〇マルクを勝ち取っただけだった（この資金で彼は時計店を開いた）。しかし、ヒトラーはさらに強烈な主張をした。彼はモーリスに関する秘密書類を自由に使うことができたのだが、その書類から、モーリスにはユダヤ人の血が一部流れていることが判明したのだ。ヒトラーはこのことを公表すると脅した。効果はあった。モーリスはこの脅迫を受けたあと、まず距離をとった。ヒトラーの性格を、つまり気まぐれと怒りの爆発をよく知っていたからである。

ゲリはまだ未成年だったので、そくざに結婚などできるはずがなかった。ヒトラーが猶予期間を指示したのは賢明だった。ゲリは、自分とモーリスとの間柄をヒトラーがはっきり拒否しているとは考えなかったからである。ヒトラーは、この問題は時間とともに自然消滅すると踏んでいた。それは正しかった。ゲリは一九二七年一二月二四日に、愛しのモーリス宛にいわば別れの手紙を書いた。

「愛しいエミール！　あなたの使者がすでに三通の手紙を届けてくれましたが、最後

のお手紙ほど嬉しいものはありませんでした。ことによるとその理由は、私たちがこ
こ何日間かこんなにひどい苦しみを味わったからかもしれませんね。私はここ二日間、今までにないほどひどく悩みました。でも、こうなるほかなかったのですし、私たちはそうなるように決められていたのです。私は今、この何日間かが私たちを永遠に結びつけてくれた気がしています。一つのことをはっきりさせておく必要がありますね。アドルフおじは、私たちに二年間待つことを求めています。考えてもみて、エミール、私たちは丸二年間時々しかキスができませんし、それもつねにアドルフおじの監視付きです。あなたは私たち二人の生活を築くために働かねばなりませんし、そのあいだ、私たちは他人のいるところでしか会うことができないのです……[*74]」

この手紙をもって、ゲリのこの恋愛はけりがついたようだ。何カ月もしないうちに、ゲリは新しいセックス・パートナーを見つけたからだ。それが誰かは今もわかっていない。ゲリの母親は戦後、それは一六歳年上のヴァイオリン奏者だったと述べている。ゲリは故郷への旅の折りに、その人と知りあったという。おそらく一九二八年夏のことだろう。パスポートの期限が切れるので、数週間リンツに戻ったにちがいないからだ。ゲリの母は、ヒトラーから強い要請を受けたので、娘とヴァイオリン奏者との関係が切れることを願った。

一方、ヒトラーの秘書クリスタ・シュレーダーは、その男性はリンツ出身の画家だ

ったと述べている。彼女はヒトラーのために、その画家がゲリ宛に書いた手紙を何度もタイプ打ちさせられた。その手紙の内容は次のとおり。

「きみのおじさんは、自分がきみのお母さんに影響力があることを意識してるね。だから今、どうしようもないほどひねくれて、お母さんの弱みにつけ入ろうとしている。しかも不幸なことにぼくたちは、きみが成人するまではその脅迫に対抗できない。おじさんはぼくたち二人の幸福を邪魔ばかりしている。ぼくたちがお似合いだということを知ってるくせにね。きみのお母さんはぼくたちに一年間は離れているようにと言ったけど、その一年はぼくたちの心をいっそう強く結びつけるだろう。ぼく自身はつねにまっすぐに考えて行動するように努めているから、ほかの人たちがそうしないと考えるのは難しい。でも、きみのおじさんの行動はぼくから見ると、きみに対する利己的な動機が原因としか思えないね。おじさんはきみがいつの日か、ほかならぬ彼のものになることしか望んでいないんだ」

さらにこう書かれている。

「きみのおじさんは今もきみのことを〈未熟な子供〉と考えている。きみがもう成長したこと、そして自分の幸福を自分で築こうと思っていることを理解しようとしないんだ。おじさんは暴力的な性格の持ち主だ。彼が率いる党内では、誰もが奴隷のように彼にへつらっている。おじさんは鋭い知性をもっている。なのに、ぼくたちの愛情と意欲を前にしたら自分の強情さも、結婚についての理論も砕け散ってしまうことがわからないでいる。その点がぼくには理解できない。おじさんは今年じゅうにきみの考え方を変えたいと願っている。きみの気持ちがほとんどわかっていないんだね！」[*75]

この手紙を書いた男性は、なんとひどい勘違いをしてしまったことか。彼はモーリス同様、ゲリの人生から跡形もなく姿を消してしまうはめに陥る。ヨゼフ・ゲッベルスは、ある党員との会話のあとで日記にこう記した。

アドルフ・ヒトラーとゲリ・ラウバル

「彼は総統の乱心をいくつか述べた。総統と姪ゲリ、そしてモーリス。彼女は悲惨だ。絶望するしかないのか？　なぜわれわれ全員が彼女のことでこんなに悩まねばならないのか？　私はヒトラーのことを固く信じている。私にはすべてがわかっている。真実も虚構も」[76]

ヒトラーは、自分の恋人が心の奥底で何に憧れているか、それを非常によく認識していた。それは、働かなくても安心して贅沢に暮らすこと、そして有名人の横にいることで自分も上流だという気分になれること。ゲリは今、ヒトラーのおかげでそうした生活を十二分に味わっていた。ヒトラーは今後は彼女を独占したかった。そこでゲリを監視させ、彼女の一挙手一投足を点検していた。

ヒトラーの唯一無二の愛

ヒトラーはゲリに言い寄った。一九二九年にヒトラーがティールシュ通りの簡素な住まいを出て、今までとは大違いの豪華なアパートに引っ越したのも、彼女が一因だったのだろう。そこはアパートの二階で九室あった。住所はプリンツレゲンテン広場一六番地。一九二九年一〇月にはゲリがそこに入居してきて、そのアパートでいちばんきれいな部屋を獲得した。角部屋で、広場とその隣のプリンツレゲンテン劇場が見渡せた。

ヒトラーはゲリのためにいっしょに彼女の部屋のインテリアをしつらえ、緑の絨毯《じゅうたん》を敷かせた。家具製作のためにヒトラーは共同作業場の職人を呼び、家具のデザインは建築家ルートヴィヒ・トローストに任せた。壁には、ヒトラー自身が描いた風景画が一枚。のちにヒトラーは秘書にこう打ち明けている。

「ミュンヘンにいると、本当に故郷にいる気がするよ。見えるものすべてが――どんなにささいな家具でも、どんなに小さな絵でも、たとえ洗濯物でも、すべてが私の闘争を、心配を、そして幸福を思い起こさせる。どの家具も私が節約して買ったものだ。姪のゲリがそばにいてくれた。だから私はそうした家具が好きでたまらないんだ」[*77]

節約というのは嘘で、購入代金は党の金庫から出ていた。その住まいがどんなに飾りたてられていたか、それを知るにはグラートバッハー火災保険株式会社の一九三四年一〇月付の保険証書を見ればいい。それによるとヒトラーは、火災のほかに侵入窃盗に対しても保険をかけ、「本も含めて家財一式」を一五万ライヒスマルク、自分の「絵画類」も同額と査定している。

社会的地位にふさわしいブルジョア的な生活を送るために、ヒトラーは使用人に関しても完璧を期した。この家の切り盛りのために、アンニ・ヴィンターとその夫ゲオルクを雇ったのである。アンニはニーダーバイエルン地方の出身で、以前テーアリング伯爵夫人邸で家政婦を務めた経験があった。料理、洗濯、掃除、整理整頓といった家事を、二一歳になったゲリは以後まったくやる必要がなくなった。まさしくかわいいプリンセスのような気分でいられるのだ。

アドルフおじは彼女を甘やかした。二人はときどきいっしょに劇場や映画館に行った。シュヴァービング地区シェリング通りにあるヒトラー行きつけのレストラン〈オステリア・バヴァリア〉は、ふつうはヒトラーが同志としか行かなかった場所だが、そこでも彼女は頻繁にヒトラーと連れ立って入っていった。買い物のときにもヒトラーは恋人ゲリに付き添っていた。だが、こうした暇つぶしが彼は大嫌いだった。そのことを秘書にこう漏らしている。

「私は彼女に同行して帽子サロンに行ったが、彼女は平然としてキャビネットやショーウィンドーから帽子を全部出させたんだ。そして一個ずつ試してみたのだが、結局は、自分に合うのは一つもないと言うんだ。彼女が店員にずけずけと言うので、私はそのたびにつらい思いをした。いろいろ試したのに何も買わずに店を去るわけにはいかない、と私がゲリにそっとささやくと、彼女はあの魅力的な微笑を浮かべながらこう言った。『あら、そんなことないわよ、アドルフおじさん。そのためにあの人たち、ここにいるんですもの！』」[*78]

全能の右翼政党指導者にはふさわしからぬ逸話。これではまるで、俗物的な夫が口にする妻にまつわるおもしろくもないジョークみたいだ。ヒトラーは金銭に関していつも女性に甘かった。それはなにも帽子や靴といった品物に限らなかった。毛皮のコートもゲリに贈ったことがある。シロギツネの毛皮。当時大勢の女性が夢見た憧れの品で、裕福さの象徴だった。それに比べれば、〈ラウバル嬢用の蛇革製の靴一足〉の三三ライヒスマルクなどささいな額だった。ヒトラーはナチス全国経済委員オットー・ヴァーゲナーなど党同志を前にして、そうした趣味を見くびるようなこういう発言をしていた。

「ああいう女どもは実に原始的なんだ。髪型、服装、踊り、劇場をちらつかせれば、ほかにどんなに重大なことがあっても彼女たちの気を逸らすことができる。彼女たちが読むのが好きなのは雑誌と小説だけだ。だがゲリは、一二冊の雑誌と新聞に掲載されている連載小説を同時に読むことができるんだ。毎日一、二編をね。しかも彼女はどういう筋だったかをいつも知っているし、連載を一回読まなかったときにはそのことに気づくんだ[*79]」

奇抜な趣味にも、ヒトラーは資金を援助した。ゲリは自分に芸術的な才能があると思ったのだ。彼女は、たとえばヒトラー好みの作曲家リヒャルト・ワーグナーの作品でオペラ歌手として舞台に立ちたがった。そこでヒトラーは何年間もゲリの歌唱レッスン代を出した。当初の先生は作曲家アドルフ・フォーグル、次がルーデンドルフの元副官ハンス・シュトレックで、月に一二時間のレッスン料は一〇〇マルクだった。シュトレックはハンフシュテンゲル邸で、ゲリについてこう嘆いている。

「私が今まで教えたなかで、ゲリがいちばん怠け者だということは間違いない。ヒトラーのたってのの願いでなければ、とっくに放り出しているだろう。レッスンの三〇分前に電話してきて、来られないって言うこともあるし、姿を見せたとしても、前もって練習をしてないからレッスンをやってもほとんど無意味さ。ヒトラーの寛大さは信じられない。何の成果もないのに彼が毎月あの娘《こ》のために月謝を無駄に払っているのは驚きだね[*80]」

スポットライトを浴びて舞台に登場するには、ゲリは才能も声量も不充分だった。彼女が登場しようものなら、舞台が台無しになってしまっただろう。

ヒトラーは嫉妬深かったので、ゲリがまたほかの男の誘惑に陥りかねない機会をすべてひねりつぶした。彼女がドイツ劇場の舞踏会に行こうとすると、ヒトラーは、カメラマンのホフマンと、党専属のエーア出版社の幹部マックス・アマンが付き添うという条件付きなら許すと言った。しかも門限は一一時。ゲリがこの会のために有名デザイナーのインゴ・シュレーダーに作らせた衣装すら、ヒトラーは認めなかった。大胆すぎるというのだ。ゲリはかわりに、ありふれたイヴニングドレスを着用せざるをえなかった。

ゲリが一人で小旅行に出ることを許されたのは、ベルヒテスガーデン近郊の〈ハウス・ヴァッヘンフェルト〉にいる母のもとへ行くときだけだった。そこでのゲリは、ミュンヘンにいるときと同様、自分専用にデザインされた部屋に住む特権を得ていた（その部屋はほかの客は立入り禁止で、ゲリが死んだあとも何年かその状態が続いた）。

けれども活発なゲリは母親の許可を得て、ベルヒテスガーデンからリンツやウィーンへ何度も小旅行をしていた。

ゲリのほうも、おじに明白な好意を見せれば丸めこむことができることを知っていた。たとえば、彼女はヒトラーに時々ケーキを作ってやった。それほど特別なことではないのだが、ヒトラーはこの時期以降、そのケーキこそ「私の大好きなケーキ」と公言するようになった。ヒトラーの異母姉や妹は強いショックを受け、それ以降はヒトラーのご機嫌取りのために、そのケーキのレシピが一族の各家庭でメモされるようになった。

結局のところ、ゲリへのヒトラーの愛は、彼の生涯において唯一無二だったのだ。二人の間柄に関して重大な問題は、性的関係があったかどうかである。その答えは不明だ。だが現時点から見ると、大半の状況証拠が〈プラトニックラヴ以上〉を示唆している。たしかにカメラマンのホフマンは性的関係を否定しているが、家政婦アンニ・ヴィンターはこう反論している。

「ゲリはヒトラーを愛していた。彼女はいつも彼のあとをついていった。もちろん彼女は〈ヒトラー夫人〉になりたかった。彼はなんと言っても輝かしいパートナーだった」[*81]

何人かの歴史家は性的関係があったと見なしているし、イアン・カーショウは次のように断言している。

「ゲリに対するヒトラーの態度を調べてみると、少なくとも潜在的には性の強烈な虜《とりこ》になっていることを示すあらゆる特徴が見てとれる。ものにしようとするときの彼の嫉妬深いやり口は、病的な様相を呈している[*82]」

実際、状況証拠は多数ある。そしてヒトラーは、ごく近くにいる人たちをも見事に騙す方法を心得ていた。彼の側近の多数は、「私の花嫁はドイツだ」というようなヒトラーのプロパガンダ的な自己顕示に眩惑された。賛美者も敵も彼のことを、セックスに興味のない人間と見なしていた。ヒトラーが女性に対して禁欲的だと考える人もいたし、彼は努めて距離をとろうとしているのだと解釈する人もいたが、いずれにしても性的関心の薄い人物と見なしていたことに変わりはない。また、ヒトラーはインポという噂も広まったし、睾丸が片方しかないのでセックスができないといった風説も立った。

ヒトラーはすでに早いころからカムフラージュに長《た》けていた。一例として、ベルヒテスガーデン滞在の折りに知りあったマリア・ヨゼファ・ライター（一九〇九年一二月二三日にベルヒテスガーデンで誕生）との交際を挙げよう。彼女の母親は、マクシミリアン通りで繊維製品の店を経営していた。また父親は、社会民主党の同地支部の共同設立者だった。ヒトラーはマリアに言い寄り、自家用ベンツで小ドライヴに誘った。一九二六年に二人の間柄は深まりを見せた。ヒトラーは彼女のことを優しく「ミッツィ」と呼び、献呈の文章を添えて写真を贈ったり、彼女にラヴレターを送ったりした。

「私にとってきみがどういう存在になったかを、きみは知らないのだ。……私はきみのかわいい優美な顔を目の前で見たいし、きみにとっていちばん忠実な友人しか書くことができないことを口で言いたい。……そう、私にとってきみがどういう存在なのか、そして私がどのくらいきみを愛しているかを、きみは本当に知らないのだ[*83]」

このときもいかにもヒトラーらしく、二〇歳年下の娘に欲望を抱いたのである。自分の娘くらい若い女性にだ。それは欲望の段階で終わりはしなかった。周囲に気づかれることなく、二人は性的関係を結んだのである[*84]。

話をゲリに戻すが、彼女は、ミュンヘンに来てからわずか数カ月しかたっていない時期に、しかも数回しかいちゃついていないのに運転手モーリスとの結婚を考えたのだ。この事実には唖然とさせられる。そしてその直後に、一六歳年上のヴァイオリン奏者を結婚相手に考えたのだ。ヒトラーの腹心ヘスは一九二七年に、「ゲリはミュンヘンで生涯の伴侶を探していた」と手紙に書いている。

どうやら彼女は、父親のようにはるかに年上の男性たちにとっては魅力的な女性だったようだ。そしてヒトラーを夫にすれば、思いのままの生活が送れただろう。彼は有名で権力があり、金持ちで、華麗な生活を送っていた。そのおこぼれにあずかっていたゲリは、そのことをとてもありがたく思っていた。結婚話も当時おそらく出ていたことだろう。

なぜなら、ヒトラーは時々、ただ一人愛している女性であるゲリを妻にしたいと大胆にも認めていたからだ。そして、自己中心的な精神病患者に特有の行動をとっていた。激しく嫉妬し、強引に監視し、相手を物で釣ろうとする。

ただし、近親者との結婚を彼がごく当たり前のように思っていたことには度肝を抜かれる。のちに親しい人たちと交わした会話で、彼はごく自然のことのようにゲリと結婚したいと明かしている。それが近親結婚でありアブノーマルだということを、ヒトラーは考えもしなかったようだ。そしてこれはヴァルトフィアテル地方の伝統だった。子供時代に周囲に満ちていた習慣と行動を、彼は朝の空気のように吸いこんでいたのだ。

女性に関して、彼の行動が父親と似ているのは驚くばかりだ。彼の父もかなり若い女性を好んでいた。アドルフの母クララは父アロイスより二三歳年下だったし、父の二度目の結婚相手（フランツィスカ・マッツェルスベルガー。アドルフの異母姉アンゲラの母）は二四歳年下だった。

ヒトラーはこの習慣を継いで、若い女性に触手を伸ばした。ゲリが大学入学のために彼のいるミュンヘンにやってきたとき、彼女は一九歳で未成年、ヒトラーは三八歳だった。のちのエーファ・ブラウンの場合も同様だ。彼女はヒトラーより二二歳年下で、二人が性的関係に入ったときにはこれまた未成年だった。この行為は第三帝国の法律では、「被保護者ないし未成年者との猥褻行為」として、最高五年の懲役刑が科せられることになっていた。ヒトラーは女性に対して自分が抱いている優越意識と支配欲について、こう述べている。

「若い女性を指南することほどすばらしいことはない。一八歳や二〇歳の娘は蠟《ろう》のようにしなやかだ。男性なら誰でも、そうした娘に強烈な影響を与えることができるにちがいない。女性のほうもそれ以外のことはまったく望んでいない」[*85]

消えた光

一九三一年九月、ヒトラーにとって世界が変わる事件が起きた。彼はそれまでドイツでの指導権を求めて露骨に闘ってきていた。ナチスの党員数は一九二九年には一七万人だったが、三一年には八〇万人に達していた。三〇年九月一四日の国会議員選挙でナチスは六三七万票を獲得し、それまでの一二議席から一〇七議席へと大躍進を遂げた。得票率も一八・三パーセントで、社会民主党に次いで第二党になった。権力の座にもうすぐ手が届きそうになっていた。

ヒトラーは気合いを入れて、休みなしで全国を行脚《あんぎゃ》した。今までのヒトラーは地方の名士だったが、今やドイツ全土に勇名を馳せていた。だが悪名も高かった。一九三一年九月一八日の金曜日、ヒトラーは新たな選挙戦のために北ドイツに向かおうとしていた。一行に加わっていたカメラマンのホフマンは、出発時の模様をこう述べている。

「私が邸内に入ると、そこにゲリがいて、ヒトラーの荷造りを手伝っていた。ヒトラーと私が家を出て階段を降りていったとき、ゲリは欄干から身を乗り出してこう叫んだ。『さようなら《オー・ルヴォワール》、アドルフおじさん！　さようなら《オー・ルヴォワール》、ホフマンさん！』。ヒトラーは立ち止まって仰ぎ見た。彼は一瞬ためらったのち振り向いて、また階段を上がっていった。私は玄関ドアのところで彼を待った。その直後彼はやってきた[*86]」

ニュルンベルクでホテル〈ドイッチャー・ホーフ〉に宿泊した一行は、その後バイロイト方面に向かった。不意にタクシーが一台、彼らの乗った車に追いついてきた。なかに乗っていたホテルのボーイが、急停車してくれという合図を送ってきた。興奮しているボーイがヒトラーに向かって、ミュンヘンのルドルフ・ヘスから緊急の電話が入っているので、ホテルに戻って電話口に出てほしい旨を伝えた。電話が凶報を伝えた。「ゲリの身に何か起こった。ミュンヘンへ戻らねば！　すぐにだ！」とヒトラーは取り乱した声で叫んだ。運転手ユリウス・シュレックは全速力でミュンヘンにとって返した。
途中のインゴルシュタット近郊エーベンハウゼンで、ヒトラーたちの乗ったベンツは警察の検問に引っかかり、スピード違反とされた。道路交通違反カードの記載によると、正確な時刻と速度は〈午後一時三七分、時速五五・三キロ〉だった。二人の警官がストップウォッチ持参で、〈長さ二〇〇メートルの速度制限地帯〉を張っていたのだ。ヒトラーはプリンツレゲンテン広場の自邸に戻ったが、時すでに遅しだった。警察がゲリの遺体を運び去っていた。
事件を発覚時からたどってみると、まず邸宅の管理役ゲオルク・ヴィンターが党出納長シュヴァルツに連絡し、次いで警官を呼んだ。ヴィンターによれば、妻アンニが午前九時半に「ゲリの部屋の鍵がかかっていて、隣室にあったヒトラーのピストルがなくなっている」と自分に知らせてきた。ノックしても応答がなかった。鍵は内側からかけられていた。ヴィンターはドライバーで二枚扉のドアをこじ開け、床に横たわっているゲリを発見した。死んでいた。警察の調書には、次のような情景が記されている。[*87]
「遺体は部屋のなかに横たわっていた。部屋の入口は一つしかなく、窓はプリンツレゲンテン広場にのみ面していた。遺体は顔面を下にしてソファの前にあり、ソファの上にはヴァルター［ワルサー］六・三五口径のピストルが一挺転がっていた。警察医ミュラー博士の確認によると、死因は肺への銃撃で、以後すでに何時間も（一七～一八時間）経過していたので死後硬直が見られた。至近距離からの銃撃であり、ドレスの襟ぐりの箇所で皮膚を貫通し、心臓の上に入った。弾丸は体から出ていなかった。背中の左脇、腰の皮下に何かがあるのが感じられた」

このピストルは、ヒトラーが政敵の襲撃を恐れて、邸宅内につねに保管していたものだった。ゲリはピストルの使い方に慣れていた。「ゲリと私はピストルも使えるのよ」とヘンリエッテ・ホフマンは言っている。この女性は、ヒトラー専属のカメラマンだったホフマンの娘で、のちに全国青少年団〈ヒトラー・ユーゲント〉総裁バルドゥーア・フォン・シーラッハと結婚することになる。彼女の言葉を聞こう。

「ミュンヘン近郊の射撃練習場で、私たち、習ったの。二人とも、小型のヴァルターなら分解したり、磨いたり、また組み立てたり、装塡《そうてん》したり、安全装置をはずしたりできた。まるでトム・ミックス［カウボーイ俳優］の映画の一場面みたいなので、二人して楽しんだわ。でも、それが重大なことになったのね」[*88]

刑事の尋問のさいに、ヒトラーは自殺の原因として次のようなことを述べた。「ゲリはオペラ歌手として舞台に立ちたがっていたが、そのプレッシャーに耐えられなかったのだ。彼女はウィーンに行きたがっていた。だが私はウィーン行きを彼女の母親と相談して禁じた。それを聞いてゲリは気を悪くした。それでも金曜日には自分とは落ち着いて別れた」

ヒトラー家の住人［使用人］たちも、ゲリの自殺の原因についてまったく同じ発言をした。真の原因は今もって不明である。遺書も発見されていない。ただし、ヒトラーと関連があったことだけはたしかだ。当時ヒトラーの周辺にいた何人かは、ゲリが愛の苦悩を口にしていたこと、ヒトラーの監視にいらだっていたことを告げた。また、ヒトラー出発前に、ゲリとヒトラーが激しい言い争いをしていたと証言している人たちもいる。だがゲリの兄レオ・ラウバル・ジュニアは、ゲリが自殺する一週間前にベルヒテスガーデン近郊の山岳地帯を彼女といっしょに散策したが、ゲリが人生に嫌気がさしていたとか憂鬱だったとかいった兆候にまったく気づいていない。

ヒトラーの副官シャウプは、この事件の内幕にわずかに光を当ててくれる。最近発見された彼の回想録の原稿には、彼がこの出来事に触れている文章が含まれているのだ[*89]。それによるとゲリは、自殺前夜にシャウプの妻とミュンヘンの劇場に行った。ゲリはとても興奮していたし、かんかんになっていた。その上演に来ると約束していたヒトラーが、急に来ないことになったのだ。結局、フラストレーションと嫉妬がおもな動機だったのだろうか？

シャウプは次のように書いている。ヒトラーとゲリの関係は、通常の友情の範囲をはるかに超えていた。また、ゲリとエーファ・ブラウンは顔見知りだった。このことは今まで不明だった点だ。ゲリは、エーファが重大なライバルに成長したことを本能的に感じたにちがいない。エーファはあからさまにヒトラーの寵愛を求めるようになっていたし、それに何より、ゲリはエーファの秘密の手紙をヒトラーのコートのポケットから見つけていた。

だが記録から確実に言えることは、間違いなく自殺だったことだけである。しかしミュンヘンの各新聞にとってこの出来事は、棚ぼた式の大ニュースだった。たとえば、つねに反ナチスの立場をとっていた『ミュンヒナー・ポスト』紙は九月二一日付の紙面に「謎の事件、ヒトラーの姪自殺」という見出しで、「九月一八日金曜日に、ヒトラー氏と姪のあいだでまたしても激しい争いが起きた。原因は何だったのだろうか?」と報じた。そして「たえず言い争い」があり、ヒトラーの出発時には「激しいいさかい」があったと伝えた。さらにナチスの幹部たちは、「事件の動機に関してどう公表すべきかについて」協議をおこない、「ゲリの死は、芸術上の希望が満たされなかったことへのフラストレーションであるということで結論の一致を見た」。ヒトラー邸の住人たちの証言もすべて、前もって言い交わしてあったかのようにたがいに似かよっていたし、全員が、詳しいことは何も知らないと申し述べている。

いずれにしても、ヒトラーは何日もたたないうちに『ミュンヒナー・ポスト』紙に反論を載せ、そのなかであらゆる主張に反発している。

「私が姪アンゲリカ・ラウバルと『たえず言い争い』をしていたとか『激しいいさかい』があったというのは嘘である。……私の姪がウィーンで婚約したがっていたとか、姪の婚約に私が何らかの反対をしていたというのも嘘である」

ゲリは一九三一年九月二三日に、母親の希望でウィーン中央墓地に埋葬された。参列できる状態になかったヒトラーは墓前に赤いバラを贈り、カメラマンのハインリヒ・ホフマンといっしょにテーゲルン湖畔の印刷屋アドルフ・ミュラーの家に向かった。運転手シュレックはヒトラーからピストルをとりあげた。ヒトラーが、一九二三年に一揆に失敗したあと試みたように、今回自殺するのではと心配したのだ。ホフマンの報告では、ヒトラーは昼間はずっと一室にこもりきりだったし、夜もその部屋で眠らずに時々歩きまわっていたという。

埋葬後、ヒトラーはひそかにウィーンに向かった。一九二五年にオーストリア国籍を捨てて以来無国籍者だった彼は、入国禁止令を撤廃してもらうよう前もって依頼しておく必要があった。オーストリア政府は許可を与え、この招かれざる帰国者を同国税関と警察が追跡しない旨を伝えてきた。

九月二六日土曜日の早朝、フライラッシング(ドイツ)の町を出て国境を通過していく〈ⅡA19357〉のナンバーをつけたベンツが確認された。国境警備隊はその車を通過させ、ザルツブルクのオーストリア警察支部にその旨を報告した。同支部はウィーンに通知した。ウィーンでは警官たちが、有名になったかつての同国人の到着を待っていた。

「オーストリア首相官邸内　公安委員会」宛の報告によれば、その車は午前一〇時にウィーンの中央墓地に到着した。ヒトラーは一人でゲリの墓に向かった。墓は、カール＝ルエーガー記念教会近くの臨時区画第九地区、左側アーケード内にあった。二五分後、ヒトラーはヴィードナー大通りを通って、ホテル〈ゴールデネス・ラム〉に向かった。午後一時に一行はドイツに戻るべく出発した。オーストリア当局は安堵の胸をなでおろした。一般人は誰も、この突然の訪問に気づかなかったからである。

帰路のヒトラーはまるで人が変わったようだった。ホフマンの証言を聞こう。「彼は座るとすぐに話しはじめた。窓を凝視して、声を出しながら考えているようだった。そしてこう言った。『さて闘いを始めようではないか。闘いだ。勝利で終わらせねばならないし、実際そうなるだろう』」[*90]

その後ヒトラーは何日も何週間も、続けざまの立会演説会に没頭した。その燃えるような演説の結果、ハンブルクの市議会議員選挙でナチスは二六・二パーセントの得票率を獲得した。共産党を抜いて第二党になり、社会民主党に迫る勢いを見せたのである。

ゲリのことはもうヒトラーの脳裏を去っていた。彼女の自殺によって彼は自分の過去から解放され、今後は政治に打ちこめるようになったのである。それと同時に、一族とのつながりがいっそう浅くなっていった。これは緩慢な進行ではあったが、そのまま終戦まで続くことになる。

彼の同志たちは異口同音に、ゲリの死はヒトラー個人の歩みにとって転換点だったと言っている。深い憂鬱のため狂気は増殖し、優しさや温かみを発することは――プロパガンダの場で公衆の前に姿を現わすときを除けば――まれになった。女性秘書たちにお世辞を言ったり、国賓に対してこれ見よがしに魅力を振りまいたり、功績のあった同志に励ましの言葉をかけたりすることも時にはあったが、そうした機会は限定されるようになった。ナチス全国経済委員ヴァーゲナーに対してヒトラーは、ゲリの死の直後にこう語ったという。

「私の心のそばにいてくれた一人の女性の愛しい手がどんなに大切だったか、そしてその女性が私にいつも心を配ってくれていたことが私にとってどんな意味があったか、彼女を失った今にして私はようやく知った。……彼女の陽気な笑いは私にとってつねに心からの喜びであり、彼女の屈託のないおしゃべりは私にはとても楽しみだった。たとえ彼女が、私といっしょに座っていながらクロスワードパズルを解いていても、私は快適さに包まれていたのだ。それが今や凍りつくような孤独に変わってしまった。今までの私は世の中とつながりがあった。明らかにあったのだが、私にはそのことがまったくわかっていなかった。今の私は何もかも奪われてしまった。今や何のつながりもなくなってしまった。内面的にも外面的にも。ことによるとこうなる運命だったのかもしれない。今の私にはドイツ民族と自分の使命しかない。かわいそうなゲリ！彼女はそのために犠牲にならねばならなかったのだ。……私の結婚観も変わった。結婚をあきらめることによって何をあきらめねばならないか、それが今ようやく感じられるようになった。私はあきらめねばならないのだ[*91]」

ヒトラーは同時に肉食をあきらめるようになった。以前から制限してはいたのだが、今やはっきりと菜食主義者になったのだ。アルコールも拒むようになった。公式の席上でときどきグラス一杯のゼクトやビールに手を伸ばすだけになった。

ハンフシュテンゲルはこう確信した。「ゲリの死によって、ヒトラーのなかで唯一燃えていた光が消えた。その光こそ、常軌を逸しがちな彼の深くて禍々《まがまが》しい攻撃衝動の蓄積を抑えていた光だった[*92]」。ハインリヒ・ホフマンによれば、ゲリがいてくれたおかげでヒトラーは「国際的な冒険に乗り出そうとしなかったのかもしれないが、（ゲリがいなくなったために）彼には破滅がもたらされた[*93]」。

こうした考え方が正しいのかどうか、それは今もって疑わしい。なぜなら、ゲリのような情緒不安定な人間がヒトラーの衝動的な犯罪行為を止めることができたとは考えがたいからだ。

ゲリの死によって、彼女に対するヒトラーの感情世界が、思い出と、ときどきのノスタルジックな記憶のみに凝固してしまったことは、その後のゲリにまつわる儀式にうかがえる。プリンツレゲンテン広場に面したゲリの部屋は一種の聖域とされ、ベルリンの新・首相官邸内には彫刻家フェルディナント・リーバーマンが制作したゲリの胸像が飾られた。また、ゲリを描いた一枚の絵が〈ベルクホーフ〉*訳註に掲げられ、その絵の周囲を花がとり囲んだ。

自殺から一年後にヒトラーは再度、ゲリの墓を訪れた。ゲッベルスは一九三二年九月の日記にこう記している。「シャウプがフーバーという偽名を使って先乗りし、総統の宿泊先を用意した。総統は月曜日にゲリの墓参りをする意向だ」

ゲリの母アンゲラ・ラウバルはゲッベルスと会って、こう言っている。「すばらしい方がホテルに来てくださった。激しく泣いておられた。私は何とかお慰めした。かわいそうなゲリ。丸一年たってしまった」

これをもってすべては終わった。墓参りは突如としておしまいになった。今わかっているかぎりで言えば、ヒトラーはその後二度とウィーン中央墓地に墓参をすることはなかった。ヒトラーはゲリを、自分の両親や祖父母と同じように扱ったのだ。死者

＊訳註　ベルヒテスガーデン近郊の〈ハウス・ヴァッヘンフェルト〉を拡張・改名した建物。

の思い出のために墓参りをするという社会的・宗教的な伝統をないがしろにしたのだ。

　ここでも私たちは共通点に驚かされる。つまり、ヒトラーは祖父母の墓を一九三八年に消滅させてそこを練兵場にしてしまったし、両親の墓にしても一度訪れただけである。同年のオーストリアへの侵入のとき、公式の写真撮影のために立ち寄っただけなのだ。そしてゲリの墓は暫定措置が施されたままだった。一九三五年になっても、そこの地面には簡単な木製の十字架が刺さっているだけ。そして黒枠の厚紙にこう墓銘碑が記されているだけだった。

「われらが深く愛したゲリ、ここに永遠に眠る。彼女はわれわれ全員にとって太陽だった。一九〇八年六月四日生、一九三一年九月一八日没。ラウバル家」

　同墓地内の通常区画への移転を、ヒトラーはおこなわなかった。それどころか、一九三八年に母アンゲラも、また億万長者になっていたヒトラーもその墓の管理費の支払いを中止している。

　こうした奇妙な行動をしたのは、一族のなかではなにもヒトラー一人ではなかった。ほかの面々も戦後は、ゲリに対してほとんど弔意を表わさなかった。それどころかアドルフの妹パウラ・ヒトラーなどは、ゲリに対する長年の憎悪を次の文章に吐き出して溜飲をさげている。

「彼が世界じゅうから今のように見られているのは、あの二人の女性のせいだということを私は知っている」。彼というのは兄アドルフ・ヒトラーのこと、そして二人の女性とは母クララとゲリのことだ。パウラはアドルフの影響をもろに受けて、ゲリこそ「盲目的な人種憎悪の根である」[*94]と言いきっている。

パウラに言わせれば、一九二八年の時点でアドルフとゲリの結婚は決まっていたし、ゲリの母親アンゲラも認めていた。だがそれに続く文章でパウラは、事実とはまったく異なる騒動をでっち上げ、ゲリのことを打算的で下劣な人間として登場させている。「一九二八年のことだが、あの娘はある金持ちの誘惑を断わりきれなかった。……その男は、彼女が憧れていたものをすべて所有していた。男はおかかえ運転手に命じてエレガントな車で彼女を迎えに行かせた。運転手が彼女に礼をして車のドアを開けると、彼女はもうアドルフのことを忘れてしまった。彼女には、仲間たちの羨ましげな顔しか目に入らなかった。それから二四時間以内に彼女は、その男が彼女のために借りてくれた豪邸に引っ越した。こうして、どんな贅沢もできるお金が手に入った。指輪でも、ネックレスでも、使用人でも。

ある日、彼女はその男に結婚を約束させた。アドルフが彼女の住まいに行った。自分のところに戻ってくるよう説得するつもりだった。だが彼女は門前払いを食らわせた。『私には暇がないって言っておいて』と彼女は使用人に命じた。その瞬間、例の男がやってきて、住まいから出ていくようにとアドルフに要求した。兄にとってはひどい仕打ちだった。自分の子供を産んでくれるはずの女性が、同じ町で別の男の愛人になっていたのだ。……

ある日、兄は彼女に愛想が尽き、彼女と手を切った。……彼女は……そのときから当てもなくあちこちほっつき歩いた。ブロンド《ママ》の美女ゲリ、アドルフの妻になるはずだったゲリはこうして酒好きの淫売になったのだ。そしてある晩、アドルフが私のところにやってきた。……『ゲリのことだが』と彼はつらそうに語りはじめた。『彼女は死んだよ』。私はどう言ったらいいかわからなかった。アドルフは続けた。『自殺したんだ。例の男が彼女と結婚するって約束していたんだ。でもヤツは彼女を振った。いつかヤツを捕まえてくれる。私がこの手で殺してやるんだ[*95]』」

パウラのこの文章は事実にまったくそぐわない。ここに出てくる「金持ち」に当てはまるのは、せいぜいアドルフ・ヒトラー当人くらいのものだ。だがこの話で注目すべきは、戦後になってもアドルフに忠実だったパウラが、結婚話のことを口にしている点だ。ただし、ゲリだけを「酒好きの淫売」としてぼろくそにこきおろしているので、ゲリに対する嫌悪ははっきりうかがえる。

ヒトラーが荒廃するに任せたゲリの墓については、一九四六年三月に当局が遺骨を臨時区画から掘り出して、墓地が一列に並んでいる通常区画に移し替えるようにと指示を出した。移された先は二三E地区第二列七三番。だがその墓は今は見つけることができない。中央墓地のその付近は一九六〇年代に地ならしされてしまい、灌木が植えられたからだ。リンツやヴァルトフィアテル地方に住む親戚も何も心配りをしなかったし、一九七七年までリンツで生きていたゲリの兄レオ・ジュニアでさえ、妹の墓にまったく関心を寄せなかった。

まさに完璧に忘れ去られたわけだが、趣味で歴史を研究している家具修理人ハンス・ホルヴァートという人が、一九八五年にゲリの墓のことを問題視した。パズルのような作業を長年続けた結果、彼は墓の位置を特定できたと確信している。彼はウィーン市に対して、法医学鑑定のために遺骸を掘り返すよう要請しているが、当局は拒否している。

アンゲラ――ユダヤ人食堂で働いていた異母姉

前述のように、若きゲリは行き先をアドルフおじのいるミュンヘンに決めたが、これには別の大きな理由があった。アドルフ・ヒトラーは一九二八年夏にゲリの母親アンゲラを、ベルヒテスガーデン山岳地帯に建つ〈ハウス・ヴァッヘンフェルト〉の「家事切り盛り役」として雇っていたからだ。この建物はその後の大規模な改築ののち〈ベルクホーフ〉と呼ばれるようになる。

母アンゲラは、アドルフ・ヒトラーの父アロイスの二度目の結婚で生まれた人物で、アドルフの異母姉としては最年長だった。生年月日は一八八三年七月二八日で、生地はウィーンだった。彼女は母親のことが記憶になかった。アンゲラの誕生から一年後にこの世を去ってしまったからである。母の代理役は、アドルフ・ヒトラーの父アロイスの三人目の妻クララ・ペルツルが引き受けた。一軒の家庭内に、二度の結婚で生まれた子供たちがいっしょにいたのである。アンゲラと、その兄で最年長のアロイス・ジュニア、それにアドルフとその妹パウラだった。クララが産んだほかの子供たちは全員早世していた。

アドルフが生まれた一八八九年以降、アンゲラはブラウナウの町の女子国民学校に通っていたが、一八九二年には一家といっしょにパッサウに引っ越した。その後、父の転勤にともなう引っ越しのため、ハーフェルト、ランバッハ、レオンディング、そしてリンツに住むこととなる。

だが、兄アロイス・ジュニア同様、アンゲラも若くして実家を出ることになる。そのきっかけは、暴君だった父アロイスが一九〇三年一月に亡くなったことだった。短い喪の期間が明けた一九〇三年九月一四日、アンゲラは二四歳の税務官レオ・ラウバルと結婚する。彼はイン郡（オーストリア）のリートの町の出身で、税務書記官の息子だった。リンツのカルメル会教会でアンゲラの結婚立会人を務めたのは、アドルフの後見人ヨゼフ・マイルホーファーだった。

この夫婦は、まずリンツのビュルガー通りにあるガストホーフ〈ツム・ヴァルトホルン〉に住み、次いでカール＝ヴィッサー通り一一番地の住まいに引っ越した。継母クララの病状をアンゲラは遠くから見守っていたし、時にはクララのもとへやってくることもあったが、集中的な看護をするには時間があまりなかった。アドルフの青年時代の友人クビツェクは、クララがそれについてどう考えていたか、そのことについてこう述べている。

「アンゲラは当時、自分のことで手いっぱいだった。その夫ラウバルはまったく当てにできなかった。クララおばさんがアドルフをかばい、ウィーン行きの決心を擁護して以来、ラウバルは不機嫌になり姿を見せなくなっていたからだ。それどころかラウバルは、アンゲラがクララおばさんの世話をする邪魔もした[*96]」

アンゲラは実際、自分の子供のことで手いっぱいだった。一九〇六年一〇月二日、息子レオ・ジュニアがリンツで生まれ、次いで一九〇八年六月には娘アンゲリカ・マリアが生まれた。ゲリである。さらに下の娘エルフリーデ（愛称フリードル）が一九一〇年一月一〇日にリンツで生まれた。その後アンゲラは、当時すでにクララの死去により孤児になっていた未成年の異母妹パウラ（アドルフ・ヒトラーの実妹）の面倒も見ていた。クビツェクはこう回想する。

「アンゲラはヒトラー夫人［クララ］とは対照的に活発で陽気な人で、よく笑っていた。

彼女がやってくるとヒトラー家は明るくなった。顔立ちは整っていたし、アドルフ同様に黒っぽい髪は美しくて長く、それをお下げに編んでいた。だから彼女はとりわけきれいに見えた。アドルフの話によれば、そして私の母がこっそり打ち明けたところによると、ラウバルは大酒飲みだったそうだ。アドルフは彼を嫌っていた。ラウバルには、アドルフが軽蔑する男性の特徴がすべてそろっていた。彼は飲み屋に入りびたりで、タバコを吸い、博打で金をすり、しかも役人だった。アドルフはラウバルのことを話すときには本当に嫌悪の表情を浮かべた。ラウバルがほとんど……姿を見せなかった理由は、もしかするとアドルフの激しい憎悪のせいかもしれない」[*97]

アンゲラは、自分の新家庭に落ち着いた将来がやってくるものと確信していた。なんと言っても夫の職業は国家公務員で安定していたからだ。だが落ち着いた将来は訪れなかった。夫が一九一〇年八月一〇日に急死してしまったのである。いきなりアンゲラにいろいろな問題がかぶさってきた。夫の遺してくれた年金はわずかな額だったので、リンツのファーディンガー通りで家政を切り盛りしていくには不充分だったし、パウラの孤児年金もたいした助けにはならなかった。

経済的な心配が解決しないので、幼い子供たちをかかえたアンゲラは職探しをしなければならなかった。そのために一九一二年九月にウィーンに向かい、まずリンダーシュピタール小路一二番地の三に間借りし、ひと月後にマルクト小路五八番地の二に移った。子供たちはこんどもパイルシュタイン村に住むマリア・ラウバルに預けざるをえなかった。

一九一五年一〇月、アンゲラは定職を得る。女子実習生の寮に勤務するようになり、住まいをマリアンネン小路一三番地の一に引っ越した。さらにひと月後にはそこの管理人になり、こんどはグンペンドルファー通り一三九番地の一二に住むようになった。

アンゲラは少しずつキャリアを積んでいって、第一次大戦終了後の一九一九年六月にはそこの寮長になった。だがその一年後の一九二〇年六月には転職し、ウィーン在住のユダヤ人大学生用の食堂責任者になり、同時にシェーンブルク小路五二番地の一にある堂々たる住まいに引っ越した。どうやら彼女はこのときまではまだ反ユダヤ的な考えをもっていなかったようだ。そうでなければ、この職場に勤務することは考えられない。ユダヤ人大学生用の食堂での仕事や、ユダヤ人特有の料理、そしてユダヤ人大学生との交流に彼女は満足していた。

異母弟アドルフからは、一九〇八年に彼がリンツを出発して以来、何の連絡もなかった。アドルフが姿を消したあと、クビツェクがリンツのアンゲラのもとを訪れている。

「彼女は一人で自宅にいて、ひどく冷淡に私を迎えた。私は、アドルフが今ウィーンのどこにいるかと尋ねた。彼女は、私も知らない、とそっけなく答えた。アドルフは彼女にもまったく手紙を書いていないのだ」[98]。こうした状態は長く続いた。アドルフのために堅信の代父を務めたエマヌエル・ルーゲルトは、のちにこう述べている。「世界大戦勃発直前に、私はパッサウのカフェのテラスでラウバル未亡人に会った。アドルフのことを尋ねると彼女は、母親の死亡以降、彼については何も聞いてないと言った」[99]

アンゲラの側から見れば、アドルフは行方不明同然だった。電話もこないし、手紙もなし。生きている証拠もなし。何もなし。ところが、彼女は一九二〇年にアドルフとばったり顔を合わせたので、仰天した。一二年ぶりだった。アドルフ・ヒトラーは一〇月八日と九日に、ナチスのプロパガンダのためにウィーン旅行をおこない、実に久しぶりに異母姉のもとを訪れたのだ。この再会のときに、アンゲラがユダヤ人学生のために働いていることが話題になったかどうかは、わかっていない。

いずれにしてもアドルフは一九一九年以降、露骨なユダヤ人嫌いで通っていた。一九一九年九月に書いたユダヤ人についての「所見」のなかで、彼はこう書いている。「何千年に及ぶ近親結婚、それも頻繁におこなわれたごく近縁の者同士の近親結婚によって、ユダヤ人は概して、同じ地域に住んでいる多数の民族に比べて、みずからの人種とその特性を厳格に保持してきた。その結果、ドイツ的でない異人種がわれわれの地元で生活するという事実が生じている。彼らは、みずからの人種の特性を犠牲にする気もないし、彼ら独自の感じ方、考え方、励み方を否定するつもりもなく、否定する能力もない。なのに政治的には、われわれとまったく同じ権利をすべてもっている。……だから、彼らの活動により諸民族は、人種として結核にかかるだろう。そして、そこから次のようなことが起こる。純粋に感情的な諸理由によって反ユダヤ主義を主張すれば、最終的にはユダヤ人を迫害しようという話になる。だが理性に基づいて反ユダヤ主義を主張すれば、われわれの地元に住んでいるそのほかの異民族は所持していないがユダヤ人は所持している特権を、計画的・合法的に排除、除去しようということに当然なる。……しかし反ユダヤ主義の最終目標は、ユダヤ人全員を徹底的に除去することでなければならない」[*100]

アンゲラはヒトラーの激越な反ユダヤ主義に、少なくとも当初は心を乱されたが、依然としてユダヤ人大学生用の食堂で働きつづけた。姓がラウバルだったため、外部の者にはヒトラーの血族とわからなかったことが幸いした。だが、ユダヤ人大学生委員会は一九三一年になってこう発表している。

「ヒトラーの姉が長期間にわたってユダヤ人大学生用の食堂の責任者だったことを、われわれは非常に不快に感じている。われわれはこの事実を今まで一度も公表しなかったが、それは、国内在住のユダヤ人から非難されることをわれわれが恐れているからである。われわれは、わが食堂の責任者ラウバル夫人が、ナチスの総統アドルフ・

ヒトラーと政治面でも血縁面でも非常に近いことを、ずっと以前から知っていた。だが彼女がわれわれに雇われたときには、自分がヒトラーの姉だとはもちろん述べなかった[*101]」

その後ヒトラーとアンゲラは接近していくようになる。長年の無沙汰は許され、忘れられた。アンゲラはヒトラーの政治生活に、以前よりも関心を寄せるようになる。そしてヒトラーがミュンヘン一揆の失敗で一九二三年一一月に収監されたときには、ランツベルク監獄に彼を訪ねている。そのことを彼女は、兄アロイス・ジュニアに一九二四年一月一三日付の手紙でこう伝えている。

「A「アドルフ」についてのお手紙、とても喜んでます。兄さんに心より感謝。あのお手紙は大事に保管しておいて、あとでAに読ませてやるの。ひと月前に彼のところに行きました。霧のかかった一二月の憂鬱な晩だった。今後絶対あのときのことは忘れない。彼とは三〇分間話したの。彼の気持ちは元に戻っていた。体調も万全。片腕が回復していなかったけど、今ごろはもうかなり治ったでしょう[*102]」

そしてアンゲラは一九二四年六月一七日に、監獄のヒトラーを再訪した。このときは自分の子供たち、つまりゲリとレオ・ジュニアを連れていった。けれども一九二四年一二月にヒトラーが出獄して以降は、時々会うだけになった。それが変化を来《きた》したのは、ヒトラーが、以前の散策で見かけていたベルヒテスガーデン近郊オーバーザルツベルクの一軒の家を購入する決心をしたときだった。ヒトラーの言葉を引用する。「私にとってオーバーザルツベルクは、何かとてもすばらしい場所になっていった。その風景にすっかり惚れこんでしまったのだ。……突然、私は誰かから、〈ハウス・ヴァッヘンフェルト〉が貸し出されることを耳にした。一九二八年のことだった。うまい話だと思った。すぐに上がっていったが、誰にも会えなかった。と、そこへラスプ老人がやってきた。『今しがた女性が二人出ていったんでね』……待っていると、忽然とその二人が上がってきた。『失礼ですが、この家の家主さんでいらっしゃいますか？　ここをお貸しになられるとうかがったのですが』……『上がってコーヒーでもいかが！』家に入った私は夢中になっ

（最前列左から）パウラ・ヒトラー、ゲリ（立っている）、そしてアンゲラ・ラウバル

てしまった。とくに大部屋には魅力を覚えた。『この家全体をお借りできますか？』『ええ、もちろん！　冬には誰もいなくなりますのよ。ラスプ老人が換気をしてくれますけど、でもそれは権利とは無関係ですし』『通年で借りられますか？』『はい』『おいくらで？』『そうですね、あなたにとって高すぎるかどうか私にはわかりませんが、月一〇〇マルクで』『ではすぐにでも！　それから、ここを手放されるときには私に先買権をください！』『今のお言葉で大きな心配が消えましたわ！　二人ともこの家をこれからどうしようかって思ってましたの[*103]』」

　ヒトラーはすぐさま行動に移った。「私は即刻ウィーンの姉に電話し、家を一軒借りたんだが切り盛りしてくれるかい、と訊いた。姉がやってきたので、すぐに入居ということになった[*104]」。異母姉アンゲラは一九二八年夏、ヒトラーのこの山荘に入った。ウィーンの職場と住まいはたたんできた。たしかにその後何年間か彼女はウィーンへ旅行して、ドライフーフェン小路一番地のペンション〈シュナイダー〉に投宿し、そこに何週間か滞在することも何度かあったが、基本的にはオーバーザルツベルクの主になったのである。

　外部には伏せられていたが、異母姉を雇ったのは血族だから、というだけでもなく、寮長と食堂責任者としての経験があったから、というだけでもなかった。実はヒトラーは、ミュンヘン税務署との争いにさいして脱税を巧妙にやってのけるような、信頼

アンゲラ・ラウバルとアドルフ・ヒトラー（オーバーザルツベルクにて）

のおける人物が必要だったのだ。ヒトラーは、未解決だった一九二九年分の課税通告書を修正しようとして、以下の申告書を三一年に提出した。

「ベルヒテスガーデン近郊オーバーザルツベルクにある〈ハウス・ヴァッヘンフェルト〉は、私の援助を受けている姉から私が借りているものである。この賃借関係は一九二八年一〇月一五日に始まった。私自身は年間に何日間か訪れるだけである。昨年は、一九二九年一二月から三〇年一二月までの一年間で計一一日訪れただけである。私はあそこで世帯も構えていないし、使用人も雇っていない。上述のように、あの小さな家は私の姉が住んでいるものであり、私自身は訪問して滞在するだけである」[*105]

　この家は異母姉アンゲラの名義になっていたし、オーバーザルツベルク局四四三番という電話番号も同様だった。ヒトラーがなぜそうしたかと言えば、納税者番号二七五三のヒトラーは、一般市民と同じような納税をしようとは考えていなかったからだ。想像力豊かな計算と申告によって、彼は再三差し押さえを免れようとした。彼は若いときから税務署宛にこういう申告をしている。

「自分のものだと呼べるような所有物あるいは資産を、私はどこにも持っていない。私は個人的な欲求を必要最小限に制限している。アルコールやタバコとはまったく無縁だし、食事もきわめて質素なレストランでとっている。少額の住居賃貸料を除けば、政治関連の文筆家の必要経費に入らない支払いはまったくおこなっていない」[*106]

　しかし当局は、オーバーザルツベルクに関するヒトラーの明白な不正申告に、簡単に騙されはしなかった。地元の地方自治体が税務手続きに介入してきて、ヒトラーの申告を訂正した。

「もしヒトラーがあの家を姉のためだけに借りているとするなら、もっと小さな物件で充分なはずだ。ヴァッヘンフェルト山荘《ママ》は彼自身が静養のための住まいとして借りているのであり、一九二九年には計二八日あそこに滞在した。彼はこれ以上賃貸契約を更新する気はなく、今まで借りてきたこの物件を今後購入したいと考えているのである。このことからも、ヒトラーがそこを自分の住まいとしていたこと、そしてその物件を今後も保持したがっていることは明らかである[*107]」

結局、デマゴーグであるヒトラーの言い逃れも役に立たず、また課税通告書に対する彼の公式な異議申し立ても認められなかった。一九三一年一二月一一日、ミュンヘン東税務署は最終的にヒトラー宛に以下の文書を送付した。

「この異議申し立ては根拠なしとして拒否されるものとする。その理由は、文筆家アドルフ・ヒトラーが、地方自治体であるザルツベルクに建つヴィラ《ママ》・ヴァッヘンフェルトを賃借してきたからである。このヴィラはたしかに彼の姉が住んではいるが、彼は年間を通じて使用が可能である。彼は一九二〇～三〇年に何度もその家に滞在している。……今後はもう賃貸契約を続行せず、文筆家ヒトラーは当物件を購入しようとしているが、このことは、彼が今後も静養のためにそこで一定時間を過ごしたいという意向と一致するものと思われる。……こうした事実関係から判断して、この納税義務者〔ヒトラー〕は租税公課法第六二条の意味での住まいをザルツベルクに持っていると言っていいと思われる[*108]」

ヒトラーは例の女性所有者から一九三二年九月にすでに、この物件についての選択契約の公正証書を得ている。[*訳註] そこにはこう書いてある。

「購入価格は四万金《ゴルト》マルクとする。内訳は地所が三万六〇〇〇金マルクで、動産が四

○○○金マルクである。一金マルクは純金価格の二七九〇分の一に相当するものとする。……この契約は、裁判官もしくは公証人が作成した承諾の意思表示が、一九三七年七月一日までに私のもとに到着しなかった場合には失効するものとする」[*109]。この物件をヒトラーは一九三四年二月二六日に取得した。

異母姉アンゲラは、〈ハウス・ヴァッヘンフェルト〉の管理を精力的におこなった。買い物をとりしきり、アドルフへの郵便を転送し、客を迎え、職人と従業員に指示を与えた。すぐにお手伝いが一人、彼女の作業を手助けするようになる。台所の設備は大部分が、ヒトラーの後援者たちから贈られた。ヒトラーを初期のころから支援した女性エルザ・ブルックマンは、アンゲラの手を借りてテーブルクロスと食器類一式を選び、それを寄付した。ヒトラーの秘書クリスタ・シュレーダーは、オーバーザルツベルクを訪れたあとで、アンゲラのことをこう描写している。

「彼女は有能でエネルギッシュであり、間違いなく立派な人物だった。時には食事中でもとっさに強硬な態度に出ることもあった。その体格からして、周囲の者に尊敬の念を抱かせる人だった。職員に対して厳しいしつけで管理しただけでなく、弟［アドルフ・ヒトラー］のためを思って強い責任感を抱いていたが、弟のほうはそれをあまり快適には感じていなかった」[*110]

アンゲラの場合、青春時代にもっていた魅力が消えて攻撃性が増し、自分勝手で独善的になっていったが、こうした変化はヒトラー一族の多くの人に見られることである。かつては痩《や》せていて、柔らかな顔立ちをしていたのだが、そうした特徴はすっかり影をひそめ、今や、中ぐらいの長さに髪をカットした肥満女性になっていた。その丈夫そうな顔つきは、周辺の農婦たちとよく似ていた。

以前〈ハウス・ヴァッヘンフェルト〉の隣にシュタンガッシンガー家という農家があって、この一家がヒトラーを自分たちの地所から追いはらったことがあった。ほかの反抗的な隣人たちも同様の行為に出たが、彼らがなぜそんなことをしたかと言えば、ヒトラーが彼らの地所を〈ハウス・ヴァッヘンフェルト〉の拡張計画に必要と考えたからだった。シュタンガッシンガー家の主婦ヨハンナは、アンゲラのことをこう言っている。

「ヒトラーの姉は男まさりの人だった。みんなに恐れられていた。オーバーザルツベルクの作業員たち全員が、彼女を見ると怯えていた」[*111]

一九三二年の時点ですでにヒトラーは、〈ハウス・ヴァッヘンフェルト〉の第一回改築を望んでいた。オーバーザルツベルクではその後終戦まで、建設工事が絶えることはなかった。けれども、当初訪れた世界じゅうの客たちは、この家をあまり豪華と

＊訳註　金マルクは、第一次大戦後のドイツ通貨のレート。

は感じなかったにちがいない。クリスタ・シュレーダーは、アンゲラの流儀についてこう述べている。

「居間の家具類は典型的なバイエルン風だった。農村の風景画が描かれている緑の戸棚一本に、整理棚《チェスト》一本、それに田舎風の椅子類。なかでも快適さをかもし出していたのは大型の置き時計だった。窓の左隅には置物台があって、そこにスペイン風の踊り子像があった。でも多くの手工芸品はバイエルン風ではなかった。色とりどりのハーケンクロイツの紋章と山の花が編みこまれたクッションとテーブルセンター。これらはすべて、ヒトラーを崇拝する女性たちからの贈り物で、必ずしも趣味がいいとは言えないが愛情と好意の証だった。しかしラウバル夫人はどれも気に入らなかったようで、すべてさっさとしまいこんでしまった[*112]」

アンゲラは自分で料理することもよくあり、彼女自身が作ったバイエルン名物アップルパイの味を覚えている客たちもいた。テーブルにつくときにはこの家の女房役であるアンゲラはほかの全員から見えるようにと、テーブルの正面に座を占めた。アドルフの真向かいである。

アンゲラは買い物の世話もしていたが、お金の節約はしなかった。たとえばミュンヘンのデリカテッセン〈ダルマイヤー〉への一回の注文で、エメンタール＝チーズ一・七ポンド［〇・八五キログラム］、鶏肉一二・一ポンド［六・〇五キログラム］、ローストチキン一六・一ポンド［八・〇五キログラム］を購入したこともあるし、ミュンヘン・カウフィンガー通りの商店〈E・M・シュッセル〉から「ドイツ首相アドルフ・ヒトラー閣下、オーバーザルツベルク、ベルヒテスガーデン」宛に一九三三年六月一二日付で送付された請求書には、以下のように記されている。

紅茶用ポット　一個……………………四・七ライヒスマルク*訳註
紅茶用ポット　一個……………………三・七ライヒスマルク
アスパラガス用料理皿　一皿…………七・六ライヒスマルク
サイフォン　一本………………………三・四ライヒスマルク
バケツ　五個（各六・四ライヒスマルク）……三二ライヒスマルク
室内用便器　五個（各一・四ライヒスマルク）……七ライヒスマルク*113

だからといって、山荘でのアンゲラの金遣いがいつも荒かったわけではない。その一つの証拠が、ベルヒテスガーデンの庭師ゾンマーから、一九三四年一一月二一日付で送られてきた請求書である。

＊訳註　ライヒスマルクは当時のドイツの貨幣単位。

「アンゲラ・ラウバル様
オーバーザルツベルク、ハウス・ヴァッヘンフェルト
奥様！
七月四日付の私の請求書は、おそらく奥様の目にとまらなかったのでしょう。一八ライヒスマルク（フレックレーエン在住のラスプ夫人宛の、印刷済み絹製リボンがついた花輪の代金）が未払いになっております。私自身、非常に緊急に支払うべき用件がございますので、この書面で気を悪くなさらないようお願い申し上げます。
ナチス式の敬礼をもって[*114]」

ヒトラーは、オーバーザルツベルクでの当初の改築を何回か姉に任せている。彼はガレージと、その上のテラスと冬庭園、それに地所に入るさいの自分用の自動車進入路をほしがっていた。〈ハウス・ヴァッヘンフェルト〉は公式にはまだヴィンター家の所有だったが、工事は一九三二年夏に始まった。アンゲラは、古参のナチス党員で建築業者のオットー・シーダーマイアーに注文し、三二年七月五日には彼にすべてを任せた。
「ミュンヘンの建築士オットー・シーダーマイアー氏は、私が借りている家屋敷であ

る〈ハウス・ヴァッヘンフェルト〉内で各種の改築をおこなうこと、そしてそのためにベルヒテスガーデン管区庁で当ハウスの計画書に目を通す権限を与えられた。アンゲラ・ラウバル」[*115]。シーダーマイアーは戦後、こう発言している。

「ヒトラーから値段を訊かれたので、約五万五〇〇〇ライヒスマルクだと答えた。これは高すぎたようだ。その後会ったアマンがその工事のことを訊いてきたので、ヒトラーにもっと安く言うべきだと気づいた。そこで私が三万六〇〇〇ライヒスマルクと言うと、アマンは、ヒトラーには内緒で残額を払ってくれると言った」[*116]

女性同士の闘い

アンゲラ・ラウバルは疑いもなく、オーバーザルツベルクの主であるのみならず、ヒトラーの生活において最も重要な女性だと自覚していた。だが彼女はヒトラーの異母姉であり、ヒトラーのことを母親のような目で監視していた。アンゲラは時々旅行に同行したたし、ヒトラーをベルリンに訪ねたりもした。しかしヒトラーにしてみれば、いくら血族といえどもこの監視は気に入らなかった。

アンゲラがこのことを察したのは、エーファ・ブラウンが初めてヒトラーの傍らに姿を現わしたときである。ヒトラーの生活のなかで一定の立場を求める女性がもう一人登場したわけだ。しかもトップの座を狙ってきたのである。エーファは、ヒトラーに同行して頻繁にオーバーザルツベルクを訪れたが、当初はとても上品なことに〈ハウス・ヴァッヘンフェルト〉には滞在せず、近くのペンションかベルヒテスガーデン市内に投宿していた。

この女性二人のあいだには、のっけから軋轢《あつれき》があった。クリスタ・シュレーダーはこう回想している。

「エーファ・ブラウンは、ラウバル夫人にとって……不愉快な存在だった。夫人は嫌悪感を隠そうともしなかった。当時明るいブロンドの髪をしていたエーファをわざと無視していたし、呼びかけるときも名前ではなく『お嬢さん《フロイライン》』とだけ呼んでいた。夫人は思ったままを口にした」[*117]

アンゲラは知人の前でこの敵のことを「バカ女」と呼んだ。この宿敵同士は一九三五年九月なかばに催されたナチスの党全国大会期間中に出くわし、そのとき対立がいっそう激化した。二人ともヒトラーの近くのVIP席に座っていた。ヒトラーの副官ユリウス・シャウプはこう回想している。

「女性たちのあいだに、かなりの緊張が走っていた。二つの陣営が成立していたと言っていいだろう。一方はラウバル夫人を中心とする陣営、もう一方はその陣営から快く思われていない陣営。この時点でラウバル夫人はおそらく初めて、異母弟とエーファ・ブラウンの関係を知ったのだろう。彼がエーファにドレスを買ってやり、贈り物をしてやっていることを。だから彼女はエーファへの敵意をむき出しにしたのだ」[118]

アンゲラの態度は、夫の愛人をいびり出そうとする嫉妬深い妻を想起させる。彼女はヒトラーの心に干渉し、「エーファは、考えられないような行動をとっている」と党大会中にあからさまに非難し、異母弟に決断を求めた。だがヒトラーは意外な反応を示した。エーファとは絶交せず、姉に向かって「自分の私生活に立ち入ろうとしている」と批判したのである。姉と弟の争いになった。そして最後にヒトラーは姉に、即刻オーバーザルツベルクを去るようにと命じた。秘書のシュレーダーはのちにこう述べている。

「たとえヒトラーがエーファ・ブラウンのことを何とも思っていなかったとしても、姉の監視は、エーファを引き止めておくに足る理由になっただろう」

アンゲラは、ヒトラーからただ一人愛顧を受けようとして闘ったが、結局は宿敵エーファの軍門に下った。アンゲラは同月（一九三五年九月）のうちにオーバーザルツベルクから退去し、湯治のためバート・ナウハイムに向かった。その地で、ドレスデンの国立建築学校の校長だったマルティン・ハミッチュ教授と知りあう。彼は、一八七八年五月二二日ドイツ東部のプラウエン生まれで、当時はドレスデンに建てたモスク風のタバコ工場〈イェニジェ〉の建築家として有名になっていた。

一目惚れだったのか、それともたんに異母弟アドルフに対する腹いせだったのか、いずれにしてもアンゲラと教授はあっというまに結婚を決めた（教授の妻マリーは同年一月に亡くなったばかりだった）。アンゲラが、ヒトラーに拒絶された恥辱に苦しんでいたことはたしかで、ヨゼフ・ゲッベルスは一九三五年一一月にこう記している。「ラウバル夫人とカフェへ。彼女は私に苦悩のありたけを語った。同情に値する。総統が彼女をまた受け入れてくれればいいのだが。まったくの厳罰。彼女は再婚するとのことで、今はとても幸福だ。私は心から嬉しい。彼女はわれわれ全員にとても親切で、優しくしてくれる[*119]」

ヒトラーは姉アンゲラをすぐに許すことなどまったく考えもしなかった。それどころか、アンゲラに対する恨みがいかに深かったか、それは一九三五年のクリスマスで明らかになる。彼が毎年プレゼントを贈っている大勢のリストからアンゲラを削除したのだ。彼女は、それまではいつもプレゼントをもらっていたのだが、こんどばかりは、多数の知人、協力者、同志、秘書、掃除婦等々の人たちと違い、何ももらわなかった。アンゲラと教授が一九三六年一月二〇日に結婚したときにも、ヒトラーは式場に姿を見せなかった。公式発表では「多忙につき」とのことだったが、アンゲラにとっては二重の慟哭《どうこく》だった。

夫妻はドレスデン近郊ラーデボイルのヴァインベルク通り四四番地に入居する。〈太陽の家〉と呼ばれる住まいだった。二人は一九三七年になるとその家屋敷をドイツ労働戦線*訳註に売却して、ドレスデンのコメリウス通り六一番地に引っ越す。

その後アンゲラがヒトラーの姿を見ることはまれになった。たいていは年一回、公式の祝典で見かける程度で、しかも国賓が大勢いるなかで彼女は一般客という役割に甘んじなければならなかった。ヒトラーとアンゲラはその後たしかに和解もし、一九三六年のクリスマスにアンゲラは現金三〇〇〇マルクをもらい、エーファがいないときにはオーバーザルツベルクを再訪することもあった。しかし二人の間柄は冷えきったままだった。かつての親密さは消え失せ、その後ヒトラーは姉アンゲラと距離をとるようになる。ヒトラーは経済的に彼女とその家族を見捨てなかっただけである。

一九三八年八月、ヒトラーはおば［母クララの妹］テレジア・シュミットの死去にさいして、ヴァルトフィアテル地方の親戚のところにアンゲラを派遣した。故人の息子エドゥアルト・シュミットは、そのときのことをこう伝えている。

「アンゲラ・ヒトラーは、アドルフ・ヒトラーのお金で買った花輪を持参し、アドルフの名前でそれを母の墓前に供えた。その後彼女は、アントン・シュミット・ジュニアの家に戻った。埋葬後は、アントン・ジュニアのほかに、次の面々がその家に集まった。私、兄ヨハン・シュミット、姉マリア・コッペンシュタイナーとその夫イグナ

---

*訳註　ナチスが組織した労働組合組織。

ーツ・コッペンシュタイナー。

アンゲラ・ヒトラーが私に向かって話したところでは、アドルフ・ヒトラーは母の死を知ったあと、アンゲラにお金を与え、彼女がシュピタールに行って、埋葬で生じる全費用を支払い、合わせて、花輪を彼の名前で買ってくれるようにと告げた。ヒトラーの指示によれば残金は私たち、つまりヒトラーの親戚への支援に当てるようにとのことだった。………アンゲラは私に一五〇〇マルク支払ってくれた。私の兄や姉たちにアンゲラは一〇〇〇マルクほどを贈った。

その後の会話のなかでアンゲラは私に向かって、このたび母親が亡くなったので、親の遺産はすべて通常どおり末の弟、すなわちアントン・シュミット・ジュニアが相続し、私にはまったく遺贈されない、という意味のことを語った。次いでアンゲラは、私の状況はアドルフ・ヒトラーには説明済みであり、家一軒購入するに足る金額を彼から私に贈ってくれるよう頼んできた、と言ってくれた[*120]」

その不動産の購入資金八〇〇〇マルクは、のちにヒトラーの実妹パウラが受け取ることになる。ヒトラーは同年に書いた最初の遺言で、血族に対して下記のような経済的配慮をしている。

「私が死んだ場合には、次のように定めることとする。

一　私の遺体はミュンヘンに運び、その地で将帥廟《フエルトヘルンハレ》に保管し、〈永遠の衛兵〉の右側の神殿に埋葬のこと（つまり、総統館《フューラーバウ》の並びの神殿）。私の棺は他の人々の棺と同等とする。

二　私の全資産は党に遺贈する。党出版社と結んだ契約は、これに抵触することはない。今現存する、ないしは将来入ってくる私の作品からの収入は、党に帰属する。

三　そのかわりに党は、次に挙げる金額を毎年支払わねばならない。

a　エーファ・ブラウン（在ミュンヘン）に
生涯にわたり毎月一〇〇〇マルク（千マルク）つまり毎年一万二〇〇〇マルク。

b　私の姉アンゲラ（在ドレスデン）に
生涯にわたり毎月一〇〇〇マルク（千マルク）つまり毎年一万二〇〇〇マルク。彼女はその金額によってその娘トゥリアールを扶助することとする。

c　私の妹パウラ（在ウィーン）に
生涯にわたり毎月一〇〇〇マルク（千マルク）つまり毎年一万二〇〇〇マルク。

d　私の異母兄アロイス・ヒトラー（ジュニア）に

一回限り六〇〇〇〇マルク（六万マルク）。

e　私の家政婦ヴィンター夫人（在ミュンヘン）に生涯にわたり毎月一五〇マルク（百五十マルク）。

f　私の友人ユリウス・シャウプに一回限り一〇〇〇〇マルク（一万マルク）。加えて、生涯にわたり年金を毎月五〇〇マルク（五百マルク）。

g　私の従僕クラウゼに生涯にわたり年金を毎月一〇〇マルク（百マルク）。

h　従僕のリンゲとユンゲに各々一回限り三〇〇〇マルク（三千マルク）。

i　シュピタール（ニーダーエスターライヒ）在住の私の血族に一回限り三〇〇〇〇マルク（三万マルク）。当金額の配分は、私の妹パウラ・ヒトラー（在ウィーン）が決定するものとする。

四　ミュンヘンの私の住まいのうち、かつて私の姪ゲリ・ラウバルが住んでいた部屋の家具調度は、私の姉アンゲラが譲り受けるものとする。

五　私の書籍および郵便物は、党員ユリウス・シャウプが目を通し、それが個人に関わるものである限りは、破棄するか、私の妹パウラが譲り受けるものとする。党員ユリウス・シャウプはこの件に関し一人で決定するものとする。

六　その他の私の貴重品、オーバーザルツベルクにある私の家、私の家具、芸術品、絵画類その他は党が所有するものとする。これらはドイツ国家の会計主任が管理するものとする。こうした対象物のうち、ドイツ首相官邸内の私のベルリンの住まいのなかにある物に限り、党員ユリウス・シャウプが判断するものとする。

七　ドイツ国家の会計主任は、比較的小さな物を、私の姉妹であるアンゲラとパウラに譲り渡して、私の思い出の記念とする権利を有する。

八　党が私の副官ブリュックナーのために、また副官ヴィーデマンのために、生涯にわたり、彼らにふさわしい配慮をするよう私は命じる。カンネンベルク夫妻についても同様。

九　この遺言の執行のために、私は党員フランツ・H・シュヴァルツをドイツ国家の会計主任に任命する。同名が死去したり、差し支えがある場合には、全国指導者《ライヒスライター》で党員のマルティン・ボルマンがその任に当たることとする。

ベルリン、一九三八年五月二日

アドルフ・ヒトラー[*121]」

ここに見るように、ヒトラーは愛人エーファ・ブラウンへの遺贈分を自分の姉妹の分より先に記し、しかも遺贈額は姉妹と同額だった（異母兄アロイス・ヒトラー・ジュニアだけは一回限りの支払いになっていて、結果的には額が少なめになる)。毎年一万二〇〇〇マルクという金額は、姉妹とエーファ・ブラウンにとって快適な生活が可能な額だった。しかしヒトラーが当時、国防軍の将校を元帥に任じるさいに二五万マルクを贈呈し、クリスマスのときには彼らに六万マルクを与えていたことを考えあわせると、大金とは言えない。

アンゲラはさらにヒトラーからお金を調達する方法を心得ていた。一九四一年九月二一日のことだが、彼女は、ヒトラーの腹心でエーア出版社（在ミュンヘン）の社長マックス・アマンから二万マルクの「一回限りの報酬」を受け取ることで合意し、契約にサインしている。彼女が何をしたかと言えば、「総統の生活について彼女が綴った文章の版権を委譲した」[*122]のである。しかし彼女はそうした原稿を一行も書かなかった。いずれにしてもそうした原稿の形跡はまったくない。アンゲラが最後にヒトラーに会ったのは一九四二年で、場所はベルリンだった。その後は電話と手紙だけだ。

アンゲラの夫マルティン・ハミッチュは、ナチスが支配的だった州政府内で参事官に出世した。一方アンゲラ自身は、カール・マイの遺品管理に取り組んでいた。この作業をおこなうようになったきっかけは、一九一二年に亡くなったマイの二人目の妻クララとの出会いだった。クララは以前カール・マイの秘書だった人で、当時はドレスデン近郊のラーデボイルに住んでいた。ラーデボイルと言えば、かつてはカール・

マイもヴィラ〈シャッタハンド〉に住んでいた町である。

高齢の未亡人クララ・マイと友人になったアンゲラは、一九四四年に、この未亡人の八〇歳の誕生日を機に彼女をラーデボイルの名誉市民に指名するよう提案した。だがこれは、地元ナチス幹部たちの抵抗に遭った。なぜならカール・マイは、たしかにヒトラー自身も「愛読していた」と漏らしている作家だったが、ナチスの哲学によれば評価が定まっていなかったからである。党上層部の何人かは、彼の本を書店から追放すべきだと言っていたし、ヨゼフ・ゲッベルスはマイの危険思想を嘲笑していた。というのも、カール・マイはたしかにユダヤ人については党とまったく同じ見解だったが、平和主義も主張していたからだ。たとえば一九一二年三月におこなった講演で、カール・マイはこう述べている。

「われわれは階級憎悪という地獄を通り抜けてきた。人種憎悪という地獄、そして宗教憎悪という地獄もだ！　あらゆるところに憎悪がある。憎悪、憎悪だ！　大国対小国。小国対大国。キリスト教徒対イスラム教徒、イスラム教徒対キリスト教徒。白色人種対黄色人種、黒色人種、赤銅色人種［アメリカ・インディアン］。苦悩の山だ。涙の海だ。これでは、再三にわたり世界で戦争が起こるのも不思議ではない。……だからこそオールド・シャッターハンド*訳註が全員に愛され、尊敬されるのでは？　彼は究極の正当防衛の場合にのみ武器を手にするからだ。……われわれは戦争に反対しつづけたい。われわれは日々、自分の使命を考えていたい。その使命とは、大量殺人に反対して闘うことだ[*123]！」

カール・マイが公式の教えに逆行して、小説のなかでアメリカ・インディアンやアジア人を「高貴な人間」として描き、異民族間の結婚さえ描写していることは、ナチスにとっては癪《しゃく》の種だった。しかし公式に禁書にはしなかった。カール・マイはドイツではそれほど人気が高かったのである。

そのかわり党幹部たちは、妻クララ・マイに圧力を加えようとした。その対象は、ラーデボイルにある墓だった。ナチスを支持していた当局は、王侯などと同じ墓所に「半ユダヤ人」を埋葬したとして未亡人を非難した。ここで言っているのは、彼女の最初の夫リヒャルト・プレーンのことである。クララ・マイは当局に屈し、彼の遺体を掘り起こして火葬にした。ナチスとの軋轢はその後も続いた。戦争末期にアンゲラがいくらとりなしても、未亡人に対する軽蔑は食い止められなかった。アンゲラがめざした名誉市民指名は失敗に終わった。

一九四五年二月に連合軍がおこなったドレスデンへの猛爆撃を、アンゲラと夫はまさに現場で体験した。夫妻といっしょに娘のエルフリーデも、そして生まれたばかりの息子ハイナーもいた。彼らは無傷で生きのびた。しかし、ヒトラーは再びアンゲラに対する感情を爆発させていた。ゲッベルスが伝えているように、彼女はヒトラーに手紙を書いたのだ。ゲッベルスの日記から引用してみよう。

「ラウバル夫人から怒りのほとばしる手紙が届いたと、総統が私に言った。彼女はドレスデンの悲劇において、きわめて勇敢だった[*124]」

終戦直前にヒトラーは、二人の姉妹をベルヒテスガーデンに行かせて、二人の身の安全を図った。そこに到着してみると、ヒトラーの命でユリウス・シャウプが二人にお金を持ってきてくれた。アンゲラは、攻め入ってきた米軍に逮捕された。彼女は尋問されて次のようなことを言った[*125]。

「強制収容所のことは何も知らない。アドルフ・ヒトラーも収容所内の状況をまったく知らなかっただろう。そうでなければ、ああした状況を絶対に認めなかっただろう。フランスとの戦争もアドルフは望んでいなかった。彼は東方で植民地を奪還したかっただけだ。ヒムラーのことは無害な人だと思った。ゲーリングはいつも親切で丁寧だった」

つまりアンゲラは戦争が終わっても、頑固で聞き分けのないナチス信奉者のままだったのだ。

アンゲラはそれ以降、二度と夫に会うことはなかった。夫マルティン・ハミッチュ

---

*訳註　カール・マイの小説に登場する一人。

教授は、ソ連軍の接近を前にしてズデーテン地方*訳註へ逃げたのである。だが情勢が絶望的になると、教授は一九四五年五月一二日にオーバーヴィーゼンタル［ドイツ東部の村］近郊で銃により自殺した。

アンゲラは拘束されたのちドレスデンに戻ったが、孤独で打ちひしがれていた。そして一九四九年一〇月三〇日に、ハノーファーで脳卒中により死亡した。六六歳だった。

エーファ・ブラウン——ヒトラーの愛を求めつづけた女

真夜中だった。日付が変わって一九四五年四月二九日になった。特別に装甲車で駆けつけてきた戸籍係の職員が、こう挨拶して儀式を開始した。

「立会人の方々の面前で、私はあなた、ドイツ首相アドルフ・ヒトラー氏に、エーファ・ブラウンと結婚する意思があるかどうかをお尋ねします。ある場合には、『はい』とお答えくださるようお願いいたします」。アドルフ・ヒトラーは「はい」と答えた。そして花嫁もこれと同じ質問を受けた。「はい」。次に戸籍係はこう述べた。「婚約者二人が結婚することを宣言いたしましたので、私は法にのっとってこの結婚が成立したことを宣言します」

これより前に、アドルフ・ヒトラーとエーファ・ブラウンはこう宣言していた。「二人は純粋にアーリア系の血統であり、また、結婚締結を阻止するような遺伝病にはまったくかかっていない」。結婚立会人はゲッベルスとボルマンだった。

新郎新婦は、白のウェディングドレスと燕尾服ではなく普段着を着ていたし、リズムをとっていたのは結婚行進曲ではなく、ソ連軍砲兵隊が撃ちこんでいた榴弾だった。ここベルリンのドイツ首相官邸の下にある総統地下壕内では、花の香りもなく、よどんだ空気が震えていたし、上からは習わしどおりの米粒は降らず、爆弾が落下するたびにモルタルが降ってきた。

エーファ・ブラウンはついに目的を達した。長年かかった生涯の目的を実現したのだ。今や彼女はエーファ・ヒトラー夫人になったのだ。最も有名な一族の一員となり、有名な姓を得たのだ。自分があと何時間しか生きられないことをエーファは知っていた。当惑した地下壕の職員に対して、彼女は誇らしげに宣言した。「ヒトラー夫人って呼んでいいのよ」。けれどもヒトラーは、彼女のことをその後も「ブラウン嬢《フロイライン・ブラウン》」と呼んでいた。

一九四五年四月三〇日の午後三時半ごろ、彼女は毒入りアンプルを使って生涯を閉

＊訳註　チェコとスロバキアの北部、北西部。かつてはドイツ人が住んでいて、一九三八〜四五年にはドイツ領。

じた。夫アドルフ・ヒトラーはその直後にピストル自殺を遂げた。彼女がヒトラー一族に属した時期は、誰にとっても終焉が目に見えていた時期であり、ヒトラーの栄光はとっくに蝕《むしば》まれ、死と犯罪の知らせが日常茶飯事になり、「アドルフ・ヒトラーは良き夫とはとても言えない。人はできるだけ彼から離れているべきだ」ということが火を見るよりも明らかになっていた。

ヒトラー夫人の生涯に、暗い影を落とした人たちがいた。それは、アドルフ・ヒトラーのそばにいたほかの女性たち、とくにヒトラーの姪ゲリである。エーファはゲリと同じだけの関心と評価を全力で求めたが、結局得られなかった。それどころか、ずっと昔に亡くなっていたゲリがヒトラーの心のなかで占めている重要な位置に近づくことすらできなかった。エーファは、総統のそばにいる情婦の一人という割に合わない役柄を演じるしかなく、ヒトラーのガールフレンドとして認められていただけだった。

これは野心ある女性にとってはつらいことだった。死んだライバルの亡霊が、たえず彼女の生活につきまとっていたようなものである。エーファがミュンヘンのプリンツレゲンテン広場の住まいにヒトラーを訪ねれば、ゲリがかつて住んでいた聖堂のような部屋から彼女の存在が感じられたし、ゲリが後年好んで滞在した〈ベルクホーフ〉でも、壁に掛けられた絵のなかからゲリが笑いかけていて、ミュンヘンの部屋と同じくまったく手を加えられていない部屋に向かって「過去を忘れるな」と警告を発していた。ヒトラーがベルヒテスガーデン近郊のアルプスに散策に出かけるときも、持参するのはエーファの写真ではなくゲリのそれだった。

ヒトラーは、まだゲリといっしょに暮らしていた時期にエーファと知りあった。これまたヒトラー一族によくあることで、ヒトラーは二二歳も年下のエーファを相手に選んだのだ。最初に会ったのは一九二九年一〇月、場所は、ヒトラーの専属カメラマンだったホフマンが経営する写真館（ミュンヘンのシェリング通り）だった。エーファはそこの店員兼見習いだった。彼女は一七歳、ヒトラーは四〇歳。二人の性的関係が始まったのは、ゲリの死からわずか三カ月後の一九三二年初頭だったが、そのときエーファは未成年だった。

エーファ・ブラウンは一九一二年二月六日にミュンヘンで生まれた。父は教師、母は洋裁をやっていた。エーファはミュンヘンとバイルングリース（ミュンヘン北方）の学校に通い、その後ニーダーバイエルンのジムバッハにある永福処女マリア修道女会の修道院学校に入った。二九年九月には、シェリング通り五〇番地のホフマン写真館に就職するが、その一カ月後にはもう、運命の人となる男性と知りあうことになる。

「私、閉店後も店内に残って書類を整理していたの。書類が棚の上のほうにあったから梯子《はしご》にのぼったんだけど、ちょうどそのとき、店主といっしょに、ある程度の年齢の男性が入ってきたの。おかしな口髭を生やし、明るい色のトレンチコートを着て、片手に大きなフェルト帽を持っていた。二人は、その部屋の別の隅に腰かけていたわ。私とは反対側。私は振り向かずに二人のほうを盗み見た。すると、その男性が私の両脚をじっと見ていることに気がついたの。私ちょうどその日、スカートの丈を短くしたばかりだったから、ちょっと困ったわ。裾がうまくできたか、自信がなかったの。……私が梯子を降りると、ホフマンが紹介してくれた。『ヴォルフさん〔ヒトラーの偽名〕、こちら、優秀でかわいいブラウン嬢です。きみ、そこの角にある食堂でビールとレバーケーゼ〔レバーのソーセージ〕を買ってきてくれないか』」*126

ホフマンはエーファについてこう語っている。

「彼女はきれいで若いけれど平凡な店員で、ああいう女性にありがちな軽薄さと自惚れがあった。彼女は、州内で躍進しつつあったあの有力者から注目されお世辞を言われると、感激して口もきけなくなった。悪い気がしなかったことは間違いない」*127

当分はヒトラー側から挨拶の意味で、ちょっとした花やチョコレートが贈られる程度で、それ以上の進展は見られなかった。ヒトラーはまだゲリを崇拝していたのである。ホフマンはヒトラーの反応をこう回想している。

「私もほかの従業員も、ヒトラーが彼女にとくに注目しているとは気づかなかった。だがエーファ自身はまったく違っていた。彼女は女友達全員に、ヒトラーが自分に惚れこんでいること、だから自分はヒトラーを思いのままにして最終的には結婚するつもりだと話していたのだ。ヒトラーのほうは、エーファが何を考えているかなんてまったく知らなかったし、彼女と交際しようなんてぜんぜん思っていなかったはずだ」[*128]

エーファは動揺することなく、目標に向かって進んでいった。ゲリが存命中にすでに彼女は、ヒトラーのコートのポケットに小さなメモをこっそり忍ばせている。プリンツレゲンテン広場の住まいをとりしきっていたアンニ・ヴィンターはのちに、ゲリが自殺したのは、ヒトラーのポケットのなかにそうしたメモがあるのを見つけたからだとさえ推測している。

ゲリの死後、エーファとヒトラーとの関係はまだ固まっていなかったが、すぐさまエーファはゲリにとって代わる存在になった。エーファの仕事仲間で、店主ホフマンの娘ヘンリエッテはこう述べている。

「ゲリはいわばオペラみたいな人で、エーファはオペレッタだったわね。[*訳註] ゲリはヒトラーにとって生きるのに必要な人だったけれど、彼はエーファのことをチャッペールって呼んでた。オーストリア独特の言葉で、意味は〈とんま〉」[*129]

エーファは、おそらくもっともなことだろうが、ヒトラーが自分と関係したがらな

＊訳註　ゲリは本気だったが、エーファはお遊びといった意。

いのではないかと恐れた。そこで彼女は最後の手段に訴えた。自殺未遂を図ったのである。一九三二年一一月一日、エーファは別れの手紙を書き、父所有のピストルをつかんで、首に向けて撃った。本当に死ぬつもりだったか狂言だったかはわからない。いずれにしてもエーファは自分で医者に電話した。医者というのは、ホフマンの義理の兄弟プラーテ博士だった。

ヒトラーはさっそくエーファを見舞い、その行為にいたく感動している様子を見せたが、この事件がまた政治的に利用されるのではないかと心配もした。ヒトラーはホフマンに向かって、エーファに責任を感じている、彼女の面倒を見なければいけないだろうと言った。ヒトラーは、不本意ながらエーファの世話をすることになったのだ。

身の回りで悲劇が起こるのは、もうたくさんだった。一九二七年にはマリア・ライター（愛称ミッツィ）が嫉妬のあまり首吊り自殺をしようとしたが、間一髪で命をとりとめた。次いでゲリの死。そしてこんどはエーファの自殺未遂。

「なあ、ホフマン、私はしだいに女性が怖くなってきた。私がちょっと関心をもったり、一目見たり、ちょっとお世辞を言ったりするだけで、いつも誤解されるんだ。私は女性を幸福にはできないんだ！　これは事実で、私の生涯を通じて流れている赤い糸みたいなものだ」*130

だが、ヒトラーがその後エーファにどう対応したかと言えば、今までとさほど変わらなかった。やたら甘やかしたと思ったら、その次にはまったく無視した。どこかに来てくれと言っておきながら、何の連絡もせずに待ちぼうけを食わせる。エーファは日記にこう書いている。

「たとえ彼が私のことを好きだと言っても一瞬だけのこと。約束も同じことで、彼は守ってくれない。なぜ彼は私をこんなに苦しめるの？　すぐに終わりにしないの？」

一九三五年四月二九日にはこう記している。

「いやな気分だ。ひどく。あらゆる点で。……あの住まいは完成したというのに、私は彼のところへ行くわけにいかない。愛は今、彼の頭のなかにはない」

待遇がくるくる変わるので、彼女は再三自殺を考えるようになる。一九三五年五月二八日、彼女はこう書く。

「今晩一〇時までに返事が来なかったら、二五錠をさっと服用して、静かに永眠するとしよう。これが私に頻繁に言ってくれた猛烈な愛だとでも言うの？　三カ月間も優しい言葉をかけてくれないことが」

彼女は計画を実行に移すが、意識を失っているところを姉のイルゼに偶然発見されて、またしても命を救われる。[*131]

彼女は生きながらえて、その後もヒトラーの愛人でありつづけたが、ヒトラーがゲリに与えた地位に達したことは一度もなかった。彼女はあくまでも影の愛人で満足しなければならなかった。〈ベルクホーフ〉にやってくる客でも、事情に疎い人は、ヒトラーとその横にいる女性がベッドを共にしているとは思いもよらなかった。

ヒトラーはつねに完璧なショーを演じていた。個人的には女性たちにたえず愛想よく親切にし、お世辞を連発するのだが、人前に出ると、なれなれしく見えるような接触は避け、人に勘づかれそうな愛の言葉はまったく口にしなかった。キスなどとんでもなかった。

ヒトラーとエーファはそれぞれ個室をもっていたし、ヒトラーは夜間には慎重に鍵をかけていた。だが二人の部屋は室内の連絡ドアでつながっていたので、友人たちでさえ二人がセックスしているとは思っていなかった。エーファは日記にこう記している。

「彼が私を必要とするのは、一定のいくつかの目的のためだけ。……私は、ドイツと地球上でいちばん重要な男性の愛人」

しかし当時、管理人だった女性グレートル・ミットルシュトラッサーは、エーファのために月経を調節する薬を調達しなければならなかった。ヒトラーがいつやってきても、彼女はいつも〈準備オーケー〉の状態にあったのだ。ヒトラーの従僕ハインツ・リンゲは、何の予告もせずにヒトラーの部屋に足を踏み入れたとき、二人がいっしょにベッドに入っているのを目撃している[*132]。

しかし、ヒトラーは人生の伴侶たるエーファに対して、はっきりと愛情や好意を見せはしなかった。それどころか、ほったらかしにしたり屈辱を与えたりして、頻繁に彼女を苦しめた。ミュンヘンの住まいや〈ベルクホーフ〉でゲリの存在をあからさまに見せつけたのもその一例である。オーバーザルツベルクで国賓を迎えるさいには、エーファはヒトラーの命により、自室にこもっていなければならなかった。他人がいる前では「ヒトラーさん」とか、のちには「ボス《シェフ》」と呼びかけるのが精いっぱいだった。

もちろんヒトラーは子供をほしがらなかった。エーファはそれに従った。ヒトラーがそう思っていた根拠は、途方もない自尊心のせいだった。自分は結婚してはいけない、なぜなら結婚に意味があるのは子供を作る場合だけだからだ、だがそんな迷惑を国家にかけたくない、なぜなら、

「周知のように偉人たちは、芸術であれ科学であれ、あるいは政治家としてであれ、無から成長して天才的な偉業を成し遂げたが、その息子が父の域に接近することさえ過去に一度もなかった。息子はつねに歯が立たないか、消えてしまった。ゲーテの息子は、シラーの息子は、ベートーヴェンの息子はどこにいると言うのか？*訳註　……私に息子が生まれたとしても負担になるだけだろうし、したがって不幸な人間か危険人物

＊訳註　彼らに息子がいたにせよいないにせよ。

になるだろう。だから私は結婚してはいけないのだ。私は結婚を拒否せねばならないのだ[*133]」

ヒトラーは、おかかえ建築家アルベルト・シュペーアに向かって、エーファがいる前でこう言っている。

「とても知的な男性は、幼稚でバカな女性を選ぶべきだ。私の仕事に口を挟む女性を伴侶にしたらどうなるか、考えてもみてくれ！　余暇には私は安らぎがほしいんだ[*134]」

侮辱していた父親とそっくりな考えが、それとなくここにも表われている。それは、女性に対する支配欲、無視であり、女性の気持ちを傷つけたいという願望だ。

たとえ関係者だけしか知らなかったとしても、エーファがファーストレディとしてヒトラーの横にいることになったため、彼はいっそう自分の一族から離れていくことになる。エーファがヒトラーの姉妹、つまりパウラとアンゲラから敵視されたことは間違いない。なにしろこの姉妹はそれまでエーファのことを、アドルフのベッドに入ってきただけの情婦としか見ていなかったのだ。〈ベルクホーフ〉の管理人ヘルベルト・デーリングはこう述べている。

「ラウバル夫人とゲッベルス夫人は、そしてエーファのことをすでに知っている閣僚方の夫人全員は、あの若くて気まぐれで不満そうな娘があそこの貴賓席に座っていることにひどくショックを受けていた。ラウバル夫人はそのことでヒトラーに文句を言い、彼を批判した。ヒトラーはそれが気に入らなかった。この件で口を挟まれるのがいやだったのだ。しかも命令口調で」[*135]

ヒトラーは、エーファの不満を金品で和らげていた。ミュンヘンのヴァッサーブルク街道一二番地にある優雅な家を三万マルクで買ってやり、ベンツ一台の使用を許し、衣服と装飾品の代金を気前よく払い、彼女のイニシャルが入った食器類をデザインさせてプレゼントし、給与支払い名簿に彼女の名前を載せた。彼女は秘書として毎月四五〇ライヒスマルクを受け取ることになった。また彼女が撮影した何枚かの写真に対し、ヒトラーは高額の謝礼を支払った。

ふだんはとても控えめでおとなしかったエーファだったが、ヒトラーがオーバーザルツベルクにいないときには、まるで人が変わったみたいだった。タバコを吸い、ダンスをし、女友達と小旅行をし、パーティーを開いた。いずれもヒトラーが大嫌いなことばかりだった。

一九四五年のこと、彼女はベルリンのドイツ首相官邸内にある自室で、死の直前に最後のパーティーを催した。彼女はシャンパンを飲み、総統地下壕勤務の残党たちと『血のように赤いバラ』の曲に合わせて踊り、好きなタバコを吸った。世紀の独裁者の横にいるという役回りに対する最後の反抗だった。それが終わると、彼女は運命を甘受した。つまり、ヒトラーに対して一九四四年七月二〇日の暗殺未遂後に下記の手紙で約束したことを実行したのである。

「愛しいあなた、

何が何だかわかりません。死ぬほど不安です。今、あなたが危険な状態だということを知ってますから。……私がいつも口にしていましたからあなたはご承知ですが、あなたに何か起これば私は死にます。

最初にお会いして以来私は、あなたにどこまでもついていく、たとえ死のなかへでも、と誓ってきました。私はあなたの愛のためにだけ生きています。

あなたのエーファより[*136]」

第4章　一族の変わり種

ハンブルクのゲンゼマルクト*訳註に面するドレーバーン通りの周辺は、どちらを向いても戦争の傷跡だらけだった。爆撃に遭った家並み、舗装の剝《は》がれた道路、ひび割れた梁《はり》。その通りの三六番地には、イギリス占領軍の監視のもとでハンブルクの警察本部が置かれていた。

一九四五年一〇月初頭、痩《や》せた初老の男性がそこにやってきた。ニッケルフレームの丸メガネをかけ、薄くなった髪を左右にきちんと分けていた。彼は当直の警官に訪問理由を説明した。改姓したかったのである。今の名前を訊かれた彼はこう答えた。

「アロイス・ヒトラーです。今後のことを考えると、ヒトラーという姓のままでいることはできません。仕事を続けていくにも、第三者と付き合うときにも、この姓が邪魔になるのです」

＊訳註　ハンブルクの中心の広場。屋台がたくさん並ぶ。

六三歳になるその男は、堅苦しいドイツ語でそう説明した。[*137] このとき、アロイス・ヒトラー[*訳註]の自分史の新しい章が始まった。だがこの章は、誤りと混乱に満ちて波瀾万丈だった。

　彼の弟、つまりあの独裁者アドルフにしてみれば、アロイスは一族の変わり種であり、アドルフは兄アロイスのことなど周囲の人の口から聞きたくなかった。だが、もし一族のなかに変わり種がいたとすれば、それは本当はアドルフ・ヒトラーのほうだった。ただし、この男をそう呼んでしまえば、歴史上におけるその特別な位置を限りなく矮小化してしまうことになるだろう。

　しかし、ともあれ一族のなかで軽蔑されていた名前はアロイスだった。アロイスという名前は一族のなかで二人目だった。一人目は父のアロイスで、彼は古来の伝統にのっとって自分の最初の息子に自分と同じ名前をつけた。父にしてみれば、アロイス・ジュニアは将来、自分にとって誇らしい息子になるはずだった。何十年もあとになって、この息子は父のまねをする。出生時の姓を、まるで流行遅れのスーツのように捨てたのだ。

　アロイス・ジュニアは一八八二年一月一三日にウィーンで生まれた。母親は当時二〇歳のフランツィスカ・マッツェルスベルガー（愛称ファンニ）だった。彼女はもとは農家の娘で、イン郡（オーストリア）のリート近郊ヴェングで生まれた。夫アロイスは彼女より二四歳年上で、当時アンナ（旧姓グラスル）と結婚していた。つまり浮気だったわけで、ファンニは当時ヒトラー家の家政婦だった。アロイス・ジュニアは私生児とされ、母親と同じマッツェルスベルガー姓を名乗った。正妻アンナは、決着をつけるべく夫アロイスと別居した。

先妻が亡くなったあとの一八八三年五月二二日、ファンニはブラウナウ近郊ランスホーフェンで、アロイスの二番目の妻になった。誇り高い父はその年のうちにこの息子を認知した。アロイス・ジュニアは今や父と同じくアロイス・ヒトラーとなった。結婚直後の七月二八日にファンニは二人目の子、つまり娘のアンゲラ（のちのアンゲラ・ラウバル）を産んだ。

アロイス・ジュニアがまだとても幼いときに、若い母親は結核にかかった。病状はあっというまに悪化し、彼女は一八八四年八月一〇日に亡くなってしまう。あとに残されたのは、二歳の男の子と一歳の女の子、それに四七歳の男やもめだったが、この男やもめ（父アロイス）には、子供の教育や家事の面倒といった父としての務めを果たす時間も、その気もなかった。しかし、この男には先見の明があったとみえて、すでに今後に備えて、以前家事手伝いをやってくれた親戚のクララを自宅に引きずりこ

＊訳註　厳密にはアロイス・ヒトラー・ジュニア。

んだ。彼はクララとも「お好みの遊び」をやらかした。浮気、妊娠、結婚である。

異母弟ヒトラーとの争い

こんどの母親クララはすぐに自分の子供を次々に産んだが、前妻の子供たちも育てねばならなかった。だが、彼女の愛情は子供たちに均等には与えられなかった。実子の幼いアドルフは甘やかしたが、前妻の子供たちにはあまり愛情を注がなかった。このことでとくに悩んだのはアロイス・ジュニアだった。のちにアロイス・ジュニアの息子ウィリアム・パトリックはこう述べている。「父の継母は父の毎日をとてもつらいものにした。そして夫をそそのかして、父と反目させるようにした」[*138]。怒りっぽいことで悪名高かった父は、息子アロイス・ジュニアを時々殴り、一度などは気絶させたこともある。

しかもアロイス・ジュニアは、七歳下のアドルフのいたずらの尻ぬぐいまでさせられ、悪巧みを煽動したとして余分に殴られた。アドルフとの仲が険悪になったのも不思議ではない。

「若いアロイスはアドルフを毛嫌いしていた。そしていつも、アドルフは実の母親からわがままに育てられているのに、自分は、本来ならアドルフがやるべき雑役をたくさんやらされていると思っていた」と、アロイス・ジュニアの息子ウィリアム・パトリックは述べている。

その後も母クララは、アドルフがまずい状況に追いこまれると、アロイス・ジュニアに罪をなすりつけたようだ。幼いながらもアロイス・ジュニアは、「弟の首をひねって殺したいと思ったことが一度ならずあった」[*139]。

アロイス・ジュニアは、一九四六年二月九日付の『ザールブリュッカー・ツァイトゥング』紙上で、アドルフについてこう語っている。「七歳になるまで弟といっしょに暮らしていた。将来〈総統〉になったあの弟はしばしば激怒し、何のいわれもないのに私の頭に石やおもちゃを投げつけた」

父はアロイス・ジュニアをたくさん殴りはしたが、それでも彼の将来のことを考えていたし、工作の才のあった彼に、自分が通った国民学校以上の教育を与えようと思っていた。高級な技師にしようと思ったこともあるし、アロイス・ジュニアが音楽の才能も見せると、父はしばらくのあいだ、四分の三の大きさのヴァイオリンのレッスン代を出しもした。

だが、人間関係は依然として冷えきっていた。父とアロイス・ジュニアの対立、そして大喧嘩の回数はいっそう増えていった。一八九六年に一四歳のアロイス・ジュニアが優秀な成績で国民学校を修了すると、教師は進学を勧めた。

だがこのとき、決定的な破局が訪れた。本当の原因はわかっていない。恩給生活を送るようになっていた父は、以前よりもはるかに多く在宅しているようになっていた。このことが家族全体の気分を明るくしたとは言えない。しかしアロイス・ジュニアの目には、父だけでなく継母クララも、家庭内の不和の原因に映っていた。「継母は徹底的に人間関係を傷つけた」。母は父に向かって、教育費をアロイス・ジュニアのために注ぎこまないで、「そのお金は自分の実子アドルフに使うように」[*140]と説得したのだ。

この争いは、未成年だったアロイス・ジュニアの生涯を決定づける結果となる。アロイス・ジュニアは一八九六年に家出し、二度と戻ってこなかったのだ。おそらく父および継母とはその後二度と会っていないだろうし、接触はごくわずかな手紙だけだった。いずれにしても父と継母の埋葬には欠席した。

彼の実母フランツィスカの遺産は、成年に達したときに受け取っている。父の遺産に関しては法定遺留分だけを受け取った。父は決裂後、アロイス・ジュニアから相続権を剝奪したのである。

「もう一人のヒトラー」

アロイス・ジュニアは気楽な生活をしたわけではない。ヨーロッパ大陸の実情を知り、父親みたいに出世したいという野心はあったが、お金は足りなかったし、外国語にも不自由していたのでうまくいかなかった。一四歳だった彼はホテル業界に入ることにし、リンツ近郊ウルファールルで実習生になった。実習期間は一八九八年に終了した。そのときの修了証にはこう記されている。

「彼はウェーターの職業を、確実かつ意欲的に、また勤勉かつ正確に習得した。実習期間中は、立派で誠実な務めに習熟するよう励んだ。ここに実習期間を修了したものと認める」[*141]

上記の文面に「誠実」という言葉があるが、これは少しばかり軽率な判断である。彼はその後オーストリア中西部に位置するザールフェルデンの駅構内のレストランでウェーターとして勤務したが、その最中に盗みで捕まり、懲役五カ月の刑を言いわたされているからだ。また一九〇二年にも同じ犯罪で八カ月の懲役刑に処せられている。[*142]

一九〇三年の父の死後は再びリンツに戻り、〈シュヴァルツェ・ベーレン〉と〈ゴールデネ・レーヴェン〉というレストランに勤務した。充分な旅費が貯まると、一九〇五年にダブリンとリヴァプールに向けて出発し、両方の町でウェーターとしてかろうじて生計を立てながら、辞書を頼りに集中的に英語を勉強した。この勉学が実を結んで、後年の彼はドイツ人から「イギリス人だ」と思われるほど英語を見事にマスターしていたと言われている。一九〇七〜〇八年には片言のフランス語を身につけ、ホテル〈グラン・トテル・ド・ロンドル〉のドアマンとして働いた。だが不安定な生活だった。それに、父と似て親しい人もいなかった。

こうした生活に変化が生じたのはダブリンでのことで、時は一九〇九年だった。その地でウェーターの職に就いた彼は、毎年開催されるダブリン・ホース・ショー［馬術競技大会］を見に行ったのだが、その会場にアイルランド女性ブリジット・ダウリング（一八九一年七月三日、ダブリン生まれ）が父親といっしょに来ていた。世間知らずの一八歳の娘は、茶色のスーツを着込んだ外国人アロイス・ジュニアに一目惚れした。彼は中折れ帽をかぶり、見事なゲートルをつけていた。

「私はすっかり夢中になって、当時の流行の先端を行っていたそのきわめてエレガントな姿を見つめていた。金色の握りがついた象牙製ステッキを片腕にかけたその恰好はすごく颯爽《さっそう》として見えた。真珠をあしらったネクタイピンと、左手の小指にはめた二個の指輪――一個はブリリアントカットのダイヤモンド、もう一個にはルビーがついていた――という出立ちの彼は、周囲にまさに贅沢な雰囲気をまきちらしていた。クリーム色のチョッキからは、金色をした重そうな時計の鎖が垂れ、その端がポケットのなかに消えていた。また口髭にはポマードが塗られ、皇帝のように先端がひねってあった。

その人はオーストリア出身のアロイス・ヒトラーだと自己紹介した。私が、その男性のいかにも外国人らしく洗練された、さりげないウィーン情緒に強烈な印象を受けたことは否定できない。その人の話しぶりは、私が慣れ親しんできた、きつい単純労働をしている農民のそれとは違っていた。……はっきり言えば、私はそくざにころりとまいってしまったのである」*143

両親、つまり大工の父ウィリアムと母ブリジッド・エリザベス（旧姓レイノルズ）は、ほら吹きで知ったかぶりのアロイスを軽蔑した。とくに彼の「ホテル関係の仕事」というのが経営関連の業務ではなく、その上品な身なりとは似ても似つかない一介のウェーターだと判明してからはまったく無視してかかった。非常に保守的なカトリック教徒のアイルランド人だった両親にしてみれば、オーストリアのならず者との恋愛などとうてい考えられなかったのだ。

アロイス・ヒトラー・ジュニア

ところが娘のブリジットは純朴で憧れに満ちていたものだから、この出会いを大恋愛だと信じた。行き着くところまで行くつもりだった。究極的には家出も辞さない覚悟だったのである。こうして彼女は、九歳上の外国人アロイスと駆け落ちしてイギリスに渡る。一九一〇年六月三日、ブリジット・エリザベス・ダウリングはロンドンでアロイス・ジュニアと結婚した。

アロイス・ジュニアは、花嫁のことを愛称でセセと呼んだ。彼が崇拝していた聖セシリア〔殉教した女性〕にちなんだ呼び名である。あるいはエリザベスをイギリス流に短縮してシッシとも呼んだが、こちらのほうには、オーストリア宮廷へのアロイス・ジュニアの賛美が反映していた。なぜなら、周知のようにシッシーはオーストリア皇后の愛称であり、アロイス・ジュニアは皇帝に忠誠を誓っていたからである。

ブリジットの父親はこの結婚話を耳にしたとき、アロイス・ジュニアを誘拐犯として訴えると脅したが、ブリジットの母親がなんとかそれを阻止した。この両親とアロイス・ジュニアの断絶は長く続くことになる。「私は家族のなかに外国人を入れたくない」と父は拒否の理由を述べていた*144。

一九一一年三月一二日、この新婚夫婦が居住するリヴァプールの住まいで息子ウィリアム・パトリック・ヒトラーが誕生するが、そのときにはもう妻ブリジットの甘い夢は壊れはじめていた。時には子供のミルク代が足りないのを彼女は嘆いた。また、息子のことを彼女はまさにアイルランド風に「パット」と呼んでいたが、夫アロイスは「ウィリー」と頑固に呼びつづけた。二人は息子をどう呼ぶかで言い争ったが、結論は出なかった。結婚生活が当初からどんなにちぐはぐだったか、このことからもわかる。

このころ、アロイス・ジュニアの「ボヘミアン的な性格」が露呈するようになる。ブリジットに言わせれば、彼は競馬とカジノで大儲けしたり大損したりした。生活が安定しないなかで、彼はたえず新しい職を探したり、リヴァプールのデイル通りに小さなレストランを開いたり、当時流行していた剃刀《かみそり》の刃を売り歩いたりした。後年新聞のインタビューを受けたブリジットは、四年間いっしょに生活したが幾度となく夫を見限ったと述べている。

「彼の行動にもう耐えられなかった。彼はとても残酷で、いわばもう一人のヒトラーだった。『おれの言うことに従わないなら、おまえは破滅だ』と言ったので、私はこう答えた。『私を破滅させることなんてできないわ、だって、私はあんたの言うとおりになんかならないから』[*145]」

実際に何が起きたか、それはもうわからない。しかし息子ウィリアム・パトリックと妻ブリジットの証言からすると、アロイス・ジュニアは父アロイスと酷似していたらしい。アロイス・ジュニアは落ち着きがなく、仕事が長続きすることは一度もなかった。彼にとっては博打などのほうが家庭よりも大事だった。見かけは魅力的でも、その根底には支配欲が巣くっていた。いずれにしても妻ブリジットに楽な生活をさせてはくれなかった。

こうして結婚生活は早くも崩壊した。何度も別れ話が出たすえに、一九一三年末の時点で破局は決定的な段階に達したようである。当時アロイス・ジュニアは、ニューブリッジ通りの〈スパイアーズ&ポール〉社で修理作業の仕事をしていた。その後、彼は剃刀の刃を売り歩いてみたが、売上げはあまり順調とはいえず、家族は貧困にあえいだ。

そこで彼は、故郷で運を試してみようと思いついた。故郷の人が相手なら商売がもっとうまくいくかもしれない、というわけだ。すぐに実行に移した彼は一九一四年七月、大計画を胸に英仏海峡を渡った。イギリスに戻ることは以後一度もなかった。一週間後の七月二八日に、ベルリンから葉書が届いた。

「みんなが戦争の話をしている。戦争がすぐ起こるっていうんだ。信じられない。だが私は、いずれにしても来週にはイギリスに戻る[*146]」

これ以降、妻ブリジットにとって音信不通の期間が当分続く。一九一四年八月四日、イギリスがドイツに宣戦布告した。アロイス・ジュニアの行方を家族は依然として知らなかった。

重婚

逃亡者アロイス・ジュニアは、当初ベルリン市内のキリスト教団体の宿泊施設（場所は、アルブレヒト通りがフリードリヒ通り駅に行き当たる曲がり角）に泊まっていた。人生の敗残者や貧者のための簡素な宿泊所だった。アロイス・ジュニアは貯金とアルバイトで生きていた。オーストリア人の彼は、兵役のためにオーストリア領事館に出向く必要があった。徴兵検査の結果、兵役に不適となった。ひどい近視で胆嚢《たんのう》疾患があり、しかも静脈瘤もあった。だから彼は前線に行く必要がなかった。このように不健康だったため、ずっとあとの一九三九年にも兵役を免れた。

彼は引きこもりがちな生活を送っていた。一匹狼で変わり者だった。「友達を作ったり仲間に加わったりするのは苦手だ」[*147]と彼自身語っている。妹アンゲラや異母妹パウラに連絡したい、二人のもとを訪れたいと思いはしたが、住所がわからず断念した。ほかの近縁者と再会したいとはあまり思わなかった。異母弟アドルフと会う気など、まったくなかった。

アロイス・ジュニアは戦後になっても、妻子に何も知らせてこなかった。生活費を払わされそうで不安だったのだろう。

一方妻のほうは、夫が戦死したのではと考えた。判明しているかぎりで最新の住所宛に手紙を書いたが、〈受取人不明〉で戻ってきた。

彼女は、以前夫といっしょによく行っていたリヴァプール市内のレストランを一九二〇年に訪れたとき、そこで働いているドイツ人ウェーターに話しかけた。彼女によるとそのウェーターは、別のあるドイツ人ウェーターからもらったという手紙をポケットから出した。その手紙には、自分（手紙の差出人）はアロイス・ジュニアの戦友だが、彼は戦死したと書かれていた。

「不幸なことだが、ヒトラー夫人は彼の墓を訪れることができないだろう。彼が死亡した病院はウクライナにあるからだ。あそこはボルシェヴィキが権力を握っている」[*148]。この話を信じたブリジットは、自分が未亡人になったと思いこんだ。

だがアロイス・ジュニアは元気そのものだった。一九一八年に戦争が終わると、彼はまた手慣れた職に就いた。ベルリン中心部にある〈パレ・ド・ダンス〉のウェーターになったのだ。そしてこの時期に、七歳年下の女性ヘートヴィヒと知りあい、恋をした。彼は彼女のことを「ヘーテ」と呼んでいた。

彼女の本名はヘートヴィヒ・フリーダ・アマーリエ・ミックライといい、一八八九年四月五日にドイツ北部ブランデンブルク地方レーブス郡グロス・ノイエンドルフで生まれた。アドルフ・ヒトラーよりわずか二週間ほど早く生まれたのである。

当時二九歳のアロイス・ジュニアは、新生活を始めようと思った。この落ち着きのない男はさらに住所を変え、一九一九年初頭にはハンブルクに移った。またしても彼は、一人の共同経営者といっしょに、剃刀の刃の商売に手を出し、店を開いた。すぐにガールフレンドのヘーテをハンブルクに呼んだ。彼女もいっしょに働くことになった。この店は剃刀の刃の修理を専門としていた。宣伝のためにとゾーリンゲン製の特殊器械を入手し、これをショーウィンドーできれいな女性二人に操作させた。これが客に受けた。

ヘーテは、従業員兼恋人という立場に満足せず、アロイス・ジュニアに結婚を迫った。それなりの立派な理由があった。妊娠していたのである。こうして一九一九年一二月一三日、ついにアロイス・ジュニアとヘーテはハンブルクで結婚した。花嫁は、アロイス・ジュニアが再婚だということは知っていた。しかし、まだ離婚していないことは知らなかった。こんどの結婚は重婚という犯罪行為だったが、そのことを知っているのはアロイス・ジュニア本人だけだった。彼はその事実を誰にも明かさなかった。

結婚から三カ月後の一九二〇年三月一四日、夫妻に子供が生まれた。ハインツ・ヒトラー（愛称ハインツィ）で、生まれた場所はハンブルク近郊クヴェレンタルのテスドルフという地域だった。一家はピンネベルクのオスターホルダー通り八番地に住んだ。アロイス・ジュニアは剃刀の刃の販売をやめて、自宅の庭でニワトリを飼い、それを品評会で売って儲けた。

一九二一年に、別のヒトラー一族と初の接触が起こった。アロイス・ジュニアがたまたま新聞を読んでいたら、党幹部になったアドルフがミュンヘンのクローネ・サーカス会場で演説した記事が載っていたのだ。アロイス・ジュニアは、ミュンヘンの住民登録課に問いあわせて異母弟アドルフの住所を入手し、ヘーテに促されてアドルフ宛に手紙を送った。

アドルフ・ヒトラーはどうしたか？　二五年以上会ってなかった異母兄との喜ばしい再会を期待して招待したか？　自分のほうからハンブルクに行ったか？　そうしたことはいっさいしなかった。アドルフ・ヒトラーは一族内の事柄については異母姉アンゲラに任せていて、彼女がアロイス・ジュニアに返信したのだ。嬉しいはずの家族同士の再会場所などは記されていなかった。アンゲラは一九二三年夏にようやくアドルフ・ヒトラーの指示でハンブルクに赴いた。アロイス・ジュニア一家と顔を合わせるためだったが、兄と妹が個人的に接触したのは当面はこの時だけだった。アドルフ・ヒトラーはそのほかには、葉書に何行かそっけない文章を書いただけだった。

一年だけのナチス党員

一九二三年にはアロイス・ジュニアとアドルフにとって不愉快なことがいくつか起こり、血縁というテーマが大きく浮かびあがることになる。まずアドルフ・ヒトラーはミュンヘン一揆の失敗ののち逮捕され、反逆罪関連の審判を待っていた。

アロイス・ジュニアのほうは、結婚に関して何か問題があることに当局が気づき、検察官が捜査をおこなった。何がきっかけだったのか、それは詳しくはわかっていない。おそらくブリジットが行動を起こしたのだろう。「亡くなった」夫の年金を受け取りたいと思って、調査のために領事館とドイツ当局に手紙を書いたと思われる。そしてヒトラーという名前を見た司法当局が関心を抱いたのだろう。ことによるとアロイス・ジュニアがアドルフと結託しているかもしれないと推測したらしい。

こうしてインチキがばれた。アロイス・ジュニアは一九二四年に重婚の罪で、ハンブルクの裁判所に告訴されたのである。アロイス・ジュニアは六カ月の自由刑〔懲役刑など〕に処せられそうになった。異母弟のアドルフと同時期に収監されそうになったわけである。アドルフのほうはミュンヘンでの蜂起を煽動した廉《かど》により、五年間のランツベルク城塞禁錮の判決を受けていた。

困りはてたアロイス・ジュニアは、一〇年間の沈黙を破ってブリジットに手紙を書き、自分が行方をくらましたことを詫びて支援を頼んだ。「ぜひ助けてくれ。そうでないと私は牢獄に送られてしまう。おまえが私の息子を育てて教育を授けてくれたことに対し、全力で償うつもりだ。今まで私がまったく支払いをしなかったのは、私がひどく惨めな暮らしをしてきたからだ」*149

金《かね》でブリジットの好意を釣ろうというこの作戦はどうやら効果があったようで、ブリジットは裁判所に手紙を書いて、アロイス・ジュニアを罰しないよう願い出た。彼女の根拠は妙なもので、夫は故意に重婚の生活を送ったわけではなく、妻子が死んだものとばかり信じていたからだ、というものだった。その結果、アロイス・ジュニアは収監を免れた。裁判所は寛大な判決を下し、アロイス・ジュニアにたった八〇〇マルクの罰金刑を科しただけだった。その直後、アロイス・ジュニアとブリジットの離婚が正式に宣告された。

過去のイギリス暮らしから解放された彼は、ドイツで新生活を送ろうと考えた。故郷オーストリアの皇帝に忠誠を誓うのをやめ、今後は、右傾化した大ドイツ国家を賛美することにしたのだ。ナチス入党はその明確な証だった。こうしてヒトラーの異母兄は一九二六年八月三日にナチスに入党した。党員番号〈四一七五四〉。

これはおそらく異母弟アドルフに対する応援のジェスチャーでもあったのだろう。この時期のナチスは実に非力だったからだ。アドルフは刑務所暮らしののち、公式には演説禁止になっていたし、党の資産も検察庁による差し押さえのため大幅に減少していた。また運動は脆弱に見え、ナチスが今後地盤を固められるかどうかは曖昧模糊としていた。だが、アロイス・ジュニアには党内での出世は望めなかった。彼はすぐに党を脱退する。自発的だったのかもしれないし、党内に自分以外のヒトラーがいることに耐えがたかった異母弟アドルフから圧力がかかったのかもしれない。一九二七年七月四日のことで、彼は以後二度と入党しなかった。[*150]

アロイス・ジュニアの商売はあまり順調ではなかった。インフレのため、剃刀の刃の販売は地に落ちた。彼はその商売をあきらめて、自宅を売却せざるをえなくなった。再びウェーターになり、しばらくはあるレストランのマネージャーにもなったが、長期的には成功しなかった。一九二七年にまた引っ越して、ベルリンに戻る。アドルフとの接触は依然としてほとんどなかったが、アドルフのほうはアロイス・ジュニアの息子に関心を寄せた。そのことは、一九二八年の祝祭日(一二月二二日)の日付のある葉書が証明している。「この上ないクリスマスの挨拶をハインツィに送る、おまえとパパとママに――おまえのおじアドルフより」[*151]

異母兄宛に葉書を送っても価値はないと思っている点がいかにも異色であり、アロイス・ジュニアの名は息子のあとに記されているだけだ。その一年後、一族全員がとうとうアドルフのもとに集合する。知られているかぎりで言えば、一族が個人的に集まる親密な機会にアドルフが異母兄と出会ったのは、この一回だけだった。

アロイス・ジュニアは再度、商人として運試しをした。当初はベルリンのルッケンヴァルダー通り九番地に住んだが、一九三〇年代初頭にはほんの短期間、クーアフュルステン通り一六七番地に居住した。そして商売の業績がかんばしくなかったので、ウェーターとして〈ワインハウス・フート〉に就職した。

ポツダム広場にある上品なレストランだった。ボスのヴィリー・フートが、一階から五階までの全フロアと広いワインケラーをとりしきっていた。客は一階でワインを試飲できるようになっていた。大理石の階段を上がっていくと、二階には「紋章の間」「将軍の間」「赤の間」がある。壁にはオーク材が張られていた。三階から上は、従業員が寝泊まりする部屋になっていた。

ドアマンは高級な客だけを入れるように気を使っていた。この由緒正しいレストランに通った有名人としては、のちに西ドイツ首相になったコンラート・アデナウアー、外科医フェルディナント・ザウアーブルッフ博士、指揮者ヴィルヘルム・フルトヴェングラー、そしてホーエンツォレルン家の当主ルイス・フェルディナント・フォン・プロイセンらがいた。

一五人のコックがグルメ客たちの舌を楽しませていた。ロブスター、キャビア、トリュフのアスピック［ゼリー料理］がメニューに載っていて、そうした料理に最適のボルドーワイン、リースリング、ブルゴーニュワインが常備されていた。周辺が歓楽街とデパートで、このレストランはその中央に位置していたので、新顔の客がどんどん入ってきた。この広場は躍動感にあふれ、にぎわいを見せていた。エーリヒ・ケストナーは、こういう詩を書いている。

「夜はキロワットで輝き、サービス業の女性がかすれた声でこう言う。ねえ、寄ってらっしゃいな！　彼女らはびっくりするほど肌を露出している」

閣僚、将校、俳優、政治家が大勢やってくるこのレストランに入ったアロイス・ジュニアは、初めて有名人の香りを感じた。彼はウェーターとしては特権的な仕事に就いていた。上品な二階を担当していたわけで、ベルリンの名士たちと袖を触れあうほど近くにいたのである。だから、キッチンで働いて週三マルクを得ていた従業員よりもはるかに多額のチップをもらっていた。権力者と名士のなかにいるという雰囲気がひどく気に入った彼は、生まれて初めて比較的長いあいだ一つの職場に勤務した。五年以上このワインハウスで働いたのである。彼はマネージャーのヘルマン・ヘーネマンにこう予言している。「あのアドルフは大物になるぞ」。これに対してヘーネマンは「ここではその話はするな」とたしなめている。

ウェーターだったゲオルク・ヴェーナーは『シュテルン』誌の一九八八年五月五日号に掲載のインタビューで、同僚アロイス・ジュニアのことをこう回想している。「彼は粋なセリフを口にするウィーン風の男だった。シュポルトパラスト［スポーツパレス］を会場とするナチスの催しには必ず出かけていたよ」

レストラン開業

異母弟の出世と、レストランの客たちとの接触に刺激されたアロイス・ジュニアは、政治に関心を寄せるようになっていく。そして息子ハインツを、ハルツ地方［ドイツ中央部］のバレンシュテットにあった国家政治教育学院（略称ナポラ）に入れた。ナチスのエリート校だった。ここでハインツは、次に述べるようなヒトラーの教育理念にのっとって厳しく鍛えられた。

「スポーツと体操によって鉄の鍛錬を受けている青年は、もっぱら精神的な栄養を摂らされている出不精の者よりも、官能的な満足という欲求に屈することが少ない。青年をまともに教育しようとすれば、この点を考慮しなければならない。……だから教育界は全体として、青年の余暇時間を有益な身体訓練に使うことを目標とすべきである。そうした年頃の青年には、ほっつき歩いたり、繁華街や映画館に行ったりする権利はなく、昼の活動が終わったら、若い体を鍛えて力強くしなければならないのだ。将来いつか、自分の生活がやわだと言われたりしないようにしなければならないのである」[*152]

だがヒトラー自身が青春時代をどう過ごしていたか、それを考えるとなんとも奇妙な感じがする。ぶらぶらとオペラ座に行ったり、音楽と美術を趣味にしたり、文学青年ぶったりした彼は、そうしたことを自分にとっては生まれついての権利と見なしていたのに、青少年にはそうした余裕を充分に与えようとはしなかったのである。

「五時三〇分から二一時までの一五時間プログラム。起床、洗顔、衣服着用、国旗掲揚（歌！）、行進して朝食（歌！）、行進して授業（歌！）、五時間の授業、行進して昼食（歌！）、郵便物の配布（一日に一度、個人的に許される）、ベッドで休憩（監視付き)、規律に従って作業、菓子パン、宿題(グループ長の監視付き)、行進して夕食(歌!)、規律に従って作業、就寝」

厳しいプログラムだが、ナポラで学んだかつてのナチス・エリート生徒が次のように伝えているように、その成果は顕著だった。

「私たちは総統アドルフ・ヒトラーに心を奪われ、高慢な優越感に満たされつつ、監視されているという屈辱を忘れ、個性を削られ、厳しい訓練にさらされた。一種不可解な朦朧《もうろう》たる状態にいたわけで、洗脳と無能化を必要かつ正しいことと感じていたのである。選ばれた民になるための辛苦だと思っていたのだ。……屈辱と個人的敗北の結果、不意に新たな自意識が生まれて、アドルフ・ヒトラーという人間が価値ある者とされ、私たち一人ひとりは取るに足らない人間であり、私たちの民族こそすべてだと考えるようになっていた」[*153]

学校でのハインツの成績は、一族のほかの人たちと同様に中程度だった。

アロイス・ジュニアにとって〈ワインハウス・フート〉に勤めるもう一つの利点は、有名な異母弟の出世を身近で知ることだった。ヒトラーはつねに食卓でのテーマになっていたのだ。一九三三年に権力掌握して以降は、ナチスの出世組が、気品あるこのレストラン内にあふれるようになった。各省庁やSA(突撃隊)、ゲシュタポ、ドイツ首相官邸、それに多くの役所が目と鼻の先にあったのだ。こうしてアロイス・ジュニアは、プロイセン州の枢密院議長コンラート・アデナウアーにではなく、エルンスト・レームやハインリヒ・ヒムラーといったナチス幹部に給仕をするようになった。

ただし店主のヴィリー・フートだけは、こうした新参の名士たちと折りあおうとしなかったようで、相変わらず君主制の忠実な崇拝者として、ビスマルクやドイツ帝国の帝位後継者の肖像画をあちこちの壁にかけていた。

ある日、ナチス党員で食糧農業相のヴァルター・ダレが姿を現わすなり、周囲を見回して急に怒鳴りだし、フートとの面会を求めた。「いったい何てことだ!」。どの部屋を見回しても、ヒトラーの肖像画や写真は一枚もかけられていなかったのである。

異母弟アドルフ・ヒトラーはこんなに近くにいたが、彼は〈ワインハウス・フート〉とアロイス・ジュニアとは、わざと距離をおいていた。アロイス・ジュニアは、ナチスの大物と毎日接しているうちに、自分が血族としての利益をほとんど得ていないと感じるようになる。彼がヒトラー家の一員であることを知っていたのは、従業員とごく少数の客だけであり、大半の人にとっては彼はたんにテーブルを片づけたりワインをグラスに注ぐだけの無名人だった。これでは大金とは無縁である。アロイス・ジュニアは、いかにも思いつきそうな解決策を考えついた。再び独立したのである。

彼はまずレオンハルト通り、それもシャルロッテンブルク駅から一〇〇メートル離れたところにワイン販売店と飲み屋を出店した。飲み屋ではリースリング、ビール、ミートボールを出した。このレオンハルト通り五番地に、アロイス・ジュニアはその後何年間か、居を定めることになる。飲み屋にはSS隊員たちが立ち寄ったが、店はあまり評判にならなかった。小さすぎたし、みすぼらしすぎたのだ。客たちが彼にわざと「ハイル・ヒトラー！」と挨拶するときには、彼の耳にはまさに侮蔑のように響いたにちがいない。

すぐに気づいたことだが、この姓をもっと活用して儲けるには、堂々たる店を開かなければならなかった。試行錯誤を重ねたのち、おあつらえ向きの場所が見つかった。ヴィッテンベルク広場三番地であり、〈カウフハウス・デス・ヴェステンス〉というデパートの向かいだった。都心の理想的な立地で、周囲には高名な店舗がひしめきあっていた。

一九三七年、つまりベルリン創設七〇〇年祭の年の秋に、彼はガストシュテッテ［料理店］を開店し、その店を〈アロイス〉と命名して、店の入口や便箋の店名の下に「オーナー　アロイス・ヒトラー」という一行を加えた。〈ヒトラー亭〉や〈ヒトラーのワイン酒場〉といった店名のほうが魅力的なことはわかっていたが、あえてそうは名づけなかった。異母弟アドルフの激怒を恐れたのである。アドルフが「一瞬の怒りで営業免許をとりあげてしまう」ことを恐れたのである。もっともな不安だ。彼は少なくとも店名には姓を入れなかったのである。

そしてこのときの彼は、ケーキ、ビール、ワインの小売りもやっている自分の店をベルリンじゅうに知らしむるべく、強力な鳴り物入りで大いに宣伝した。新聞広告も出し、自分で宣伝文句も作った。

「新しい店主として、私はみなさんをお招きします。
みなさん、いらっしゃい、中へどうぞ！
店内は快適ですから、
お気に召すでしょう。
みなさんのためにテーブルクロスをかけさせてください。
みなさん、私が作る料理はおいしいですよ！
アイスバイン［ゆでた塩漬けの豚の足］、ハクセ［子牛や豚のすね肉］、クマ肉のハム。
そして本格的なドリンク類。
ミュンヘンの生ビールよりもおいしい
瓶やグラス入りのワイン。
誰でもお好みに合わせて、
格安のお値段で、
好きなものを飲んだり食べたりできます。

どれもまったく問題なし！
すぐに覗いてみましょう、
自分の目で見てみましょう、
ウチが何をやっているかを、
そして私に何ができて、私が何者かを――
ともあれいらっしゃい。心からのご挨拶を
アロイスからあなたがたにお送りします」[*154]

この商法が成功し、〈アロイス・ヒトラー〉の名は広まった。決闘規約を持つ学生組合〈プロイセンのイェーナ〉は常連の会合を、アロイス・ジュニアが以前勤めていた〈ワインハウス・フート〉から〈アロイス〉に移した。

世界各国の新聞でさえこの出来事を報道した。『ニューヨーク・タイムズ』紙は、店の前にいるアロイス・ジュニアの写真を掲載し、「今ブームの店。ただしウェーターたちは、店主が総統と血縁だということを話したがらない」というキャプションをつけた。客は全員が「ハイル・ヒトラー！」という挨拶で迎えられた。

この店はすぐさま当時のミーハーが有名人を、つまり俳優やナチス党員、政府幹部を見るために集まるスポットになった。〈アロイス〉を覗くのがシックとされるようになった。たとえナンバーワンのヒトラーを見ることができなくても、その兄アロイス・ジュニアを見ることはできる、というわけだ。

朝食は「午後三時まで」とメニューには記されていた。*155「コーヒーの小ポット［二杯分くらい］」、紅茶、あるいはココア、それにブレートヒェン［小型の丸いパン］二個、バター、ジャム」が〇・七マルクだった。おなかがすいている人には、「貝殻に入った上品なシチュー」や「ソーセージ入りピリ辛サラダ——当店自慢料理」がお勧めで、どちらも一マルク。デザートとしては「クリーム付きオープンサンドイッチ風前菜」が一・二五マルク。左党には「〇・一リットルのチンザノ（ヴェルモット）」が〇・五八マルク、〇・五リットルのピルゼンビールが〇・八マルク、アルコール含有度の高い「ヴィンケルハウゼン・アルテ・レゼルヴェ」が〇・五八マルク、そして「二五ミリリットルのヘネシー」が一・七五マルク。

だがアドルフ・ヒトラーの側近だけは来なかった。アドルフ自身も、レストランを訪れて店の格を高め兄を喜ばせよう、などとはしなかった。それどころかアドルフは本心では、兄アロイス・ジュニアが習得した仕事を非常に嫌っていた。

そのことは、アドルフの指令を受けて側近中の側近マルティン・ボルマンが、ロベルト・ライ［ドイツ労働戦線指導者］宛に書いた手紙でわかる。

「情報としてお知らせしておくが、総統は、どのガストシュテッテでもウェーターによる給仕が極力廃止されることを望んでおられる。総統のお考えでは、ウェーターという仕事はまともな男性の仕事ではなく、女性向けの仕事なのだ」[*156]

アロイス・ジュニアは、一定の人々には自分のレストランに来てほしくなかった。弟アドルフとまったく同じ考えをもっていたからである。ユダヤ人のリューク・アスリカンは戦後、アメリカのスパイであるルイス・プランボにこう述べている。

「私はドイツを去る前、家族といっしょにベルリンのヴィッテンベルク広場三番地に住んでいた。……アロイス・ヒトラー氏がその家を買った。あの家の左側前方がレストランだった。……アロイスが自分の名前をつけたレストランを開店したとき、客筋が変わった。SAとSSが客になったのだ。この変化は建物内でも、またあたり一帯でも感じられた。……私の父は、ユダヤ人だからということであのレストランの従業員に殴られた。……（アロイス）ヒトラー氏は『くそったれユダヤ人め、なぜおまえらは謝らないんだ！』と言っただけだった」[*157]

地下組織からの接触

君主国オーストリアの首都ウィーンで生まれたアロイス・ジュニアは、以前は君主制の信奉者だったが、今はハーケンクロイツの旗を振っていた。とくに一九三五年一〇月、つまり〈併合〉よりずっと前にドイツ国籍を申請しそれを取得して以降は、完全なナチス支持者だった。彼の息子ハインツも頑固なまでのナチス支持者で、一九三八年には職業軍人を希望した。彼のおじアドルフは当初は反対した。姓がヒトラーだと知れば、同じ部隊のほかの兵士がハインツに対して媚《こ》びへつらい、結果的に規律を乱すのではないかと心配したのだ。

だが、ハインツはポツダムで第二三砲兵連隊の下士官になった。彼の隊はソ連で戦った。一九四一～四二年の、モスクワをめざした冬の戦闘で彼は戦死した。父アロイス・ジュニアは長らく、ハインツは行方不明になっただけだという希望にすがっていた。

開戦時にすでに五七歳だったアロイス・ジュニアは、戦時中もずっとベルリンにとどまった。食糧が底をつき、配給切符でしか入手できなくなっても、終戦まぎわまで何とかレストランを開店しつづけた。エルナ・ヒートラーをマネージャー格として雇ったりもした。この女性は、アロイス・ジュニアの甥ヨハン（ハンス）・ヒートラー（ウィーン在住）の妻であり、継母クララの血を引いていた。

戦時中にアロイス・ジュニアは、ことによるとアドルフと闘いを交える可能性があった。地下活動との関連においてである。アロイス・ジュニアはドイツの抵抗運動と接触があったのだ。ナチスのプロパガンダのなかで〈赤い楽団《ローテ・カペレ》〉と呼ばれていた男女混合グループは、アドルフ・ヒトラー打倒を目標としていた。この一団は情報を収集して、それを別の人たちに伝えた。大勢の人たちがその勇気ゆえに命を落とした。彼らは生命の危険を冒してビラを印刷し、それを封筒に入れ、依頼状を同封して送った。そのビラをさらに先に送ってくれれば、不当な政権に抵抗するうえで役に立つと祈っていたのだ。

一九四二年、対ソ戦は激化し、軍事的成功はもはや望めなくなっていた。〈赤い楽団〉の中心人物ハッロ・シュルツェ＝ボイゼンは、「ドイツの将来についての心配が、民族全体にゆきわたっている」という見出しでビラを書いた。この心配は名士たちのあいだでは予見されていたことだった。そのビラのなかには、暗黒を予感させる文章があった。

「まことにおぞましい苦悶と残虐行為が、ドイツ帝国の名において、市民および囚われの身の人たちに加えられている。歴史上アドルフ・ヒトラーほど憎まれている人間はいない。苦悶する人々の憎悪がドイツ民族全体を苦しめている。……国民は自分たちがいつの日か、歴史に、自分の身に、そして世界に対して責任をとらねばならない日が来ることを知っている。……今後もただ手をこまぬいている人たちは、怠惰ゆえに真実を求めようとしないのだ。……戦争が一日延びるたびに、筆舌に尽くしがたい新たな苦しみが、犠牲がもたらされる。戦争が一日延びるたびに損害は大きくなり、最終的には全員が被害を受けることになる。……ナポレオンが没落したように、ヒトラーも破滅するのだ。今後も民族の将来とヒトラーの運命を同一視する人は、犯罪を犯しているのだ」

これは先見の明のある文章である。そして、このビラは次のように抵抗も呼びかけた。

「服従と義務遂行を拒否して初めて、民族を破滅から救う前提条件がもたらされる。……誰もが、現在の国家から求められていることとは反対のことを――それが何であろうとも――不安を抱きながら実行せねばならないのだ。……どこであれ列を作って待たなければならなくなったら、声高らかに反対することだ。何でも言いなりになるのはやめよう。もはやびくつかないことだ。ＳＳを軽蔑し黙殺しよう！　国民が殺人者とスパイを心底から嫌悪していることを連中に感じさせるのだ！……無思慮な行動と感傷に終止符を打つのだ」[*158]

このビラは差出人匿名でアロイス・ヒトラーにも送付された。彼は理想的なターゲットだった。彼のレストランはベルリンじゅうに知られていたし、その姓は有名だったから、もし彼が発言してくれればその言葉には重みがある。しかも彼は、レストランにやってくるナチス一味の客を通じて、たくさんのことを耳にしている。彼なら将校やナチス幹部にいつのまにか影響を与え、今あぶり出されてきた大いなる悲劇に対して反抗したいという気分にさせられるかもしれない。アロイスが自分の周囲に抵抗精神と犯罪意識を振りまいてくれれば、明らかな不正に少しでも抵抗することにはなるだろう。

この呼びかけに対してアロイスは何をしたか？ ナチスに敵対や抵抗をした形跡はまったくない。無視の痕跡すらない。たとえばそのビラを破って燃やすといった行為にも出なかったようだ。それどころか、ナチスに忠実な人間である彼は、そのビラをゲシュタポに手渡したのだ。ゲシュタポは彼のこの通報を、きちんとリストに記録している[*159]。

モスクワは、ドイツのこうした抵抗運動指導者たちと連絡をとろうとしていたが、ドイツの官僚たちはモスクワからの無線通信を傍受し、それを手がかりとしてのちに〈赤い楽団〉の中心人物たちを逮捕した。こうして彼らの闘争は、ベルリンのプレッツェン湖《ゼー》の処刑場で終焉《しゅうえん》を迎えた。

改名

終戦まぎわになってようやくアロイスと妻ヘーテは、包囲されていたベルリンから逃げ出した。レストランのマネージャーと料理長は店を継ごうとしたが、結局ソ連軍に射殺された。レストランの入口にヒトラーの名があったのがあだとなった。

アロイス夫妻はもといた町、つまりハンブルクへ戻っていった。アロイスはクレーヴェという偽名を使い、ニセの身分証明書を携帯した。ヒトラーという姓は過去何年にもわたって彼にとって助けになったのだが、それが今やネックとなったのだ。しかし、彼はハンブルクで警察の検問に捕まり、上着の裏地に縫いつけられていたヒトラーという名前で身元がばれてしまった。イギリス軍当局は一九四五年六月なかばに彼を収監した。

何度も尋問したすえに、イギリス軍当局は「アロイス・ヒトラーは個人的な罪は犯していない」という結論に達し、彼を釈放した。こうしてアロイスは自由を得たのだが、彼はイギリス軍に何か貴重な情報を漏らし、その謝礼として解放されたのだろうか？　だがそれを証明する有力な書類はない。いずれにしても、アロイス・ヒトラーは以後、ドイツ語と英語で記された次の書類をたえず携帯することになった。

「証明書
本証明書の所持者である
ヒトラー、アロイスは、
何ら有罪の案件がないため、イギリス軍当局により一九四五年六月一六日に自由の身とされた。
この者をかつての〈総統〉と名前が類似しているからといって、再び逮捕したり、その他彼に不利な扱いをしないよう、ドイツ警察並びにその他の人々にお願いするものである」[*160]

この書類には連合国派遣軍のスタンプと、「I・C、26F・S班、O・C中尉」という将校のサインがあった。これによりアロイス・ジュニアは第三帝国とも縁が切れたし、今や悲しむべき血縁関係からも脱することができた。たしかに血縁は今までは彼に商売上のメリットをもたらしてくれた。だからこそ彼は終戦時に、ベルリンでのレストラン経営で九万ライヒスマルクという大金を獲得したのだ。

だが今のアロイスはお金がなくて困っていた。例のお金は手元になかったのだ。ハンブルクの警察が調査したところによれば、「ベルリンの銀行に預金してあったが、今はソ連占領当局に凍結されている」[*161]とのことだった。

アロイスとヘーテは逃亡のさいに持っていたお金と、アロイスの甥ヨハン(ハンス)・ヒートラーとその妻エルナからの、そして婚姻によって親戚となった元看護婦ペトラ・ヒトラー(在ハンブルク)からの支援を頼りとして暮らしを立てた。もう一つの収入源はアドルフの写真で、アロイスは英米の兵士相手に「ヒトラー」とサインしてお金を得ていた。

アロイスとヘーテは一〇〇マルクの家賃を払って、ティム=クレーガー通り三五番地に住んだ。そこは、以前アロイスの店で見習いとして働いていた男性の家だった。

だが、ヒトラーと血縁関係にあることはアロイスには負担になっていて、彼は自分の姓を口にするたびに、他人から拒否され敵視された。以前にその姓で認められたのと正反対の状況だった。そこでアロイスは一九四五年一〇月に改姓を申請した。だが元とまったく異なる姓にしたくはなかったので、一文字を入れ替えるだけにとどめようとした。つまり、ヒトラー（Hitler）のtの字をlに替えて、ヒラー（Hiller）にしようとしたのである。一族の姓と似たような響きを残しておくことが、彼には重要だったのだ。この点では甥ヨハン（ハンス）・ヒートラーと同意見だった（その甥もヒラーに改姓し、その後もハンブルクでヨハン（ハンス）・ヒラーとして暮らした）。

改姓の申請を受けた当局内でいくつかの動きが生じた。国が破綻していたにもかかわらず、ドイツの官僚制は依然として義務にのっとって動いていた。当局はアロイスに生誕と婚姻の書類を要求し、書き替え料として五〜二〇〇〇ライヒスマルクかかる可能性があると告げた。結局は五〇マルクかかった。ハンブルク警察の署長は一九四五年一〇月二四日付の登録簿（登録番号：ⅡCⅡ・N：A・116／45）にこう記している。

「申請者は元ドイツ帝国総統アドルフ・ヒトラーの異母兄である。当該人物と同姓であることにより申請者は現在、職業上並びに精神的に非常に苦しんでいる。職業活動は不可能になっているし、また第三者との付き合いにおいても、姓が上記当該人物と同一であることをそくざに想起され、いやがらせを受けている。したがってこの申請は正当なものである。（改姓が）申請者にとって不利益になることはない。……申請者の両親はすでに死亡している。兄弟姉妹はいない」[*162]

老年のアロイス・ヒトラー・ジュニア

これは嘘だった。申請は、アロイスが当局用に書きこんだ書類に基づいて審査されたのである。一九四五年の時点では、まだ妹のアンゲラ（結婚してハミッチュ姓）が生きていたし、異母妹パウラも存命していた。明らかにアロイスは、ヒトラー一族との血縁を断絶したかったのである。「子供」の欄を見ても、ヘーテとのあいだに生まれた息子ハインツはたしかに記載されているが、ブリジットとのあいだに生まれたウィリアム・パトリックのことは触れられていない。だが当局にしてみれば、そうした嘘などどうでもよかったので、それ以上は調べようとせずに改姓の許可を与え、アロイスは一九四五年一一月五日に晴れて改姓に関する書類を受け取ったのである。

六三歳になったアロイスは、健康面こそ恵まれていなかったが、再び実業家になって、新たにベルリンにレストランを出店することを夢見ていた。だがそれは実現しなかった。戦後はずっとハンブルクにとどまった。そしてせっかく改姓したにもかかわらず、のちには自分から新聞のインタビューを受けたり、写真を撮らせたりした。

晩年は質素なままだった。年金でぎりぎりの生活をしたり、小さなガストシュテッテをハンブルクのダムトーア駅近くで経営したり、庭の世話をしたり。アロイス・ヒトラーの正体を知っている観光客がやってくると、アドルフ・ヒトラーの写真に「ヒトラー」とサインした。

一九五六年五月二〇日、アロイス・ヒトラー・ジュニアは七四歳でハンブルクで死去し、オールスドルフ地区の墓地に葬られた。だがその墓はのちに更地にされ、早くに死んだ異母兄弟の墓と同様に、歴史の彼方に消えてしまった。

第5章　ヒトラー対ヒトラー

外国からの電報が青年を仰天させた。「父死す。すぐベルリンに来い。おばアンゲラ」一九歳の青年はすぐさま旅行の荷造りをし、ロンドン発ドイツ行きの船便を探し、その晩にはもう旅立っていた。気持ちが大いに乱れていた。ようやく父が見つかったというのに、また父を失ったらどうしよう？　彼は父のことを長年死んだものと思っていた。だが、父は生き返って青年を仰天させた。それ以来、まだ二度しか会っていないのに。父についてはヒトラーという姓以外何も知らなかった。

父とは、ウィリアム・パトリックの父アロイス・ヒトラー・ジュニアのことだ。長らく見捨てられていた息子ウィリアムは、最近になって「ずっと没交渉で暮らしてきた有名人」を利用しようとした。具体的には、イギリスの新聞『イヴニング・スタンダード』紙と『イヴニング・ニューズ』紙のインタビューを受けて、自分はアドルフ・ヒトラーの甥であると言ったのである。しかも、その若さと貧しい育ちからは想像もできないような、いかにも世慣れた物腰で登場したのだ。黒っぽい縦縞模様のスーツ、見事にアイロンがかかったワイシャツ、上品な模様のネクタイ、ぴかぴかに磨かれた靴。黒髪で長身の青年は、生まれついてのダンディみたいに、さりげなく姿を現わした。

新聞は、このイギリス人がアドルフ・ヒトラーと近縁だから、アドルフ・ヒトラーの知られざる私生活について何か発言してくれるかもしれないと注目した。こうしてウィリアム・パトリック・ヒトラーは、一九二〇年代末に少しは有名になった。

列車がベルリンの駅で停まると、ウィリアム・パトリックは出迎えの群衆のほうに視線を漂わせて、おばアンゲラ・ラウバル（父アロイスの妹、アドルフの異母姉）を捜した。だが知った顔は見つからなかった。と、そのとき、青年は目を丸くした。あそこのプラットホームに立っているのは、死んだはずの父アロイスではないか！　父は気まずそうに息子に説明した。あの電報は彼ウィリアム・パトリックをベルリンに呼び寄せるためのおとりだったのだ。この茶番の仕掛け人は実はアドルフで、アドルフはかんかんに怒っているらしい。

それ以上の説明をしないまま、アロイスは待たせてあった車に息子を押しこんだ。中にはアンゲラが座っていた。そそくさと挨拶を交わしたあと、三人は黙りこんだ。運転手は、リンク通りのホテルに向かって車を走らせた。ホテル付近はめまぐるしい動きに満ちていた。茶色の制服を着た人たちが、玄関近くで配置についている。タクシーで到着した三人を、男性の補佐役一人が上階に案内する。そこはアドルフ・ヒトラーが住んでいるホテルだった。

　三人が角部屋に足を踏み入れたとき、アドルフ・ヒトラーは三人には背を向けて窓ぎわに立ち、通りを見やっていた。三人はほとんど動こうとしなかった。しばらくしてアドルフが振り向き、三人を冷たく見据え、沈黙を守りながら室内を歩きまわった。何分かして、彼は突然立ち止まった。

「この私にこんなことが起こるとはな」と叫んでからヒトラーは壁を凝視した。「私は今、ばか者どもに取り巻かれている。そうだ、おまえたちはばか者だ！　おまえたちは、私がこの手で築きあげてきたものをすべて破壊してしまった。おまえたちは私をまいらせるつもりだろう！」[*163]。彼の声はさらに大きくなっていった。そしてウィリアム・パトリックのほうを向いた。

「おまえは私の私生活について専門家ぶっているが、そんなことを誰が許可した？」。一族のことをすべて語ることのできる甥がロンドンにいるかどうか、その件で外国人記者たちが問いあわせてきていると、ヒトラーは文句を言った。

「連中は私に個人的な質問をしてきた。私にだ！　私が今まで自分のこと、個人的な事柄を新聞に隠してきたのは何のためだったか！　私が何者かを連中に知らせてはいけないからだ。私がどこの出身か、どういう家柄に生まれたか、それを連中に知らせてはいけないのだ。……そのうち、われわれの過去を探るべく、スパイが送りこまれてくるだろう」

このご挨拶のあと、呆然としたウィリアムに向かってアンゲラおばとアドルフおじから、「ウィリアムはアドルフ・ヒトラーの親戚でも何でもない。なぜなら、アロイスは母親も別だし父親も別だから」という説明があった。アロイスは黙ったままでいた。アドルフはウィリアムに、イギリスに帰ったら公式に血縁関係をとり消すように、と要求した。落ち着きをとり戻してきたヒトラーは三人に別れの手を差し伸べて、彼らを送り出した。

ウィリアムは愕然としたまま帰国した。これが、有名なおじとの最初の対決だった。ウィリアムの人生はその後異常な行路をたどり、ヒトラー一族のほかの面々とはまったく異なる運命を歩むことになる。

繰り返しになるが、ウィリアムの誕生に話を戻してみよう。ウィリアムの母ブリジットはアイルランド女性で、一八歳のときにロンドンでウェーターのアロイス・ヒトラー・ジュニアと結婚した。その九カ月後の一九一一年三月一二日、ウィリアムがリヴァプールの自宅で生まれた。だが和やかな家庭生活は三年しか続かなかった。夫アロイスが姿を消したのである。

母ブリジットはアルバイトでやりくりせねばならなかったし、家族からの経済援助も当てにしていた。アロイス・ジュニアがお金を残していかなかったからだ。母子は、トクステス・パーク地区のアッパー・スタンホープ通り一〇二番地にある狭い住まいで暮らした。

母ブリジットはカトリックを信仰していたが、息子ウィリアムを英国国教会のセントマーガレット校に送りこんだ。ウィリアムはこの学校では利発な子として通り、ボーイスカウトにも入ったので、母は誇らしく思っていた。当時の級友たちは彼のことを、いくぶん青ざめた顔をしているが、落ち着いていて魅力的な青年だったと評している。のちにウィリアムは、リヴァプールのセントマーガレット・カレッジとケントのアシュフォード・カレッジに通った。

各種資料によれば、ロンドンの英国王立芸術協会に五年間通学したことになっているが、修了しないままそこを去っている。本当に芸術を職業にしようとしたのか、それともこの学業はついでだったのか、それについては、ウィーン時代のアドルフおじの例と同様にわかっていない。

母ブリジットは、父アロイス・ジュニアの行方について息子に曖昧にしていた。彼女自身もしばらくは、夫が第一次大戦で戦死したものと思っていた。一九二三年になってようやく夫の情報を手に入れる。夫はまた結婚していた。重婚である。

このころ、ブリジットとウィリアムの母子にしてみれば初めて、ヒトラーという名の別の男がイギリスの新聞に登場するようになる。アドルフ・ヒトラーなる人物が一一月九日と一〇日に政府に対して起こした反乱は、将帥廟《フエルトヘルンハレ》に向かっての行進で死傷者を出して幕をおろしたとのことだった。このころはまだ、アドルフおじは幻影のような存在であり、ミュンヘンの過激派、当時数多くあった右翼政党の一つに属する「平常心を失った人物」にすぎなかった。

ところがアロイス・ヒトラーから、一九二四年二月二二日付の葉書が一枚、ブリジットのもとに届いた。そのなかでアロイス・ジュニアは、ミュンヘンで異母弟アドルフに対する審理が始まったと書いた。「今後の成り行きはそちらの新聞で追ってくれ。そうすれば、おまえたちはアドルフのことをたくさん知ることになる」

その後、アドルフに五年間の城塞禁錮の判決が下り、イギリスの母子は、「ヒトラーという姓を恥」と思った。知人と友人に対してアドルフとの血縁を否定するのがベストだった。

「ドイツの偉大な親戚」

ブリジットは息子ウィリアムに家系の説明をしたが、しかしウィリアムにとってドイツの親戚はまだ重要な意味をもっていなかった。ウィリアムの就職活動を容易にするために、母子はロンドンのセント・メリルボーン地区ブランドフォード広場三七番地に引っ越した。一七歳になっていたウィリアムは、セント・ロンドンの〈ベナム&サン土木建築技師事務所〉で会計係兼書記の職に就いた。

　一九二九年になると、父は何をしているのだろうという好奇心がさらに高まった。アドルフおじはもはやバイエルンの地元名士以上の立場を得ていた。イギリスの各紙は時々外信欄でナチスの行動を報じていた。ナチスは党員数がとっくに一〇万人を超えていて、すでに大勢の支持を受けていた（翌年には国会選挙で第二党になる）。

　一九二九年五月、ナチスはザクセン州議会選挙で九六議席中五議席を獲得し、六月になるとコーブルクの市議会議員選挙で、中産階級が支持する政党と組んで絶対過半数を獲得する。ヒトラーは

18歳のウィリアム・パトリック・ヒトラー

ヤング案[*訳註1]に反対する「ドイツ国民投票全国委員会」を共同で設立し、「ドイツ国民奴隷化反対法案」を提出した。これは、ヤング案に署名した人への懲役刑を含む内容だった。つまりヒトラーは、賠償金支払いの条件が厳しすぎると主張したのである。

一九二九年八月、ウィリアムは父の招きでベルリンを訪れた。ベルリンは当時非常に活気に満ちた大都会で、一八歳の少年には魅力的に映った。〈黄金の二〇年代〉におけるヨーロッパ文化の首都であり、デューク・エリントンやスキャンダラスなジョセフィン・ベイカー[*訳註2]がこの地で名を博した（ジョセフィン・ベイカーはミュンヘンではあまりに肉感的とされ、一九二九年に出演が禁止されたし、ウィーンでは二八年に、「ジョセフィン・ベイカーによって犯された反道徳的で重大な違反に対する贖罪として」特別礼拝が催された）。

ベルリンにはまた、映画『キャバレー』で永遠不滅の存在となった猥雑な〈キットカットクラブ〉をはじめとするナイトクラブが無数にあり、キャバレーや、ヌードダンサーが登場するレビュー・バーが世界じゅうの客を惹きつけた。そしてベルトルト・ブレヒト、クルト・ワイル、マルレーネ・ディートリヒ、エルンスト・ルビッチといった芸術家がベルリンを本拠として世界を征服した。

父親は、一五年ぶりに会った息子を駅で出迎え、ルッケンヴァルダー通りに面する建物の四階にある自宅へ連れていった。そこで息子はショックを受ける。玄関先で彼を出迎えたのはヘーテ。父の二番目の妻。父は結局このヘーテのために自分の母ブリジットを捨てたのだ。

息子はさらに腰を抜かす。ヘーテとアロイスが子供を紹介したのだ。ウィリアムにとっては異母弟のハインツ、八歳だった。会話は弾まなかった。ウィリアムは片言のドイツ語しかできなかったので、父が英語を話して、通訳をした。ドイツに滞在中の何週間か、ウィリアムはヒトラー家の歴史にどんどん深入りしていく。親類たちが披露してくれた逸話をすべて吸収する。アンゲラおばと知りあったのもこのときである。

しかしこの旅のクライマックスは、ニュルンベルクで開催されたナチスの全国党大会への参加だった。アロイスは妻ヘーテとウィリアムを連れて、列車でニュルンベルクに向かった。ウィリアムがのちに母に告げたところによると、三等車だった。ナチスのこのショーはウィリアムに強烈な印象を与えた。

「私には旗しか見えなかった。あらゆるところに掲げられていたし、何もかも旗で飾られていた。家並みさえ見ることができないほどだった。まるで巨大な年の市みたいだった」[*164]

*訳註1　第一次大戦後にドイツの賠償支払いを決めたドーズ案を改定した案。
*訳註2　アメリカ生まれの黒人ダンサー。

ニュルンベルクでの党大会は演出がしだいに巧妙になっていったので、参加者たちは何度も魅惑され、一体感を覚えた。広大な会場で繰り広げられる旗の饗宴、行進などがヒトラー崇拝を盛りあげ、彼の神話化を毎年推し進めた。晩になると、二時間半にわたってSAとSSのグループが松明《たいまつ》を持ち、楽団をともなって行進した。

ウィリアムは初めて有名なおじの生身の姿を見た――遠くからではあったが。八月四日の日曜日には、ナチス党員の行進と軍歌のあと、午前九時にアドルフ・ヒトラーがルイトポルトハインの会場に姿を現わした。アドルフ・ヒトラーは、一九二三年のビアホール一揆の犠牲者たちを神聖化したとされる〈血の旗〉によって新しい幟《のぼり》を「祓《はら》い浄め」、そして、これらの新しい幟が「ドイツにおける勝利の凱旋行進の大団円でドイツ帝国の象徴になり、世界のどの権力も」これらの旗をもはや裂くことはできないと宣言した。閲兵のさいには、忠実な党員たちが小旗を持って演壇の前を通り過ぎていった。

ヒトラーの親戚たちは参加者のなかにはいたが、貴賓席ではなく何万人という絶叫する党員のあいだに座っていた。父アロイスは異母弟アドルフとの個人的な出会いを実現できなかった。会場での式典が終わったあと、ニュルンベルクの中央広場《ハウプトマルクト》で分列行進がおこなわれたときには、ウィリアムとアロイスは、熱狂的な歓呼の声を上げる一〇万人以上の人々のなかにいた。あらゆる地域から来た党代表団のパレードと、掉《とう》尾《び》を飾るSS部隊による儀式は四時間に及び、予想どおりの反響を呼んだ。のちになってようやくわかったことだが、このとき、ナチスに反対する人たちとの暴力的な対立によって、かなりの死者と多くの負傷者が出た。

ニュルンベルクでのライヴの体験に感激した若いウィリアムは、アドルフおじが有名なだけでなく強大な力をもつ男だということを突如理解した。費用のかさむ党大会を演出できる政治家であり、全員から「総統」と呼ばれて明白な支持を獲得し、一言で超人的なことを成し遂げることのできる男。彼ウィリアム・パトリック・ヒトラーは、その男の甥なのだ。一年後のドイツ再訪の折りにウィリアムはいろいろな人たちと会話を交わして、一族についての知識を深めたり、ドイツ語を学んだりした。

ロンドンに戻った彼はさっそく新聞社と連絡をとり、のちに重大な結果をもたらすことになるインタビューを二紙相手におこなう。前に述べたが、このインタビューが原因で彼は再びベルリンに向かうことになり、アドルフと面と向かって対立することになる。

だがアドルフ・ヒトラーは、ウィリアムに向かって「親戚ではない」と宣告したことで一つの過ちを犯した。ウィリアムが頑固だということを計算に入れていなかったのである。ウィリアムはこう言っている。

「ヒトラーは私の行動を認めないと言ったし、父も私を非難してイギリスに送り返した。もしヒトラーが私のことをほら吹きだと言ったら、父もきっとヒトラーに味方するだろう。私が必要としていたのは、自分がアドルフ・ヒトラーの甥であるという完璧な証拠だった」[*165]

ルーツを求めて

ウィリアムは、自分とアドルフ・ヒトラーが血縁でないとは、またベルリンでまくしたてられたように、自分はロンドンのしがないヒトラーでたまたま姓がドイツの党首と同じだけとは、なんとしても信じたくなかった。

彼は「この姓を今後も維持する」と発表し、自力で調査を始めた。ミュンヘン市役所宛に手紙を書いたが、なしのつぶてだった。そこで、ウィーンのイギリス大使館付き弁護士フレデリック・カルテネッガー博士に調査を依頼した。博士はヴァルトフィアテル地方とブラウナウに赴いて、アロイス・ヒトラーの出生登録簿とアドルフ・ヒトラーの両親の結婚証明書を入手した。博士はこれらの書類を一九三三年七月三一日付でロンドンのウィリアム宛に送付し、書類整理番号〈AS23・94〉という調査経過報告書を同封した。その後博士は、ブラウナウで一九三三年九月七日に発行された「アドルフ・ヒトラーの洗礼証明書と出生登録簿の写し」も入手し、送付した。その労力に対する報酬として博士は一英ポンドだけを求め、こう伝えた。「あなたが成果を上げてくださることが条件です。それ以外には、あなたが都合できる金額をお支払いくだされば結構です」[*166]

ウィリアムがお金に困っているのではないかと博士が推測したのには、それなりの理由がある。ウィリアムの母は無職だったし、彼も土木建築技師事務所をクビになっていたのだ。

「私は新しい職に就けなかった。無数の応募をしたが、最後の最後になると姓を理由に落とされた。『お名前は？ ヒトラー？』たちまち彼らの顔が曇った。相手は私を採用する気にならなかったのだ」[*167]

こういう状態は変えねばならない。ウィリアムは、父とアドルフおじ宛に手紙を書いた。ドイツで成功を収めようと決心したのである。ウィリアムは切り札を持っていた。彼がヒトラー家の一員であることは、書類で明らかだった。オリジナルの書類はロンドンの銀行の貸金庫に入れておいた。

一九三三年一〇月、ウィリアムはベルリンに到着した。父アロイスは優しく迎えてくれた。だがウィリアムはベルリンに遊びに来たのではなかった。ベルリンのデパートに勤めようとしたのだ。だがその前に就業許可証が必要だった。彼を雇ってくれそうな企業は、「ヒトラー姓の者がドイツ国内で店員として働くことを、アドルフ・ヒトラー自身が了解済みかどうか」、その点を訊いてきた。そこでまずアンゲラと連絡をとることにした。

だがアンゲラは冷淡で拒否的な態度を示し、ウィリアムにこう伝えた。ウィリアムによれば、「ヒトラーは私を親戚とは見なしていないので、私のためには何もしてやらないと言っているとのことだった。……しかし私が集めた書類をアンゲラに見せると、彼女の態度は一変し、私をヒトラーのところに連れていってやると言いだした。翌週には、ヒトラーは私たちを執務室で迎え、私に向かって努めて親切に、どのような仕事を望んでいるかと質問し、しかも職に就くまでの一時金として五〇〇マルクくれた。明らかに書類が彼の気持ちを軟化させたのだ！」[*168]

だがこの描写にあるように、二二歳のウィリアムがヒトラーの心を見事に軟化させたわけではないだろう。おそらく彼は魂胆を見透かされたのだ。「この書類があれば、また新聞に登場できる。アドルフ・ヒトラーはそれを非常に恐れている。私だって分け前がほしい。なんと言ってもアドルフおじはドイツ首相だから、ドイツ全土に命令できるし、国家と党の潤沢な資金も使い放題だ。アドルフが合図するだけで、甥の私はお金の心配がなくなる」。そういう心づもりを見破られたのだ。

だが脅しは効果があった。アドルフ・ヒトラーは副総統ルドルフ・ヘスを通じて、ウィリアムをベルリンの帝国商業銀行《ライヒスクレディットバンク》内の地味な職場に配属させた。大金の夢、管理職の夢は実現しなかった。ウィリアムは簿記、書記、翻訳の仕事を任されただけだった。しかも月給はたった一八九マルク。ウィリアムの不満を聞こう。
「税金、保険料、各種会費を差し引くと、手元には一四〇マルクしか残らない。ベルリンで死ぬことはないが、これではまったく一銭も残らない。食費しか稼げないのだから、今回の計画は失敗だ[*169]」。彼は、イギリスで無職でいる母に仕送りするつもりだったのだ。

　ウィリアムは、一九三四年夏のいわゆるレーム一揆の時期に、災難に遭っている。六月三〇日にヒトラーは、多くの人々のほかに、長年の友人にして同志のエルンスト・レーム、党内のライバルだったナチス全国組織委員長グレゴール・シュトラッサー、バイエルン州首相グスタフ・リッター・フォン・カール将軍、それに退役大将で元首相クルト・フォン・シュライヒャーを殺害するよう命令した。ナチス独裁により法治国家の最後の残滓《ざんし》が消えたことは、あらゆる人の目に明らかとなった。

　この事件の最中に〈カフェ・クランツラー〉にいたウィリアムは、SS部隊の監視下に置かれた。彼は、自分はウィリアム・パトリック・ヒトラーで総統の甥だと言うと、ナチスのSS隊員たちは、うまい冗談だとばかりに笑い飛ばした。呆然となったウィリアムは、連行されて一晩牢獄にぶちこまれた。イギリス領事館への電話で事実が確認され、翌朝ようやくウィリアムは解放された。すべてが偶然だったのか、それとも高官が一役買っていたのか、それはウィリアムには突き止められなかった。

おじヒトラーへの圧力

いずれにしても計画は期待どおりには進捗《しんちょく》しなかった。仕事も収入も取るに足りないものだったし、まだヒトラー家の一員として正式に認めてもらったわけでもなかった。ウィリアムは銀行を辞めて、もっと儲かる仕事をしたかった。そこで一九三四年秋に、ドイツ首相官邸宛に、アドルフ・ヒトラーとの個人的な面会を希望する旨の手紙を書いた。返事は一〇月二四日にヒトラーの副官の一人から来た。

「拝啓　ヒトラー殿
今月二五日（木曜日）一三時から首相官邸内での協議に出席してくださるおつもりがおありでしたら、非常にありがたく存じます。
ナチス式敬礼をもって
SA中将ヴィルヘルム・ブリュックナー」*170

この訪問では、期待した成果を得られなかった。ヒトラーは姿を見せず、ブリュックナーが出迎えただけだったのだ。ブリュックナーは自分の事務机を前にして座ったままでいたので、ウィリアムは学校の生徒みたいに彼の前で立ち尽くしていなければならなかった。

「総統とお話しになりたいのですか?」とブリュックナーは質問した。「なぜお会いになりたいのです?」。ウィリアムは答えた。「私はおじと話がしたいのです」「ええ、わかっております。あなたはもっとお金がほしいんですね」。ブリュックナーが陰険に笑った。「誰だってそうですよ」。ブリュックナーはウィリアムの新たな求職希望を冷徹に拒否した。「あなたは今、快い立場におられる。総統はあなたに対する義務を実行なさった。これ以上何もなさるおつもりはありません」[*171]。ドアが開いて、ウィリアムはもう外に連れ出されていた。

ウィリアムは腹を立てた。総統の甥にこのような扱いは許されない。大金は得られず、すげない拒絶を食らっただけ。ウィリアムは帝国商業銀行の上司と話をし、辞職したいと告げ、イギリス帰国をそれとなくちらつかせた。しかし、上層部からの許可なくしては何も進まないこと、しかも解約告知期間というものがあることがそくざに明らかになった。

ウィリアムは攻撃的になり、あからさまに脅すようになっていく。アドルフ・ヒトラーの副官ユリウス・シャウプ宛に、一九三四年一一月二九日付で手紙を書いた。その手紙をシャウプがアドルフ・ヒトラーに見せるだろうと確信していたのだ。

「拝啓　シャウプ殿！

私が帝国商業銀行を去ることができるのは、八週間の解約告知期間のあとだということははっきりわかりましたが、私は遅くともクリスマス前にはドイツを去りたいと思っておりますので、貴殿にとりなしをお願い申し上げます。

しかしながら、以前と同じ考え方でイギリスで暮らしても、それは無意味です。私は通常なら、私のおじと同様に心からの待遇を受けられるはずなのです。そこで私は、何年にもわたって私の生活と私の母の生活を痛めつけた政治的影響から完全に脱却するつもりであることを明白にしたいのです。それを実現するために、イギリスでの私の生活状況の改善を確実にする意味で、私はイギリスの新聞に説明するつもりでおります。それによっておじとは対立せざるをえません。残念なことに、このことを避けるのは不可能になってしまいました。なぜなら、私のささやかな、しかしながら緊急に必要な生活の前提条件を満たさない状況、あるいはその条件にふさわしくない状況に私が忍従できないからです。

私はクリスマスを母のもとで過ごしたいと思いますし、今後ドイツに戻るつもりもありませんので、労働契約の条件を遵守することは不可能です。ですから上記のお願いをよろしくお取り計らいくださいますよう、再度お願い申し上げます。心からのご挨拶を添えて。

W・ヒトラー[*172]」

この手紙は、さまざまな美辞麗句に彩られてはいるが、つまりは脅迫状だった。ウィリアムは、大金を得るために一族の内情を新聞に知らせることを、おじにあからさまに申し渡したのである。アドルフ・ヒトラーもそのように理解した。ナチス専属の長年の弁護士でのちのポーランド総督ハンス・フランクはこう述べている。

「ある日……私はヒトラーに呼ばれた。彼はプリンツレゲンテン広場の自宅にいた。彼は私に一通の手紙を見せて、こう言った。これは『自分の家系に関わる〈忌まわしい脅迫〉であり、仕掛けたのは、私にとって最も不愉快な親戚だ』。もし私の記憶に間違いがなければ、その仕掛け人は異母兄アロイス・ヒトラー（ヒトラーの父が別の女性と結婚してもうけた子）の息子であり、その息子は、『ある種の新聞報道に関連して、わが一族の非常に明確な事実が世間に広まらないようにしたいでしょう』とほのめかしていた。そこに暗示されている新聞報道とは、『ヒトラーにはユダヤ人の血が流れている。したがって彼は反ユダヤ主義を唱える資格に乏しい』という趣旨の記事だった。しかし、その新聞報道はあまりに一般的な内容になっていたので、ヒトラーはそれをきっかけに何らかの行動をとることはできなかった。これにまつわる問題はすべて、熾烈《しれつ》な闘いのなかで消えていった。しかし、親戚筋から出た今回の脅迫めいた暗示には、どこか重大なところがあった。ヒトラーの依頼を受けた私は、この件を秘密裡に探ってみた」[*173]

いずれにしても、ウィリアムはこの手紙で成功を収めた。彼は、アドルフにはユダヤ人の先祖がいるという噂話を耳にしていた。ヒトラーは当時この説を非常に真剣に受けとめていた。なんと言ってもこの説は、自分が主張している人種非難を根底からくつがえしかねないのだ。反ユダヤ主義者自身の祖先にユダヤ人がいるなどということは、あってはならないことだった。

この噂は一九三三年七月の報道によってさらに広まり、多くの公衆の知るところとなった。『エスターライヒッシェ・アーベントブラット』紙が「ヒトラーの母親は同名のチェコ系ユダヤ人の家に生まれた」と大見出しで報じたのである。

また七月一三日には『ニューヨーク・タイムズ』紙がこの話を大々的に報じた。それによると、チェコの都市ポルナー[*訳註]のユダヤ人文書係アレクサンダー・バッシュが、一八〇〇〜三〇年にプラハで生まれた人たちを記した名簿のなかに、ヒトラー姓をもつユダヤ人の名をいくつか見つけた。また、当時ポルナーの墓地にあったヒトラー家の一人の墓には、ヘブライ語で墓碑が刻まれていた。そして、それを写した一枚の写真が証拠として提示され、紙面をにぎわせた。

さらにバッシュは同紙で、「われわれの民族の大敵であるアドルフ・ヒトラーが、ユダヤ系であることを私は証明した」と言っている。ユダヤ系のヒトラー一家の四人、つまりアブラハム、その息子ヤコブとレオポルト、それに娘クララがウィーンへ引っ越していったというのだ。「そしてクララ・ヒトラーは、ニーダーエスターライヒ州［オーストリア］のシュピタールに移った。彼女こそ、アドルフ・ヒトラーの祖母の姉妹である」

この新聞記事および、ヒトラーという名前が刻まれたユダヤ人の墓の写真は、一大センセーションを巻き起こした。ヒトラーの敵たちは喜んだ。ヒトラーはそうした報道に神経質になったが、いちばん思いどおりにならなかったのは、「とくに信頼に足る証人」として新聞に登場して新たなユダヤ人説を披露している一人の親戚、つまりウィリアムだった。

だが、ずっとのちになって歴史家たちは、「チェコにはヒトラーという姓がよくある。ヴァルトフィアテル地方のヒトラー家とは親戚関係はまったくなくて、たんに偶然の一致にすぎない」ことを発見することになる。

とはいえ、奇妙な状況であることに変わりはなかった。野心家で享楽的な青年が、おじを脅迫しようとしたのだ。しかも、そのおじがどこにでもいるようなおじではな

＊訳註 ヴァルトフィアテル地方に近い。

くてアドルフ・ヒトラーだった。脅迫、暴力、殺人を糧にし、そうしたことを日常茶飯事と見なしている男。愚直でどこまでも自尊心の強い青年は、勇気を振りしぼってその男と対決しようとした。小さなヒトラーが大きなヒトラーに対して汚い手を使って闘った。

だが、ウィリアムは帝国商業銀行から倍額の給与を受け取るようになったし、ヒトラーからはドイツ首相官邸のスタンプが押された一〇〇マルク以上の現金小切手をもらう。これで今までより生活はよくなったが、ウィリアムが想像していたよりもはるかに低い金額だった。

彼はまた抗議し、最終的には一九三五年にアダム・オペル社に就職し、前より高額の給与を得る。当初の短期間は、リュッセルスハイム［フランクフルト近郊］の本社でメカニックとして働いたが、その後はベルリンのクーアフュルステンダム二〇七番地にある〈エドゥアルト・ヴィンター〉という店でオペル車を売るセールスマンになった。

ウィリアムの生活は改善された。住まいについてはあまり要求が高くなかったので、ウーラント通り一六三番地の四階にある簡素な部屋に住んだ。そこで一度、偶然ジャズ・ミュージシャンのルネ・シュマスマンと会っている。彼は自分のバンドであるラニギロ・ホット・プレーヤーズ*訳註といっしょにベルリンに演奏に来ているあいだ、そこで一部屋を又借りしていたのだ。

当時すでにジャズはナチスから「退廃的」な音楽という烙印を押され、「下等人間」「ギャング」「ユダヤ人」と関連づけられていたので、ミュージシャンが舞台に出るのはしだいに難しくなっていた。シュマスマンはこう回想している。

「ある朝のことだが、何世帯かが共同で使っている郵便受けに一通の手紙が入っていて、パトリック・ヒトラー様宛と書いてあったんだ。そこで、そこの住居の女性オーナーに訊いてみた。『こちらにあのヒトラーが住んでるんですか？』『シーッ、とんでもない。大騒ぎしないようにしてくださいよ。ここに住んでるのは総統の甥なんです！』と彼女は不安そうに言った。そのパトリック・ヒトラーはちょうど私の隣の部屋に住んでいて、よく蓄音機ですばらしいレコードをかけていた。

私の手元には当時、パウリ・シェーアがピアノを弾いたエゴン・フェルナンデス・ツェンカーの『さよならなんて言わないで』の試聴盤がバーゼル「スイスの都市」から届いていたんだが、蓄音機がなくて試聴できないでいた。そこでヒトラーのドアをノックした。彼が出てきた。総統と同じ顔つきをしてたよ。このレコードを試聴させてくれないかって訊いてみた。英語で訊いたんだ。彼がイギリス人だって知ってたから

＊訳註　ラニギロ〈Lani-giro〉は、オリジナル〈original〉のスペルを逆転させたもの。

ね。彼とはちょっとおしゃべりしたよ。おじさんとよく接触はあるのかとも訊いたよ」[174]

ウィリアムが熱中していたのは音楽だけではなかった。法学部の学生オットー・シュレッパーといっしょに、夜のベルリンを徘徊していたのである。シュレッパーのほうは、半日は〈ドイツ《ドイツチエス》・ファミリーデパート《ファミーリエンカウフハウス》〉(略してデファカ)で働いていた。そのデパートのある従業員が、以前イギリスにショッピングツアーをしたとき、ロンドンでウィリアムと知りあい、彼に〈デファカ〉で働かないかと誘ったことがあった。なぜなら、そのデパートはユダヤ人商人ミヒャエル・ヤコプが経営していてアーリア化されそうになっていたので、幹部たちは、外国人が入社してくれれば今後の展開が有利になると踏んでいたのだ。だから、イギリス人ウィリアムが今ベルリンにいると知った経営者はシュレッパーに、ウィリアムを引き連れて町じゅうをまわり、入社を誘ってくれと頼んだのである。

シュレッパーはこう回想している。「彼にドイツ文化を紹介するようにと言われた」。そこで劇場や美術館、博物館に連れていってやるとウィリアムに言ったのだが、「ウィリアム・パトリック・ヒトラーは、ドイツ文化にはまったく関心がなかった。興味を示したのは女の子と酒、そして金」[175]。

大都会ベルリンは、遊び好きな青年に楽しみをたっぷり提供してくれた。フリードリヒ通り駅の橋の下にあるバリエテ*訳註〈ヴィンターガルテン〉は、「樽を使ったアクロバット」など多種多様なプログラムで客を誘っていたし、しかも「最上のグラスワイン」と「冷肉料理の盛大なヴァイキング料理」が「安価で」出されていた。そこから数分歩けばベーレン通りに〈アトランティス〉があって、四つの楽団をそろえて「美女たちの夜――入場無料」と銘打っていた。また、近くの街角には〈タンツバー・ロココ〉が開いていたし、さらにフリードリヒ通りに沿って先へ行けば、〈カフェ・インペラートル〉とダンスキャバレー〈ファウン〉があった。後者は「モダンで芸術的な出し物」を提供していて、客は歌を聴いたりバレエを見ることができたし、合間に自分で踊ることもできた。

ウィリアムとシュレッパーは、フリードリヒ通りとライプツィガー通りの交差点にあるレストラン〈モッカ・エフティ〉に入った。二階では、午後のお茶の時間に催されるダンスパーティーに合わせてジェームズ・コック楽団が演奏していたので、「ドイツ最大のコーヒーハウス」というキャッチコピーどおり、「ベルリンの主婦にとって最高の待ち合わせ場所」になっていた。

この店には、目を見張るものがふんだんにあった。二面のダンスフロア、トルコ風

＊訳註　バラエティに富んだ出し物を見せる劇場兼レストラン。

のミュージックサロン、ビロード張りの椅子、そしてテーブルに置かれた電話。それを使えば、フロアの遠くにいる人とこっそり電話ができた。ここで青年二人はある晩、いろいろな女性とダンスを楽しんだが、ウィリアムのナンパは成功しなかった。相手の女性がユダヤ人とわかったとたん、シュレッパーが彼を外に引っ張りだしたのだ。相手

シュレッパーの誘いに乗ってツォー駅近くの国土防衛カジノ内で開催されていた〈デファカ〉の祭典にやってきたウィリアムは、ちょっと飲みはじめたところで一人の女店員をダンスに誘い、片言のドイツ語で言い寄った。「セックスしない？」[*176]。相手は憤慨の目つきでウィリアムを見つめながらも、思わずくすくす笑っていた。

ウィリアムは自分の有名な姓を意識的に使いながら、こうした集まりの場を利用して人脈を広げていったので、ときどき晩のパーティーに招待されるようになる。そしてソ連からの移住者、シュナプス［焼酎］販売店主の知人たち、外交評論家、さらにのちの外相ヨアヒム・フォン・リッベントロップらと知りあうようになった。彼にしてみれば、飲み食いがただで愉快な時を過ごせるようになったし、自分のことを大物だと意識するようにもなった。そして、見てくれはおじのまねをしていた。短く刈った口髭と髪の分け目だけでなく、登場の仕方やしぐさまでも模倣したのである。

「私がおじを憎んでいる理由」

彼は、一九三七年一一月にロンドンの母ブリジットのもとに戻ったとき、ヒトラーの禁令に反して『デイリー・エクスプレス』紙とのインタビューをおこなわずにいられなかった。「私こそヒトラー家唯一の正当な子孫です」と彼は女性記者に告げた。二六歳になっていたウィリアムは、アドルフ・ヒトラーのまねをして腕組みしながらこう言った。「このポーズは生まれつきのものです。自分が頻繁にこうすることに初めて気づいたのです」。女性記者がメモをとる。「ウィリアム・ヒトラーは、彼の崇拝の対象であるおじにそっくりだ。口髭は、まさにうり二つ」*177

母はその後も質素な暮らしを続け、ロンドン北部ハイゲイト地区プライオリ・ガーデンズ二七番地の住まいに住んでいた。部屋を貸して、収入をいくらかでも増やしていた。イギリスの国籍はまだとれなかった。息子からの仕送りは期待できなかったが、おそらくそれはドイツからの送金が許可されなかったからだろう。

ウィリアムの生活は期待に反して優雅とは言えなかった。数々の招待は楽しかったが、ベルリン在住のナチス幹部の威容と贅沢な暮らしとはかけ離れた生活だった。自動車セールスマンの仕事はたしかにそれなりの収入をもたらしはしたが、このままでは金持ちになれるはずもなかった。

しかも彼は職業のことで悩んでいた。その原因が、上司への不満や低収入といった外的なものだったのか、それともたんに長期間にわたって同じ職に就いていられないという彼の性格にあったのか、それはもうわからない。だが結局、ベルリンでのオペル車販売という職にも、すぐにまた終止符が打たれた。こうしてウィリアムは一九三八年に失職した。

「ヒトラーの命《めい》で私は解雇され、苦難の生活が始まった。就業許可証をとりあげられたので、新しい仕事に就くことができなくなった」[*178]

解雇の引き金になる出来事が起こっていた。ウィリアムはこう書いている。

「私はオペルの自動車販売実績を高めるために、自分がヒトラーの甥だということをお客さんに言わないではいられなかった。そう言っておけば、お客さんが車を買ってくれたときには、いわば間接的にヒトラーに好感をもってもらえると思ったのだ」

残念なことにウィリアムは車のセールスのさいに偶然、忠実なナチス党員に出くわしてしまった。その党員は警察に電話して、ある人物が「自分はヒトラーという姓で、総統の甥だ」と主張していると伝えた。警察はドイツ首相官邸に問いあわせた。これが災難の発端だった。アドルフ・ヒトラーはその報告を受けた。彼はそくざに対応し、ウィリアムがオペル社での職を失うよう仕向けた。アドルフ・ヒトラーの副官たちは、ウィリアムに対して容赦ない攻撃を仕掛けた。「彼らは私を逮捕すると脅してきた」

けれどもウィリアムは首相官邸にさらに請願書を次々と送りつけ、最終的には就業許可証を再取得して、こんどはシュルタイス・ビール醸造会社（ベルリンのランツベルク大通り二四番地）で働くことになった。この職に就けたのは、全国婦人運動指導者ゲルトルート・ショルツ＝クリンクの力があってのことだった。彼女はウィリアムに対して母親のような感情を抱いたのである。また、彼女と知りあったことでウィリアムは再び各種の招待を受けるようになった。

しかし二七歳のウィリアムは、不快と失望、そして怒りにさいなまれていた。ドイツに五年間いたのに、偉大な地位にも就けなかったし、優雅な生活もできなかった。彼にしてみれば、これはアドルフおじとナチス幹部の責任としか思えなかった。自分を偉くすることくらい、アドルフおじにしてみれば朝飯前だったはずだ。それさえやってくれていれば、自分は薄給の仕事を今まで必死にやる必要はなかったはずだし、ヒトラー家の一員として、ナチスの栄光を浴びて裕福に暮らせたはずだ。ウィリアムはアドルフおじからとくに嫌われていると感じていた。

政治情勢も変化をきたし、オーストリアへの侵攻によりアドルフ・ヒトラーの拡大政策は変質を見せていた。外交が苛烈さを増していたのだ。「故郷ドイツとの統合を《ハイム・インス・ライヒ》」という運動により、ズデーテン地方の併合が促されていた。そして結局、ミュンヘン協定によってチェコスロヴァキアは同地方の割譲を余儀なくされ、同国自体も圧力下に置かれることになった。戦争の気配がしてきた。

ウィリアムは、ドイツを引きはらって、どこか別の場所に腰を落ち着けるべき時が到来したと決心した。一九三九年一月にこっそり旅立つ。友人に自動車でオランダ国境まで送ってもらい、そこからロンドンの母のもとに帰った。アドルフおじも父アロイス・ジュニアも彼の失踪を知らなかった。

ウィリアムの頭のなかではすでに計画ができあがっていた。母ブリジットといっしょに、無限の可能性を秘めた地アメリカで再スタートするつもりだった。母はその計画が気に入った。彼女はもうさまざまな困難に陥っていたので、何もかも片がつけば嬉しかったのだ。イギリスのパスポートはまだ取得できなかったし、ヒトラーという姓もイギリスでは月を追うごとに大きな負担になっていった。いわば、ウィリアムがイギリスの新聞に売りこんだ後遺症だった。

経済的にも母は豊かとは言えなかった。それどころか破産状態にあったと言える。電気代も払えなかったのだ。そのため彼女は一九三九年一月一九日に、ハイゲイト地区の警察裁判所で尋問を受けるはめになった。延滞額は九ポンド一三シリングだった。「今まではドイツからのお金に期待していた。けれども、それについては今は何もわからない」と彼女は言った。裁判所側は納得しなかった。結局彼女はその金額を六週間以内に分割払いすると約束した。今やヒトラーという姓が呪いとなっていた。ロンドンの『イヴニング・スタンダード』紙は、母のこの窮境を報じた。

イギリスを去る理由がもう一つあった。ウィリアムがアメリカの観光ビザを二人分取得したのだ。こうして二人は〈S・S・ノルマンディー〉号に乗船した。もう電気代など払いはしなかった。姓で目立ってはまずいとばかりに、二人はカーター＝スティーヴンスという姓で乗船していた。こうして一九三九年三月三〇日、二人はニューヨークに着いた。

アメリカの地を踏んだとたんに、ウィリアムは人が変わったみたいになった。報復心に満ちあふれたのである。新たな使命を感じていた。アドルフおじに対して公然と闘いを挑むことにしたのだ。二八歳になっていたウィリアムは、そのために自分の姓を活用することにした。やり方は心得ていた。新聞を利用すればいい。ニューヨーク到着直後にウィリアムは、イギリスにいたときと同じくインタビューを受けた。『ニューヨーク・タイムズ』紙の記者に向かって彼は、アドルフ・ヒトラーは「全世界にとって脅威だ」と語った。アドルフおじに対する個人的な恨みをみなぎらせたウィリアムは、驚くほど先見の明を発揮し、冷静に自分の意見を述べた。なんといっても第二次大戦は五カ月後に迫っていた。

アドルフ・ヒトラーは三月一五日にはチェコを占領し、みずからプラハに向かった。三月二三日にはリトアニアの管理下にあったメーメル地方に侵攻し、リトアニア政府と返還条約を締結する。それでも他国は、こうした攻勢が今後どのように、またどのくらいの速度で拡大していくか、それについてはっきり認識していなかった。他国は宥和政策の成功をまだ信じていたし、ポーランドの独立を保証していた。

だが、アドルフ・ヒトラーへのウィリアムの評価は徹底して否定的だった。一九三九年三月三一日付の『ニューヨーク・タイムズ』紙上で、彼はこう推察している。「彼［アドルフ・ヒトラー］は、自分でも止められないフランケンシュタインを造ったのだと私は思う。……彼はヨーロッパ文明を、そして、ことによると全世界を破壊できる力をもっている。全体主義国家が戦闘で勝利を収めるのは、みずからの力によってではなく、民主主義者の弱さによってなのだ」

母ブリジットも発言した。「ベルリンにいるヒトラー一族は、私たちがここを訪れたことを喜んでいないと私は推測する」

まさにそのとおりだった。厄介な甥にまつわる外信をアドルフがどう感じたか、それを想像するのは困難ではない。ウィリアムは次々とインタビューを仕掛けた。アメリカの『タイム』誌四月一〇日に掲載された記事によると、「ウィリアムはアドルフおじを憎んでいる。理由は二つあって、彼の政治姿勢と、一族に対する態度。……総統は血縁関係について質問されるのをとくにいやがる」。だがウィリアムはヒトラー家の家系を詳しく述べた。その内容は、姉妹や異母兄との関係、アドルフ・ヒトラーの父が私生児だったこと、そしてシックルグルーバーからヒトラーへの改姓がうさんくさいことにまで及んでいた。

これは、アドルフ・ヒトラーについて今まで味気ない外交政策の話しか知らなかったアメリカ人読者にとって恰好の話題となった。あらゆる権力を駆使してドイツでのそうした発表を阻止してきたあの独裁者アドルフ・ヒトラーが、アメリカの公衆を前にして、いわば丸裸になったようなものだった。[*179]

ブリジットとウィリアムは六番街の〈バッキンガム・ホテル〉に投宿していた。ウィリアムにとって新聞は、自分のメッセージのメガホン的な存在だけではなかった。新聞への登場は社会に受け入れられることだと理解した彼は、新聞紙上に何本かの独占手記を掲載するよう手配した。もちろん高額の原稿料と引き換えだった。

一九三九年にウィリアムはアメリカの写真雑誌『ルック』に、「私がおじを憎んでいる理由」という題で、身内の争いについての記事を何ページか載せた。アドルフ・ヒトラーの写真をあしらい、さらに自分の個人的なアルバムからも写真を転載しながら、ヒトラー帝国内での自分の歩みについて述べ、アドルフの取巻き連中を分析した。

さらに八月四日には、フランスの『パリ・ソワール』紙に「私のおじアドルフ」というタイトルの記事を載せ、内輪の事情を公開した。その記事を読むと、時間的にも地理的にもすでにかなり離れていたにもかかわらず、まだウィリアムがアドルフおじのケチぶりを怒っていることがうかがえる。

「彼［アドルフ・ヒトラー］は、たまたま自分と姓が同じ人たちを全員助けることはできないと言った。……ちょっと合図するだけで、近縁者の財布をいっぱいにできたはずだが、彼はそんなそぶりをこれっぽっちも見せなかった。……私は月給を一二五マルクもらうことになっていたが、これはひどい薄給で、まさに生きるか死ぬかだった。……結局ある銀行に勤めさせられたが、母への送金は不可能だった」

ウィリアムは、ヒトラーに書き送った手紙のことを述べた。しかし、おじの返事はこうだったという。「残念なことに、おまえにだけ特権を与えるわけにはいかない」

アメリカでの使命

ウィリアムが新聞にこのように売りこんだあとの一九三九年九月一日、ドイツ軍がポーランドを攻撃して、ついに戦争が公式に始まった。ウィリアムは自分の経験をアメリカとカナダの聴衆に理解してもらおうと、まずウィリアム・モリス劇場エージェンシーとマーケティング契約を結んだ。同社がウィリアムのために講演ツアーの計画を立てる手はずだった。料金を払って入場する聴衆たちは、きっと本物のウィリアム・ヒトラーを見て驚嘆し、政治およびヒトラー家の強烈な話に耳をそばだてるだろう、というもくろみだった。

だが同社はすぐさまウィリアムに愛想を尽かし、契約を破棄した。そこでウィリアムは一九三九～四〇年には、ニューヨークの四五丁目にあるハロルド・R・ピート・エージェンシーに移籍した。だがこの契約も長続きしなかった。こんどはウィリアムのほうが催し物の計画に不満だった。その次には、五番街のウィリアム・フィーキンズ事務所に身を委ねることになった。

ウィリアムは、たとえば一九三九年一一月二日に、トロント（カナダ）のマッシー・ホールで講演をおこなっている。アドルフ・ヒトラーばりの髪の分け方と短い口髭はやめていた。彼はエロール・フリンのような髭*訳註と、縦縞のグレーのスーツ、白いワイシャツ、そしてネクタイという出立ちで登場した。まさに上品で真面目な登場であり、客席からは世慣れた様子に見えた。新聞記事を引用しよう。

「カナダ人聴衆から見ると、彼はその態度、登場の仕方、言葉遣いの点で、イギリス人というよりアメリカ人のように見えた。……『ヒトラーの甥』と聞いて想像するような特徴はまったくない。その逆にとてもくつろいでいるし、二八歳のハンサムな青年だ。その姓ゆえに注目されてはいるが*180」

たいていの講演の場合と同じく、彼は個人的な話を少ししたあと、政治情勢について意見を述べ、ヒトラー家と、アドルフ・ヒトラーの取巻き連の逸話を述べた。そう

*訳註　いわばコールマン髭。細くて横長の髭。

した話は、聴衆の覗き趣味を完全に当てこんでいた。それどころか、そうした話のなかには、無理やりこじつけたようなところもあった。

彼は「ベルヒテスガーデンと首相官邸内でおこなわれている狂宴」について述べ、そうした場所では「大酒を飲み、とんでもないことがおこなわれている」と語った。またヒトラーがいつも「牛用の大きな鞭」を持っているとも言った。「ヒトラーの仲間のなかには変態が大勢いる。ヒトラーは最も忌まわしい男たちに囲まれている。性的倒錯は、彼の親友のあいだでは日常茶飯事だ」。ウィリアムはアドルフおじのことを「サディスト」と見なしていた。しかも「病的な症例であり、まるで軍隊を前に演説でもしているように他人に話しかけたり、独り言を言ったりする」。ウィリアムは聴衆に向かって「こんなに頭のおかしいヒトラーが世界を支配しようとしている」と明言し、だから連合国はヒトラー帝国の出過ぎた振舞いをたしなめる必要があると述べた。そしてこう予言した。「ヒトラー体制は、革命と破壊で終局を迎えるだろう。イギリスは一年以内にヒトラーを支配下に置くと私は思う」*181

ウィリアムは政治集会にも姿を現わした。一九四一年末には、「民主的行動の連合《ユニオン・フォー・デモクラテイック・アクション》」が「自由のための戦い《ファイト・フォー・フリーダム》」および「連合国を助けてアメリカを守る委員会《コミッテイー・トゥ・デイフエンド・アメリカ・バイ・エイディング・ジ・アライズ》」のニューヨークのグループといっしょにマンハッタン・センターで催した集会に登場し、一〇〇〇人の参加者を前に演説した。主張はいつもと同じで、「アメリカはヨーロッパにお

ウィリアム・パトリック・ヒトラーと母ブリジット・ヒトラー

いて、軍事行動をもっと活発におこなうべきだ」というものだった。参加者たちは、アメリカ大統領フランクリン・D・ローズヴェルト宛の、以下の決議案を可決した。

「ナチスとソ連の戦争は民主主義者にとっては、両者に壊滅的な打撃を与えヒトラー主義とファシズムを完膚無きまでに粉砕する好機であると、われわれは信じている。そこでわれわれは、あなたがこの機会に手をこまぬいていることなく、軍隊の長として即刻措置を講じるよう要請するものである[*182]」

　戦争が長引くにつれて、ウィリアムの講演に対するアメリカ人の関心は薄れていった。開催会場は狭くなり、聴衆の人数は少なくなり、収入も減少していった。もっと入場券が売れるようにと、どぎつい広告が乱れ飛んだ。「ドイツ総統アドルフ・ヒトラーの甥ウィリアム・パトリック・ヒトラーが明かす現ナチス・ドイツ総統のセンセーショナルな真実」とか、「ヨーロッパで奴隷化されている人々に加えられている陰謀についての、彼の大胆な講演を聴こう」といった文字が躍った。

広告に加えて、ウィリアムは地元名士などのコメントもいっしょに印刷させた。たとえば、ウィスコンシン州の教育長のコメントはこういう文面だった。「若きパトリック・ヒトラーの演説は、私の期待をはるかに上回った。土曜日の集会で彼ほど聴衆に対して成功を収めた演説家はかつて一人もいなかった」。また、コーツヴィルのYMCA主事はこういうコメントを寄せた。「一五〇〇人ほどの聴衆が集まった。彼の講演は堂々としており、すべての質問に満足のゆく受け答えをした」。バッファロー・アドヴァタイジング・クラブでは、六〇〇人の客が一人一ドルの料金を払って入場した。

ウィリアムは以後、講演内容を現実の政治情勢にもっと関連づけようとした。『ニューヨーク・タイムズ』紙によれば一九四一年一一月に彼は、バレル・メモリアル・ホールを会場とするマーブル・カレッジエイト改革派教会男性連盟のディナーで話をした。このときのテーマは「ルドルフ・ヘスの秘密」だった。ほかにも、「ドイツ人が本当に考えていること――ナチスはどのようにドイツ国民のなかの反対勢力を黙らせてきたか？　そして復讐の準備はどうやればいいか？」というテーマで演説することもあった。

一九四二年一月には地方巡りをし、たとえばノースカロライナ州ウィルミントンに行った。その地で彼は、おじアドルフ・ヒトラーは「自分の権力だけを必死に求めていて」、自分のことを「世界でいちばん偉大な人間」だと思っていると述べた。さらにアドルフは「病気」であり、ルドルフ・ヘスは側近のなかではいちばん健全だ。またドイツ民族は「世界じゅうから遮断されていて」、もし外国のラジオ放送を聴けば死刑になるとも語った。ともあれ、ウィリアムは何年間か、講演料で豊かな暮らしができた。一晩の講演料は平均一五〇ドルだった。

母ブリジットは、彼といっしょにニューヨークの一四二丁目のアパートに住んでいた。彼女も一九四一年六月には、マンハッタンの五番街にあるイギリス戦争扶助センターに登録した。「ちょっとばかげて聞こえるかもしれないけど、私の姓はヒトラー。でも、ほかの人たちと同じくらい頑張って働くつもり」と新聞のインタビューで述べている。アドルフ・ヒトラーに対しては、恨み骨髄の発言をしている。「アドルフは縛り首か電気椅子にすべき。長い拷問を受けて、毎日少しずつ苦しみながら死ぬべきだ」[*183]

四九歳になったブリジットは、アメリカ国籍を取得したかったが、まだ観光ビザしか持っていなかった。カトリック信仰の環境で育った彼女は、アロイス・ヒトラー・

ジュニアとの結婚の無効をローマ教皇に宣言してもらおうとしたが、結局不成功に終わった。

ブリジットとウィリアムの母子にとって、ヒトラーという姓がまたしてもしだいに負担になってきた。講演者としてはその姓が役立ったが、私生活では引け目を感じていた。あてこすり、ばかげた質問、あるいは敵意を浴びせられることも珍しくなかった。

金稼ぎのための別のアイデアも、当面は水泡に帰してしまった。ウィリアムは自分の話を本として出版したいと考えるようになっていたのだ。当然思いつきそうなことだ。計画では、タイトルは「私のおじアドルフ」。本の出版を手助けしてもらおうと、アメリカン・マーキュリー・マガジン社のユージン・ライアンと会ったが、意外な忠告を受けてしまった。「そういう本は今のような戦時中にはあまり関心を呼ばない。残念だがチャンスは過ぎ去った。そうした本は開戦前に出すべきだった」と言われてしまったのだ。

出版社こそ見つけられなかったが、ウィリアムはそれでも一九四〇年代に母といっしょに回想録を書いていた。のちにその原稿は、印刷されないままニューヨークの公共図書館に保管され、一九七九年になってようやくマイケル・アンガーの尽力により、『ブリジット・ヒトラーの回想録』というタイトルで刊行された。ウィリアムが手助けしたことは明らかであり、おそらくゴーストライターも一人いたと思われる。その本は客観的な事実だけでなく、血湧き肉躍るような作り話が混じっているが、それはよく売れるようにするためだったと思われる。ばかげた文章や、事実に即さない箇所も入っていて、たとえばアドルフ・ヒトラーは一九一三年に異母兄アロイスと、ダブリンにブリジットを訪ねたと記されていたりする。

講演旅行中のウィリアム・パトリック・ヒトラー

ローズヴェルト大統領への手紙

ウィリアムは一九四二年に新しいもくろみを抱いた。今まで講演のなかで述べてきた考え、提案を実践に移そうと思ったのである。具体的には、ナチス・ドイツに対してプロパガンダ戦をおこなうだけでなく、自分の体を使ってナチス体制およびアドルフ・ヒトラーと戦おうとしたのだ。これこそウィリアムがめざした「アドルフおじとの究極の対決」だった。アメリカに来た当初は言葉だけの戦いだったが、ついに武器を使った戦闘へと激化したのである。

これだけ聞くと、ちょっと西部劇の決闘を想起させる。最後には一方が死んで地面に横たわるという、あの筋書きである。しかしウィリアムに可能な方法はごく限られていた。軍隊に入ってドイツを相手に戦うしかなかったのである。決心は容易だったが、実行は困難だった。

なぜなら、ウィリアムはイギリス国籍だったからだ。ニューヨークには「住んでいるだけ」だったからである。つまり、異国に住んでいるだけだったのだ。そこで、カナダ軍に入ろうとしてイギリス領事宛に手紙を書いた。回答はノーだった。「ミスター・ヒトラーはむしろ講演旅行を続けるべきだ」との理由だった。だがウィリアムはあきらめなかった。ドイツにいたときに使った手段に打って出たのである。つまり、国家元首に直訴したのだ。一九三〇年代にはアドルフ・ヒトラーに手紙を書いた彼が、こんどはアメリカ大統領ローズヴェルト宛に書面をしたためたのである。一九四二年三月三日付のウィリアムの手紙を引用しよう。

「フランクリン・D・ローズヴェルト閣下

アメリカ合衆国大統領、

ホワイトハウス、
ワシントンDC

拝啓 大統領殿

私は今から、閣下およびホワイトハウス勤務の方々の貴重なお時間を頂戴するという勝手な振舞いをいたしますが、お許しいただけますでしょうか? 国民が現在重大な時期を体験していることを肝に銘じつつ私があえてこう申しますのは、ひとえに閣下だけが、私の困難かつ独特の状況を改善してくださるお立場におられるからであります。

できるだけ簡潔に私のジレンマを述べさせていただくことをお許し願いつつ、閣下のご厚意あふれるおとりなしを希望するものであります。

私は、現在暴君として世界じゅうの自由なキリスト教民族を隷属させようとしているドイツの悪名高き首相、総統の甥であり、ただ一人の末裔であります。閣下の練達のご指導のもと、信仰と国籍を異にする男たちは一致団結して、今後神の御心にかなった道徳的な社会で生きて奉仕していくか、それとも悪魔のような不信心な体制の奴隷になるか、その決着をつけるべく現在戦っております。

今や世界じゅうの誰もが、みずからの人生目標を考える必要に迫られているのです。深い宗教心を抱いている自由な人間にとっては、自分に最後まで力を与えてくれる回答、決定は一つしかありません。

私は大勢のなかの一人にすぎませんが、この私にしましても、われわれが最終的に勝利を収めるために命を賭して偉大な貢献ができるのであります。

私の親戚と友人は全員が今すぐにも、平和と協調のために、アメリカ合衆国の国旗のもとで行進する所存です。そのためにこそ、大統領閣下、私は閣下に、暴政と抑圧に抗する戦いに私が加わることを許可していただけますよう、尊敬の念をもってこの請願書をお送りするしだいです。現在の私は、戦いに加わることを拒否されております。一九三九年にドイツ帝国から逃亡したときに、私がイギリス国籍を持っていたからであります。私は当地在住の親戚と会うために、アイルランド人の母親といっしょにアメリカにやってきました。同時に私には、アメリカ合衆国で執筆し講演をおこなうようにとの契約が提示されていました。これは緊急を要しておりましたので、移民許可を願い出る時間が充分にはありませんでした。ですから私は観光客として入国せざるをえなかったのです。

私の母はオーストリア当局によって無国籍とされましたので、私にはもはやイギリス人の身内は一人もおりません。私の親戚は全員がアメリカ人です。

私はイギリス軍に入ろうとしましたが、講演で成功しましたので、自分が多くの聴衆を集める政治演説家の一人になったものと考えます。ボストン、シカゴなどの都市では、私の講演に入場しようとする群衆を警察が押しとどめねばならない事態になったことも頻繁にありました。その結果、［私にとっては］残念なことに、イギリス当局は私に対して、今までどおりに［講演を］続行するようにと頼みこんできたのです。

イギリス人は島に住む民であり、親切で丁寧ではありますが、私の印象では——これが正しいかどうかはわかりませんが——長い目で見れば彼らは、私のような姓の人間に対してあまり親切に遇してくれないでしょう。改姓は、イギリスの法律では高額の費用がかかることであり、現時点の私には経済的に不可能です。しかもカナダ軍が私を入隊させてくれるかどうか、そもそも仲間として受け入れてくれるかどうか、それを知ることはできませんでした。現状から申しますと、ヒトラーの甥である私が第三者の助力なしに軍に入るには、私が今奮い起こしているよりも多くの勇気が必要に思えます。私は現在、いかなる帰属も、いかなる公式支援も断たれていると思われるからです。私の清廉潔白さに関して言えば、この危機において今日きわめて適切に国政を守るための力を大統領閣下がアメリカ合衆国議会から奪ったときの清廉潔白さに比肩しうるものを、私は今持っていると誓うことができます。私は、怠惰と無知が広く支配していた時代に、キリスト教徒として必要だと判断したことを試みたと言ってもいいでしょう。ゲシュタポから逃亡した私は、新聞を通じてフランスに対し、ヒトラーは同年のうちにフランスを攻撃するだろうと警告しました。イギリス国民に対しても私は同様の方法で警告を発し、ミュンヘンでの〈解決〉は嘘であり、恐ろしい結果を招くことになるだろうと伝えました。アメリカに到着したときにはそくざに新聞社に対して、ヒトラーは同年のうちに自分のフランケンシュタインを文明に向かって仕掛けるだろうと伝えました。誰一人として耳を傾けてはくれませんでしたが、私は文筆家かつ演説家としての仕事をアメリカ国内で続けました。そして今や執筆と演説の時期は過ぎ去り、母親に、そしてアメリカ合衆国のために何をすべきか、それを考えることができるだけです。ですから何にもまして、できるだけ早く私の友人たち、仲間たちといっしょに兵士として戦場に向かい、自由のためのこの偉大な戦闘で彼らの手助けをしたいのです。

この件に関しまして私にとって有利な結果になるよう決定してくださることこそ、私が連帯感を強く感じているアメリカ国民が、今まで私に与えてくださってきた好意を今後も私に示してくださるための唯一の道です。私は、今までと同様に今後も自分に可能なことをおこなうことを、そして閣下の親愛なるご助力を得て、大いなる栄誉に値する人間であると証明することを、深い尊敬を込めて大統領閣下に確言いたします。私は民主主義の原理を守るために、少なくとも、アメリカ人と呼ばれる特権に値しないことを今までに証明してしまった人々には負けないだけの努力をいたします。大統領閣下、ですから私は閣下が、激動の世界のなかで私が提示する請願を、私には責任のない各種の理由で拒否なさらないでいただきたいと思っていることをお伝えしてよろしいでしょうか？

現在の私にとりましては、大統領閣下、苦難の時期におけるアメリカ国民の救済者たる閣下のために尽力するお許しを得ることに勝る栄誉はありませんし、苦悶する人間の歴史のなかで閣下が後世に得ることになる偉大な解放者としての栄誉に、私の参加が一片なりとも役立つことほど大きな特権はありません。ご希望の情報をすべてご提供できれば、私は大いに幸せであります。私についてのかなり詳しい説明を含む文書を勝手ながら同封いたすしだいでございます。

大統領閣下、閣下が今後ご健康とご満足を得られますよう、そして閣下が、世界の公正と協調を信じているすべての男たちにすぐにも輝かしい勝利を導いてくださいますよう、私が心からお祈りしていると述べることをお許しください。

尊敬の念に満ちて

パトリック・ヒトラー」[*184]

長文の手紙だが、ウィリアム特有の自意識を反映した美辞麗句だらけだ。彼はうまくいかない問題をかかえていて、その解決をアメリカ大統領に頼んだわけだ。同時にこの文面は、ウィリアムがしだいにヒトラー姓を不快に感じだしていることも明らかにしている。だからこそ彼はこのころ偽名を何度も使った。母の旧姓を用いてウィリアム・パトリック・ダウリングとかパトリック・ダウリングと名乗っているのである。この手紙はさらに、武器をとって戦場に向かうことで、アドルフ・ヒトラーと本気で対決したいという気持ちも明らかにしている。

だが、この手紙は騒動を引き起こした。ローズヴェルト大統領はウィリアムの願いを真剣に受けとめはしたが、慎重さは失わなかった。FBIを投入したのである。一九四二年三月一四日付で大統領秘書官は、かのFBI長官J・エドガー・フーヴァー(ワシントン)に秘密裡に下記の文面で通報し、ウィリアムの手紙の写しを同封した。

「エドガーさん

この手紙は、ヒトラーの甥から来たもので、この人物は今、講演ツアーのためにアメリカ合衆国にいるようだ。この件を調査すれば役に立つかもしれないと私は思った。彼は大統領宛に手紙を書いてきて、米軍に入る許しを得ようとしているからだ。

敬具

エドウィン・M・ワトソン、大統領秘書官」*185

くだけた調子で書かれているが、この件を徹底的に調べよとの明確な指示である。なぜなら、アメリカ大統領が瑣末《さまつ》な件でフーヴァーと連絡はとらないからだ。そして事実、フーヴァーはそのように受けとめた。「ウィリアム・ヒトラーを尋問して完全な経歴を明確にし、かつ適切な調査を実施して、彼の活動と忠誠度を確認するよう指示した」と、三月二〇日付のフーヴァーからの返答には記されている。

フーヴァーは、FBIのニューヨーク副支部長P・E・フォックスワースに、ウィリアムの「背景、活動、知人、忠誠度」を探って、尋問を「ごく内々に」実施するよう指令し、具体的には、経験豊かな情報部員に調査させるよう指示した。そのさいフーヴァーは、「ミスター・ヒトラーは問題ない」と、ワシントンのイギリス大使館が通知してきていると述べている。「経験豊かな情報部員」としてこの微妙な件を担当したのは、T・B・ホワイトという人物だった。

不思議なことにアメリカ政府当局は、ウィリアムをそれまで追跡していなかった。いずれにしてもウィリアムは自分から宣伝していた。しかも戦時中のアメリカ政府は、自国内にいる外国人に対してきわめて疑い深く、たとえば真珠湾攻撃後はときおり日本人移民を拘留していた。にもかかわらず、ウィリアムを追跡していなかったのである。

ＦＢＩの捜査

ＦＢＩのホワイト情報部員は、まずウィリアムの知人を調査し、それに関する報告書を上司に提出した。ホワイトが尋問したのは、ウィリアムの講演のマネージメントをしていたハロルド・ピートだった。ピートの説明によると、ウィリアムは「もし平均以上の給料がもらえる職を総統から斡旋されていたら、おそらくナチス政権とアドルフ・ヒトラーに忠実だっただろう」[*186]とのことだった。

ホワイトが「その次に信頼のおける情報提供者」と呼んでいたのは、その陳述内容からして著作権代理人と推測される人物で、この男性はウィリアムの履歴をホワイトに伝えた。「(ウィリアム) ヒトラーは異常に怠け者だった。意欲がないので、あまり働かなくても給料の高い職場をたえず探していた。……ヒトラーはきわめて信仰心の篤い人だったが、これは母親の影響だろう」。この人物はたんなる噂さえ報告した。たとえば、カクテルパーティーの席上でウィリアムは、ロサンゼルスからやってきたあるハリウッド女優といちゃついていた、といったたぐいの話である。

こうした尋問と並行してホワイトは、ウィリアムのことを不安に感じたイギリス人が今までにＦＢＩ宛に送ってきたすべての手紙をかき集めた。大半は、ウィリアムのことを隠れナチスと非難していた。ある人は、ウィリアムがニューヨーク州オルバニーのキワニス・クラブ［奉仕団体］の集まりで「ドイツ民族に有利な発言をしていた」と文句をつけていたし、『ニッカーボッカー・ニューズ』紙の編集長ジェラルド・ソールズベリーは、ウィリアムの演説は「ドイツと連合国間の将来の平和運動にとって有効なプロパガンダ」だと見なす人がいるかもしれないと苦言を呈した。

　またホワイトの調書によると、コロンビア大学での集まりのあとFBIに電話をかけてきた女性がいて、彼女は「あれはナチスのプロパガンダだ」と憤慨していた。それによると、ウィリアムはドイツ兵のことを「ジェントルマン」と呼び、ドイツ人を「厳罰に処すべきではない」と発言したという[*187]。

　ホワイトは情報を充分に集めてから、一九四二年三月三〇日にウィリアム本人に話し合いをもちかけた。当時ニューヨークのクイーンズ区サニーサイド地域四五丁目に母といっしょに住んでいたウィリアムは、フォーリー広場のFBI支部に向かった。

　ホワイトはその話し合いに関して、「内部文書――特殊取り調べ――ホワイトハウス」というタイトルの報告書のなかで、ウィリアムの外面的な特徴をきちょうめんに記している。「年齢三一歳、身長一・八七メートル、体重七六キログラム、体格は標準的、目は青色、髪は黒、顔はピンクの肌色」

　そして、「調査対象者本人であるヒトラー」はホワイトに再度、自分の履歴を述べ、ドイツから逃亡した理由として「自分は厳格に信仰を守るカトリック教徒だから、カトリック教会に対するヒトラーの迫害を恐怖の目で見ていた」と語ったとある。借金の有無もホワイトは調べさせたが、結局は不明だった。「広域ニューヨーク興信所が伝えてきたところによると、ウィリアム・パトリック・ヒトラーに関連する借金の書類は一枚も存在しない」とのことだった。上司へのこの報告書は、次のコメントで締めくくられていた。「調査の結果、調査対象者が破壊活動に関与しているとの痕跡はまったく見つからなかった」[*188]

ニューヨークのFBI支部はこの報告書を、一九四二年四月二〇日にワシントンのフーヴァー宛に送った。フーヴァーは同報告書を点検のうえ、ローズヴェルト大統領の秘書官ワトソン宛に転送した。「彼が破壊的な性格をもつ何らかの活動に関与していることを証明する情報は出なかった」と、フーヴァーは同封書類にメモしている。「現在われわれは、ヒトラーがイギリス滞在中に同種の活動に関与していたかどうか調査中であり、もし何か重大な事柄が判明した場合には、その情報を即刻貴殿にお伝えすることとする」

要するに、当局の調査の結果、ウィリアムはシロと判明した。だがウィリアムは正式にホワイトハウスから、あるいは何らかの政府機関から入隊許可が出るまで待ってはいなかった。一九四二年一〇月末にロング・アイランドの徴兵事務所に赴き、米軍での兵役を志願したのである。そのときの申込み用紙を見ると、存命中の血族が入隊していたことはあるかとの質問に対して、彼はこう答えている。「1　トーマス・J・ダウリング、おじ、イギリス、一九二三～二六年、イギリス空軍、2　アドルフ・ヒトラー、おじ、ドイツ、一九一四～一八年、伍長」*189

だが、アメリカ首脳部からの支援もなしに志願した結果は失敗に終わった。失望のウィリアムは『ヘラルド・トリビューン』紙にこう述べた。

「私の姓がこの件を少し厄介なものにしている。徴兵事務所は一カ月前に私に、1—Aのランクに相当するから一カ月後には入隊になるだろうと説明していた。私は空軍を希望していた。なぜなら、私はドイツのことを知っているし、自分が非常に優秀な爆撃機パイロットになれると思っているからだ。アメリカでは拒絶されたので、こんどはカナダ空軍への入隊をめざしてみる」

ウィリアムの夢は破れた。努力はしたものの、米軍の門は彼には閉ざされたままだった。だが一九四二年にローズヴェルト大統領は、米軍をヨーロッパに派遣すると発表していたし、そうこうしているうちにヨーロッパでの戦争は新たな局面、残忍な局面を迎えていた。つまり一九四二年一月末に開かれたヴァンゼー「ヴァン湖」会議の席上で、ラインハルト・ハイドリヒ「ゲシュタポの副長官」によって発表されたヨーロッパ在住ユダヤ人の大量絶滅政策が、アウシュヴィッツなどの強制収容所への大量輸送によって加速されていたのである。また、エルヴィン・ロンメル元帥[*訳註1]は、重大な損失を被って北アフリカから退却したし、ドイツ第六軍はスターリングラード〔現・ヴォルゴグラード〕でソ連軍に包囲され、二八万人以上の兵士は先の見えない窮地に陥った。

ヒトラーの心理分析への協力

ニューヨークのウィリアムは、ラジオや新聞のニュースを通じて戦況を遠くから見守るしかなかった。にっちもさっちも行かなくなってしまったのだ。だがウィリアムの熱意から生じた騒動は、ほかの場所に波乱を巻き起こしていた。アメリカの諜報機関にである。

一九四二年、戦略事務局（OSS）が創設された。CIAの前身である。同局の長官は、ワイルド・ビル[*訳註2]と呼ばれたウィリアム・ジョセフ・ドノヴァン将軍だった。ナチス・ドイツとの戦闘において、最高司令官アドルフ・ヒトラーについてもっとよく知るために、とくにアドルフ・ヒトラーが何を考え、どう感じているかを把握するために、アドルフ・ヒトラーに関する心理的なプロファイリングがおこなわれることになった。

ドノヴァンは、ハーバード大学の心理分析専門家ウォルター・C・ランガーをその任に当たらせた。ランガーはジグムント・フロイトの弟子で、フロイトのあとを追って亡命していた。ランガーの任務は、できるだけ多くの情報を収集し、アドルフ・ヒトラーを知っている人々と会話を交わすことによって、ヒトラーという人物像を、まるでモザイク模様を組みあわせるように浮かびあがらせることだった。そこでたとえば、ヒトラーの母親がガンにかかったときに診療した医師エドゥアルト・ブロッホが、オーストリアからアメリカへ移住していたので彼から話を聞いたり、ナチス外国報道機関顧問だったが殺害の脅迫を受けてドイツを去っていたエルンスト・〈プッツィ〉・ハンフシュテンゲルと会ったりした。

ランガーはウィリアムにもインタビューを申し込み、一九四三年九月一〇日に会うことになった。ウィリアムは自分の履歴とヒトラー家の内情について情報を与える心づもりでいた。ここで協力すれば公職に就けるかもしれない、ことによると入隊の可能性も出てくるかもしれないと踏んだのである。ランガーは同年に書き記した「アドルフ・ヒトラーの心理分析――彼の生涯と伝説」というタイトルの秘密報告書のなかで、会話の相手ウィリアムのことをこう分析している。

「彼は三二歳で、アロイス・ジュニアの息子である。今のところ、たいして出世して

＊訳註1　ナチスの北アフリカ戦線で活躍。〈砂漠の狐〉と恐れられた。
＊訳註2　第一次大戦中の勇敢な活躍からつけられたあだ名。

いない。……おじが有名になったときに、彼は、これで自分の一族にとって物事が有利に運ぶだろうと期待したようだ。……しかしアドルフ・ヒトラーはもっぱら自分の出自を隠すことに腐心した。そしてウィリアムには自動車会社オペル内の閑職をあてがった。私の感触では、ウィリアム・パトリックは父とおじを脅迫しようとしたが、事は計画どおりに進まなかったようだ」[*190]

これではたしかにウィリアムの過去を賞賛していることにはならないかもしれないが、ランガーはウィリアムを信頼に足る情報源と見なしていた。ランガーが同報告書に、ヒトラー家にまつわるたくさんの実話と逸話、そして同家の系図を掲載できたのは、ウィリアムのおかげだったからである。少し不正確な情報が含まれてはいるが、ウィリアムは一族の秘密をたんねんに調べ、父から、そして親戚から詳細な情報を得ていた。口頭で伝えられた事柄が多かったことを考えあわせると、ウィリアムは実に見事に調べたと言っていいだろう。たとえばアドルフ・ヒトラーの父には「私生児」がいたという話をランガーに告げたのもウィリアムだった。しかもこの話は事実だった。

また、ウィリアムはこういう報告もしている。

「父アロイスが息子アドルフをひどく殴ったので、アドルフは死んだように倒れてしまったこともある。伝えられているところによれば、アロイスは大酒飲みで、子供たちの手で飲み屋から連れ帰らねばならなかったことも時々あった。アロイスが帰宅すると家のなかは大騒ぎになった。女子供、それに犬をやみくもに殴ったからだ」

ウィリアムはヒトラー家についてほかの情報も流した。

「ウィリアム・パトリック・ヒトラーの報告によれば、もう一人、レオという名の息子がいる」と同報告書には記されているが、これはアドルフの異母姉アンゲラが産んだ息子レオ・ラウバル・ジュニアのことである。

「この人物についてはほとんど知られていないが、ただしゲリの死後、この人物はおじアドルフとともに行動するのを拒否している。彼はザルツブルクで仕事をしていて、母親と会うためによくベルヒテスガーデンにやってきたが、それはヒトラーがベルリン滞在中の場合に限られていた。ヒトラーがやってくると知ると、すぐさまベルヒテスガーデンから姿を消したのだ。ウィリアム・パトリックの証言によると、レオは、ヒトラーもゲリの死に責任があるとして公然とヒトラーを非難し、今後一生ヒトラーと会話を交わすのを拒否すると言っていた[*191]」

アドルフと、ヒトラー一族のきょうだいとの軋轢《あつれき》も報告書の中心テーマだったが、母親の関心を惹きつけてしまう新生児に対する嫉妬も同様にテーマになっていた。「異常な出来事が連続したことはたしかであり、それが、まだ未熟だったアドルフの性格に……そして、一族の面々および彼ら相互の関係に影響を及ぼしたことは間違いない」

ウィリアムの協力を得て作成されたランガーの秘密報告書は、戦争参加国アメリカにとって、アドルフ・ヒトラーを理解し、ヒトラー・ドイツに対する態度を決めるさいに重要な基礎資料となった。ランガーはこのときの自分の仕事を、「ヒトラーが今後とりそうな行動」というタイトルで総括し、以下の八種類の行動パターンにまとめている。これは、一九四三年の時点でアメリカの一科学者が考えていたヒトラーの「今後の行動」である。

「1　ヒトラーが自然死する可能性。これはほとんどありえない。なぜなら、われわれの知るかぎり、彼はまったく健康だからである。ただし胃に症状が見られるが、それはおそらく心身症的な原因によると考えられる。

2　ヒトラーが中立国に亡命する可能性。これはきわめてありえないことだ。なぜなら、彼は自分が不滅だと固く信じているからだ。指導者でありながら重大な時期に自国から逃げだすことほど、この神話を打ち壊す行動はないだろう。

3　ヒトラーが戦死する可能性。これは現実にありうる。もし勝利を収められないと確信すれば、彼自身が戦闘において自軍を指揮し、恐れを知らぬ狂信的な指導者の演技をするかもしれない。これは、われわれの立場からすると最も望ましくないことだ。なぜなら、彼が死ねば、それは後継者にとって手本と見なされると思われるからで、後継者も死を軽視し、狂信的で決然たる態度をとることによって、最期の時まで戦おうとするだろう。

4　ヒトラーが殺害される可能性。ヒトラーはきわめて強固に護られているが、誰かに殺害される可能性はある。ヒトラーはこの可能性を恐れている。……これは、われわれにとっても望ましくないことである。なぜなら、こうなるとヒトラーは殉教者とされ、伝説が強化される結果になるからだ。

5　ヒトラーが病気になる可能性。ヒトラーには、統合失調症すれすれの特徴がたくさんある。もし自軍が敗北すれば、彼の精神が崩壊することはありうる。これは、われわれの視点からすると望ましいことかもしれない。なぜなら、ドイツ人の頭のなかにあるヒトラー伝説を崩すうえで、大いに役立つかもしれないからだ。

6　ドイツ軍が反乱を起こして、ヒトラーの権力を奪う可能性。これは、ヒトラーがドイツ民族から比類なき人物と見なされていることからすると、ありえないことに思える。……しかしドイツ軍が敗北を予想した場合には、賢明にもヒトラーを退位させ、和平交渉のために傀儡《かいらい》政府を樹立する決定を下すかもしれない。そうなれば、ドイツ国内に激しい内部軋轢が生じることになるだろう。

7　ヒトラーがわれわれの捕虜になる可能性。これは最もありえないことである。

8　ヒトラーが自殺する可能性。これは最も確率の高い可能性である。彼は何度か、自殺すると言って脅している。彼の心理についてわれわれが知っていることをすべて考えあわせると、こうなる公算が最も大きい。……

ともあれ、ドイツの敗北が目前に迫ってくればくるほどヒトラーがしだいに神経症的になっていくことは、ある程度確信をもって言えるだろう。敗退のたびに彼の自信は揺らぐだろうし、自分の偉大さを証明する方法は限定されてくるだろう。その結果、同志からの糾弾に対して彼はだんだん傷つきやすい姿を見せるようになり、怒りが頻繁に爆発するようになっていく。彼はおそらく、自分の弱点を隠すために残忍さを増し、容赦ない態度をとるようになるだろう。公の場への登場はしだいにまれになっていく。非難を浴びせる聴衆には耐えられないからだ。……

いずれにしても彼の精神状態は今後悪化していくだろう。彼は迫りくる没落を阻止するのに有効と思われるあらゆる武器や技術を駆使して、できるだけ長く戦おうとするだろう。彼が今後たどっていく道は、ほぼ確実に、自分がやすやすと不滅の存在になると同時に、世界が灰燼《かいじん》に帰する道である[*192]」

ランガーは犯罪史上初のプロファイラーであり、遠いアメリカから診断したにもかかわらず、一九四三年以降の進展が示しているように多くの判断は正しかった。一方ウィリアムにとっては、諜報機関に協力したおかげで当局から「まだ軍務に就く可能性あり」との情報を得ることができた。そして一九四四年三月六日についにその時が来た。ウィリアムは、五〇人の男たちとともに、クイーンズ区サニーサイド地域にあるアメリカ海軍の徴兵事務所に届けを提出した。

奇妙な場面が現出した。ウィリアムの番になったとき、当局の担当者が型どおりにこう尋ねた。「名前は?」「ヒトラーです」「よくいらっしゃいました。私はヘスといいます!」。その担当者はもちろんアメリカ人で、ゲイル・K・ヘスといい、海軍に勤務していたのだ。

アメリカの新聞界・テレビ界は、ウィリアムがヴァンダービルト街*訳註の海軍基地に訓練のためにやってきたとき、彼にインタビューした。ウィリアムは記者たちに、自分は「ヒトラーと徹底的に戦う」だけでは気がすまないと語った。「私は、ヒトラーに対して一度も温かい気持ちを抱いたことがない。ドイツではいつも、何か希望があればヘスやヒトラーのところへ行かねばならなかった。その後、母の姉妹が一九四一年にロンドンの爆撃で死んだ。ヒトラー家に最初に宣戦布告したのは、アドルフの異母

*訳註　著者はデイヴィド・ガードナーの著書などを根拠として「マンハッタン」と書いているが、海軍基地のあるヴァンダービルト街はブルックリンだと思われる。

兄アロイスに捨てられた母だ」

そして自分の任務に関連してこう言った。

「私はこの姓で生きているヒトラー家唯一の子孫だ。その私がもうすぐアメリカ海軍に入隊する。軍隊の一員として私は、世界じゅうにこんなにたくさんの悪をもたらしているあの男、私のおじを抹殺するために積極的な役割を果たしたい」

前線での戦闘

ウィリアムはアメリカ海軍に入隊し、衛生班に配属された。目的を達成したのである。その目的とは、第二次大戦中に米軍に入り、ヒトラーおよびその同盟国と戦うこと。水兵ウィリアムがどこで戦ったのか、それははっきりしていない。彼に関する書類が、アメリカの軍資料館から消えてしまったのである。彼は戦闘に関与し、榴散弾*訳註で片脚に怪我をした。その傷跡は生涯を通じて、戦争を思い出すよすがとなる。彼が海軍に在籍していたのは一九四六年までである。

この時点で諜報機関はまた彼に関心を抱いた。こんどは海軍の諜報機関だった。一九四六年一月二五日付のＦＢＩ内部のメモによると、ボストンの海軍情報部がウィリアムの「市民権申請に関して調査を実施」し、そのためＦＢＩに書類が請求されたのだ。当時ウィリアムは、ロードアイランド州ニューポートに勤務していた。海軍情報部によるこのときの調査で否定的な結果が出なかったため、アメリカ国籍取得には何の障壁もなくなった。ウィリアムは二月にボストンで、名誉を胸に軍務を退く。おじとの対決はこれで幕を降ろした。

しかし、ヒトラー姓にまつわる闘いは幕が降りなかった。彼は戦前には周囲から注目されたがっていたが、戦後になると世間の注視を避けるようになった。アドルフおじのことは二度と話したくなかった。彼は母親とともに姿をくらました。彼に感謝していたFBIがおそらく秘密裡に援助していたのだろう。

一九四六年一〇月、彼は社会保険に加入することができた。だがその書類ではヒトラーという姓は消えていた。ウィリアムは今はウィリアム・ヒラーと名乗っていた。父アロイス・ジュニアおよびハンス・ヒートラー（母クララの血統）と同じ姓に替えたのだ。ドイツとのつながりは完全に切れることなく、その後何年間か継続することになったし、訪問によってかえって深まったのである。これには単純な理由があった。ウィリアムは一九四七年にドイツ女性フィリスと結婚したのである。彼よりも一二歳年下で、ベルリン時代に知りあった女性だった。

ウィリアムは以後、身元を知られることなくマンハッタンの泌尿器科医の事務室で

＊訳註　内部に多数の散弾が詰められている砲弾。

働き、のちにマンハッタンの病院に移る。当初はフィリスおよび母といっしょにクイーンズに住んでいたが、すぐにロングアイランドに引っ越した。一家はそこで新生活を築き、ウィリアムは自宅内で薬剤研究室を開業した。四九年に息子アレグザンダー・Aが誕生し、その後五一年にはルイス、次いで五七年にはハワード、そして六五年にはブライアンが生まれた。

ウィリアムはその後長らくロングアイランドに住むことになる。この落ち着きのない男が故郷を見つけたのである。ウィリアムの子供たちは今もロングアイランドに住んでいる。アレグザンダーはソーシャルワーカーになり、ベトナムで戦った退役軍人の世話をしているし、ハワードは結婚して税務署に勤務していたが、三二歳のとき、仕事で調査中に射殺された。ルイスとブライアンは造園業を営んでいる。

一九六九年一一月一八日、母ブリジットがロングアイランドで亡くなった。ウィリアムは一九八七年七月に発熱し、気管支炎と診断され入院した。だが入院中の八七年七月一四日に七六歳で死去した。

ウィリアムは大きな秘密を墓にもっていってしまった。その秘密とは、彼が戦後、偽名として「スチュアート＝ヒューストン」という姓を選んだ理由である。スチュアート＝ヒューストンという名前で誰もが連想するのは、イギリス人で熱烈なナチス崇拝者だったヒューストン・スチュアート・チェンバレンだが、その名にちなんだのか？

アメリカ海軍の兵士として表彰されるウィリアム・パトリック・ヒトラー

このチェンバレンという人物はイギリスの文筆家であり、「キリスト教徒はユダヤ的要素を浄化せよ」というプロパガンダを流して、ナチスの人種理論に大きな影響を与えた。だから、アドルフ・ヒトラーとナチス体制に敵対したウィリアムのような闘士にとって、これほど不似合いな名はないだろう。

それから、ウィリアムはなぜ長子にアレグザンダー・アドルフと名づけたのか？　この事実を発見したのは、アメリカの歴史家でヒトラー伝の著者ジョン・トーランドである。トーランドは各種資料および、ウィリアムと時々接触のあったハンス・ヒートラーの証言からこの事実をつかんだのだ。[*193]ウィリアムがヒラーに改姓したために事実関係は曖昧になったが、厳密に言えば、アドルフ・ヒトラーがもう一人いて、現在アメリカ合衆国ロングアイランドに住んでいるという事実に変わりはない。

第6章　陰の妹

玄関ベルが鳴った。黒髪をピンでアップにしている二四歳の女性がドアを開ける。誰かが来るとは聞いてなかった。ところが目の前に青年が一人立っていた。口髭を生やし、短髪をきちんとヘアローションで分けている。誰？「ドアの前に立っている男性が誰なのか、私にはまったくわからなかった」と、その若い女性はのちに語っている。彼女の名はパウラ・ヒトラー。時は一九二〇年。そして、ウィーンのこの住まいの玄関前に立った青年は、彼女の兄アドルフ・ヒトラー。彼は妹に会いにミュンヘンからやってきたのだ。

「私は呆然としていたので、最初は兄をじっと見つめるばかりだった。兄は不意に現われたと言っていい。私は来客がないことに慣れていた」[*194]

パウラは一一歳の少女だったとき以来、兄の消息を知らなかったのだ。つまり、一三年ものあいだ、兄から何の連絡もなかったのだ。パウラはこう言っている。「その間兄が何をしていたか、まったく知らなかった。そもそも兄がまだ生きているかどうかさえ知らなかった」[*195]。彼女は一九一〇年と一一年に何度かウィーン在住の兄宛に手紙を書いたが、返事はなかった。葉書も来なかったし、他人を介しての連絡もなかった。

そこでパウラは、不意に訪ねてきた七歳年上の兄をなじった。「私は兄に言った。もし兄がいればもっと楽に片づいたことがいくつかあったと。すると兄は答えた。『私自身、一文無しだったんだ。なのにどうしておまえを助けられる？私がいっさい連絡しなかったのは、おまえを助けられなかったからだ[*196]』」

立腹している妹をどうやってなだめればいいか、アドルフ・ヒトラーは心得ていた。いかにも親切な男性のように、財布を手にして、パウラといっしょに都心に買い物に出かけ、彼女が満足するまで新しい服を買ってやったのだ。「私には強烈な印象だった」

アドルフ・ヒトラーは、現金を使って妹と仲直りするやり口を熟知していた。この方法が、パウラとの間柄を一生決定づけることになる。愛情ではなくお金。一方パウラにしてみれば、兄が近づいたり遠のいたりするたびに状況が一変した。この兄妹の間柄は「ノーマル」とはとても呼べなかった。ヒトラー姓はパウラの運命を何度も変えた。光から影になったこともあるし、逆になったこともある。彼女の生涯は心ならずも、兄アドルフおよびヒトラー姓とあまりに緊密に結びついていた。そのため彼女自身の一生がいわば支離滅裂になってしまった。

パウラ・ヒトラーは一八九六年一月二一日に、酒好きな父アロイスの子としてハーフェルトで生まれた。母クララ・ヒトラーが産んだ六人のなかで末っ子だった。グスタフ、イーダ、オットーの三人の子は、彼女が生まれる前に亡くなっていた。また、兄エドムントの死を彼女は四歳のときに体験した。

彼女が誕生したときには、五八歳の父アロイスはすでに一年前から恩給生活に入っていて、余暇を農作業で有意義に過ごそうとしていた。そのために父は寒村ハーフェルトに広い家屋敷を購入していた。一家の生活が一変した。暴君である父親が今やたえず家にいて、気分しだいで暴力を振るったので、家族の日常は疎ましいものになった。しかも父がやりはじめた養蜂と果実の収穫、それに畑の耕作は赤字を増やすだけだったので、副業として農業を選んだ父はまずい立場に立たされてしまい、たえず苦虫を嚙みつぶしたような顔をしていた。

カトリック教徒として育てられた母クララにとって、娘パウラを妊娠したのはいわばしくじりであり、予期していなかったことだと推測されるが、その証拠はない。クララは娘パウラを産んだときすでに三五歳であり、それ以降は一度も妊娠しなかった。

幼いパウラは家族構成も揺るがした。当時はまだ兄エドムントとアドルフ、それに異母姉アンゲラ（父の二度目の結婚で生まれた娘）が家庭内にいたが、異母兄アロイス・ジュニアは口論の末すでに家出していた。赤子のパウラは当然ほかの子供たちよりも母に多く面倒を見てもらうことになったが、なんと言ってもいちばんかわいがられていたのはアドルフだった。一家はリンツ近郊レオンディングに引っ越したが、そのことを当時二歳のパウラはおそらく覚えていなかっただろう。だが彼女にとっては、レオンディングのミヒャエルスベルク通りとその後のリンツこそ、子供時代を過ごしたふるさとと言える。兄アドルフもそう思っていたので、彼ものちに、そこで過ごした子供時代を珍しく感傷的に回想している。

パウラはレオンディングの国民学校に通った。勤勉だが平凡な生徒だった。七歳の誕生日を迎える直前に、父が飲み屋で急死した。幼い彼女にとってはショックだった。平穏な生活が断ち切られた。気持ちの通じる人は母しかいなかった。なぜなら異母姉アンゲラは、税務官レオ・ラウバルとリンツで結婚するために家を出てしまったからだ。

しかし母クララには、ほかの子供よりも大事に思っている子がいることは誰の目にも明らかだった。パウラの兄アドルフである。母クララはアドルフには何でも認めてやった。彼なら落第も許したし、画家になりたいという愚にもつかない考えも認めた。アドルフは学業を打ちきったあとも、家計のために仕事の心配をする必要はなかったし、散歩やオペラ座通いで盛大に暇つぶしをしても許された。それに反してパウラは、兄アドルフを尊敬することを母からも期待されていた。父の死後、アドルフは一家のなかでただ一人の男としていばりちらしていた。パウラはのちにこう語っている。「妹というものはふつう兄を好きになるのだろうが、私が兄アドルフのことを好きになったことは一度もない。兄はいつも別格だった。まるで私たちと――少なくとも私とは、住む世界が違うみたいだった。子供のときにすでに、兄を憎んで当然という理由が私にはあった。母は兄を甘やかしたが、そのかわり私を犠牲にしたのだ。兄にとって私は使用人であり、彼の望みをその目つきからすべて察してやらねばならなかった。それでいながら兄は、私が近づいていくといやがった」[*197]

パウラは母といっしょに寝ていたようだが、家族のなかでアドルフだけが自室をもっていた。彼の青春時代の友人クビツェクは、こう回想している。「私がヒトラー家に出入りした当時、アドルフの妹パウラは九歳だった。物静かな、とても無口な少女でかわいらしかったが、母親とも、また兄ともぜんぜん似ていなかった。彼女が喜んでいるところを、私はほとんど見ていない。ところで、私と彼女はたがいに好意を抱いていた。しかし、アドルフは妹のことをあまりかわいがっていなかった。おもに年齢差が原因だったと思われる。だからパウラは、アドルフの世界からは完全に締め出されていた。アドルフはパウラのことを『ちび』と呼んでいた」[*198]。パウラは相反する気持ちを抱いていたので、心が揺れていた。

「もちろん彼は私の兄だったが、いばっている兄に私は心のなかで反抗しながらも従っていた。私たち兄妹はたがいに好意を抱いていたが、ちょくちょく喧嘩して、たがいの生活をつらいものにしていた」[*199]
アドルフはパウラが学校に通うのをあとからそっとつけていき、彼女のことをこっそり観察していた。そしてパウラがひどくゆっくり歩いたり、見知らぬ人と話したりすれば、彼女にびんたを食らわせた。[*200]
アドルフにとって、妹は遊び相手としてふさわしくなかった。彼はむしろ級友たちと付き合うほうが好きだった。「私の面倒を見てくれる人は一人もいなかった。何もかもアドルフを中心に回っていた」[*201]とパウラは苦々しく回想している。
この不公平が長いあいだ彼女を苦しめたことは明らかである。なぜなら、愚直にもパウラは戦後になってからも状況を誤認し、「二〇世紀ドイツの不幸は母クララに責任がある」と考え、ニュルンベルクの『ヴォッヘンエント・ゾンタークスポスト』誌に、俗受けを狙った家庭内の話といくつかの身の毛もよだつような作り話を連載しているからである。
「正直に言えば、私の兄はとくに母によって堕落させられたのだ。もし兄が子供のとき、もっとしっかりした人に育てられたなら、世界でいちばん嫌われる人間には絶対にならなかっただろう。自分が話の腰を折られたり、ほかの人のほうが自分より物知りだったりすると兄は絶対に我慢できなかったが、そうなったのは彼が受けた教育のせいだった。兄はいつも、母の期待に添わなければならなかった。つまり、誰よりも強くて偉大でなければならなかったのだ。それが原因で兄は破滅し、あらゆる不幸が生じた。力強いびんたが一九〇〇年に二、三発、兄に与えられていたなら、ことによると第二次大戦の勃発は阻止できたと言えるのではないだろうか？」*[202]

苦労ばかりの少女時代

パウラの一一歳の誕生日も、悪い知らせの陰に隠れてしまった。母親が入院し、乳ガンの摘出手術がおこなわれたのである。かかりつけのユダヤ人医師エドゥアルト・ブロッホは、彼女とアドルフに、全身に転移しているので手術をおこなっても生きのびる可能性は低いと告げた。

一九〇七年五月、ヒトラー家はリンツ市内の四階から、ドナウ川対岸に位置するウルファールに引っ越した。母はどんどん衰えていき、ヨハンナおばの助力にもかかわらず、もはや家事をおこなえる状態ではなかった。パウラは日々そうした母の姿を目にしなければならなかった。パウラに重圧がかかってきた。一一歳のこの女の子は、下校すると料理と掃除の手伝いに励んだ。だが兄アドルフのほうはもう一八歳にもなっていたし、重病患者をかかえた家庭内で家事にいそしむパウラの苦労を理解していたにもかかわらず、結局は自分のことしか頭になく、造形美術アカデミーに入学するために九月初頭にはウィーンに旅立ってしまった。

だからパウラは家のなかで独りぼっちだった。ヨハンナおばと、それから、時々様子を見に立ち寄ってくれるアンゲラが助けてくれるだけだった。母クララはとうに看護が必要になっていた。床を離れられるのは一日にせいぜい一時間だけであり、病状の進行とともにそれすら困難になっていった。パウラは母の口に飲食物を流しこみ、額の汗をぬぐうほかは、母が再三痛みに身をすくませたり、悲鳴を上げないように努力しているのを、なす術もなく見つめているしかなかった。

「母親が本当に助けを必要としているのに、小さなパウラはしょんぼりしていたし不器用だった」とクビツェクは述べている。「私にはまだあの小さいパウラがいるの。あなたも知ってるように、あの子はとてもか弱いわ」[*203]。母クララが瀕死の状態になると、アドルフはウィーンから戻ってきて、いかにもパウラの勉強の面倒を見てやるふりをした。「アドルフはパウラのノートを見ているうちに、この子が、母が期待するほど勤勉に勉強していないことに気づいた。彼に手をとられて母親のベッドまで連れていかれたパウラは、いつも真面目にやります、良い生徒になりますと母親に向かっておごそかに誓わざるをえなかった」[*204]。これがまずもってアドルフが妹のためにしてやった最後の行ないだった。

埋葬のあと、アドルフは後見人ヨゼフ・マイルホーファーと共同で遺産を整理した。

このときパウラは、ヒトラー家の家具をもらうことになった。そしてショックに打ちひしがれていたパウラは以後、異母姉アンゲラに引き取られることになった。兄アドルフはウィーン方面に姿を消したのである。

妹の生活費を使いこむ兄

パウラは今や孤児になってしまった。彼女はリンツのラウバル家や、時には、パイルシュタインにあるマリア・ラウバル（アンゲラの夫の姉）の家で暮らした。彼女とアドルフには、二四歳になるまで孤児年金が二人合わせて月額五〇クローネ支給されることになった。年額に直すと二人で六〇〇クローネである。だがこの年金の支払いに関して、若いアドルフは悪事を働いた。まず当局宛のアドルフの手紙自体がいかさまだった。アドルフはこう書いた。

「オーストリア帝国財務局殿

畏れ多くも末尾に署名いたしました両名は、しかるべき孤児年金の給付をここにお願い申し上げるしだいであります。申請者二名の母は、元オーストリア帝国上級官吏の未亡人でありましたが、一九〇七年一二月二一日に死去いたしましたため、申請者両名はここに完全なる孤児となりましたが、未成年であり、みずからの生活費を稼ぐことができません。申請者両名は、アドルフ・ヒトラーが一八八九年四月二〇日にブラウナウ・アム・インで生まれ、パウラ・ヒトラーは一八九八年一月二一日にオーバーエスターライヒ州ランバッハ近郊フィシュルハムで生まれたものであり、この両名の後見は、リンツ近郊レオンディング在住のヨゼフ・マイルホーファーが引き受けております。申請者両名の管轄を有するのはリンツであります。畏れ多くも、重ねてお願い申し上げます。

アドルフ・ヒトラー、パウラ・ヒトラー

ウルファール、一九〇八年二月一〇日」[*205]

まず目を引くのは、アドルフが妹の誕生日を偽って記していることだ。実際よりも二歳若く申告しているのである。たんなる思い違いということはありえない。こうした重要な公式書類を書く場合には、人は一字一句、何度か読み返してから発送するからだ。アドルフの意図は明白だ。当局がこの誤った誕生日を鵜呑みにしてくれれば、年金を二年長くもらえる。

さらにもう一つ、この書類で目を引く点があるが、それはアドルフが妹の署名も自分で記していることだ。二つの署名は明らかに同一人物が書いたものなのである。しかもアドルフが後見人に連署させなかったのも異常である。未成年者の場合、こうした公的案件に関しては後見人に連署してもらうのが当然である。嘘がばれるのを恐れたか？　しかし当局はこのまやかしを見破り、後見人に新たな書面を要請し、そちらが受理された。

さらにひどいことがある。アドルフは不当にもパウラが受け取るべき年金の二五クローネを着服していた。オーストリアの所得法によると、孤児年金は教育を受けている最中の子供にのみ支払われるべきことと決められていた。アドルフは当局と後見人を騙して、ウィーンで美術の勉強をしているふりをした。本当は造形美術アカデミーには一度も合格していなかったし、ほかの教育も受けずにぶらぶら過ごしていたのだ。アパートや独身者合宿所で寝泊まりし、読書と音楽会通いで暇をつぶしていた。しかも父の遺産の一部と、ヴァルトフィアテル地方の血族からの遺産を受け取っていたので、現金は充分にあった。のちには、少額の金銭を得るために絵葉書を描いたりもしている。妹パウラの分の年金をアドルフは情け容赦なく着服して副収入としたが、本来はその必要はなかったのだ。

それに対してパウラのほうは事情が異なっていた。彼女にとってお金は重要だった。お金が入れば、異母姉アンゲラの家計を少しでも楽にできたからだ。アンゲラは、一九一〇年に夫が急死して以来、金銭面の不安におののいていた。パウラのほかにも、彼女は自分の子供三人（ゲリ、レオ、エルフリーデ）の面倒を見なければならなかったし、寡婦年金は夫の勤務期間が短かったため微々たるものだった。

だがアンゲラと後見人マイルホーファーはしだいに、アドルフが「お金でできることは何でもやっている」ことに気づいた。ただし勉学はしていなかったので、孤児年金の五〇クローネは法的にはパウラ一人が受け取るはずのものだった。パウラは語っている。「二五クローネは私には渡されていなかった。後見人は、アドルフがウィーンで仕事をしていることを知った」[*206]。そこでパウラはウィーン在住の兄アドルフに手紙を書いた。アドルフが返信を寄こさなかったのは不思議でも何でもない。金づるが断たれることを恐れたのにちがいない。

おとなしく攻めても効果がないとわかると、アンゲラと後見人マイルホーファーは激しい攻撃に打って出た。リンツの区裁判所［日本の簡易裁判所に相当］の手を煩わしたのである。アドルフは有罪判決を未然に防ぐために、自分の取り分の放棄を当局に伝えた。同裁判所は一九一一年五月四日付で、書類整理記号〈ＰＶ４９／３―２４〉の書面をマイルホーファー宛に送った。

「ウィーン第二〇区メルデマン通り二七番地に在住し、画家として暮らしているアドルフ・ヒトラーは、オーストリア帝国レオポルトシュタット区裁判所（第Ｉ）において書面により、自分が自立できること、しかも画家としての教育のためにおばヨハンナ・ペルツルより多額の金銭を受け取っている旨を意思表示している。そのかぎりで言えば彼の妹よりも恵まれていると思われるので、アドルフおよびパウラ・ヒトラーの後見裁判所たる下記署名の裁判所としては、六〇〇クローネの孤児年金の全額が今後パウラ・ヒトラーの教育費に当てられることに異議はない」*207

のちにアドルフはこの件を、妹に対する人間的で高貴な行為だったと述べ、歴史家のなかにも彼の陳述どおりの解釈をしている者がいるが、彼が自分から進んで年金を放棄したのではないという事実に変わりはない。そうする気があったなら、後見人マイルホーファーとアンゲラ宛に簡単な手紙を一通書けばすんだことだ。アドルフは縁者と裁判所の圧力を受けて初めて放棄したのである。妹パウラと異母姉アンゲラにうんざりしたアドルフは、二人との交際を断

学校卒業時のパウラ・ヒトラー

った。再び連絡をとるようになったのは第一次大戦後である。

パウラはリンツの女子高等中学校《リツェーウム》に転校し、商業教育も受け、タイプライターの打ち方を学んだ。目標とする仕事は秘書だった。その後、異母姉アンゲラのあとを追ってウィーンに行った。アンゲラは前述したように一九一五年から女子実習生の寮に勤務して、結局はそこの寮長になり、二〇年にはウィーン在住のユダヤ人大学生用の食堂責任者になった。

アンゲラに職探しを手助けしてもらったパウラは、一九二〇年、つまり彼女の孤児年金が失効する二四歳のときに、ウィーンのプラーター通りにある各州保険組合の事務員になった。この職には一九三〇年まで就いていた。地味な職場だったが、パウラは野心を抱くことはなかった。転職も考えなかったし、昇進するつもりもなかった。

「ドイツ首相の妹」という立場

恋愛関係は皆無に等しかった。彼女は生涯独身を通したし、ボーイフレンドと呼べるような人と連れ立って人前に姿を現わしたこともなかった。ヴァルトフィアテル地方の親戚はのちに、エルヴィンという名の男性のことを知るようになる。軍医で、ウィーンのマリーエン通り［現・フメル小路。異説あり］に住んでいたとされる。けれども、その人物はほかの記録には一度も登場してこないので、ちょっとした知り合いにすぎなかったと思われる。パウラはいわゆるオールドミスになっていった。男性全般に無関心だったからそうなったのかもしれないが、ことによると父や兄と暮らしたいやな体験が原因だったかもしれない。あるいはまた、見知らぬ人との付き合いを避けようとする、閉鎖的で控えめな性格のせいとも考えられる。彼女には憂鬱な面やくよくよする面があった。ラウバル家での生活が長かったことからすれば、異母姉アンゲラを母親代わりの存在と見なしてもおかしくないのだが、そんなこともなかった。パウラは、アンゲラの毅然とした性格に手こずっていたので、二人のあいだには姉妹ならではの心のつながりがなかったのである。むしろパウラはヴァルトフィアテル地方の親戚のほうに好意を寄せていた。

「若いときから、そしてその後も何年間か、私は休暇を母の故郷シュピタールに住むおばのところで過ごした。美しくて大きな森があったので大好きだった。私のおばテレス・シュミット［本名テレジア・シュミット］は私にとってつねに母親のような存在だった」[*208]

一九二〇年に兄アドルフと再会したパウラが、次に兄に会ったのはそれから一年後のことだった。パウラはこう言っている。「二人してリンツ近郊の両親のお墓に向かった。兄の発案だった。私たちはリンツで別れた。兄はミュンヘンへ向かい、私はウィーンに戻った」[*209]

一九二三年四月に、パウラは初めて国外旅行をした。目的地は、兄のいるミュンヘン。アドルフ・ヒトラーはすでにミュンヘンの名士になっていた。ナチスの指導者《フューラー》として党内で独裁的な地位を確立していたし、公式行事でビアホールに姿を現わすと会場は満席になった。パウラにしてみれば、党予算や高級車の購入費などから兄の裕福さが想像された。だがミュンヘンにとどまって党の事務をとったり、兄の住まいの家事を切り盛りすることは、二人とも考えていなかった。

「距離がありすぎたので、兄と暮らすのは不可能だった。私たちの場合も、たいていの家庭と同じだった。つまり、両親が死んだとたんに、子供たちは別々の道を歩みはじめるのだ」*210

パウラがやってきたとき、驚くべきことにアドルフは彼女を山岳地帯へのドライヴに招いた。彼の旧友にして同志クリスティアン・ヴェーバーが運転し、ナチス崇拝者のマリア・ヒルトライターも乗せたアドルフのキャブリオレーは、ベルヒテスガーデンに向かったのである。同地に到着すると、ヒトラーは女性たちを降ろし、ヴェーバーといっしょにさらに山に登っていった。パウラはこのドライヴの本来の目的に気づいていなかった。

アドルフ・ヒトラーは同地の山岳地帯で、尊敬する指導者ディートリヒ・エッカルトにこっそり会うつもりだったのだ。エッカルトは零落した詩人だったが、一時期はナチス機関誌『フェルキッシャー・ベオバハター』の刊行人だったこともある。

彼は、ヴァイマル共和国の初代大統領フリードリヒ・エーベルトを文書で侮辱し、大統領から告発されていた。だが裁判の刻限に姿を現わさなかったので、ライプツィヒのドイツ国事裁判所は勾留状を出した。エッカルトは司法当局に屈服せず、山岳地帯に身を隠し、ビュヒナー家が経営するオーバーザルツベルクのペンション〈モーリッツ〉に、ホフマン博士という名前で宿泊していた。ヒトラーは彼を訪問したときの歓迎の場面をまざまざと記憶している。

「われわれはドアをノックした。ディーディ〔ディートリヒの愛称〕、ヴォルフが来ましたよ！　彼は寝間着姿で出てきた。脚は刺《とげ》のように毛が生えていた。挨拶。彼はいたく感動していた。エッカルトは、私をビュヒナー一家に引きあわせてくれた。私の若い友人ヴォルフ君です！　私が悪名高いアドルフ・ヒトラーだということは、誰も気づかなかった」[*211]

ヒトラーには心配していることがあった。エッカルト追跡のために、警察が自分を尾行しているのではないかと思っていたのだ。だから彼はパウラを同行したのである。こうすれば今回の旅は怪しくなくなる。のちにパウラはアドルフからエッカルトの本を一冊もらうが、そこには個人的な献呈の言葉が記されていた。

兄アドルフが一揆を起こして失敗したことを、妹パウラはオーストリアの日刊紙で追っていただけだった。異母姉アンゲラと違い、パウラは刑務所内のアドルフを訪問しなかったらしい。時々手紙と葉書を送っただけである。アドルフは妹の来訪を待っていなかったし、パウラのほうも、せっかくウィーンに引きこもったのにそれを破ってまでまた旅に出ようという衝動は感じなかった。『わが闘争』が刊行されたとき、パウラは、ヒトラー家の話のなかに自分が一度も登場しないことに気づいた。

「兄があの本のなかで私について一度も触れていないことからすると——私の、女の子としての世界は、青年だった兄にとってはどうでもいいものだったのだ——、二人がたがいにどれほど無関心だったのかと思う」[*212]

自分が兄の文章に登場しなかったことで、兄との距離はどんどん広がっていく。これに変化が生じるのは、ようやく一九二九年になってからだった。アドルフは一族全員をニュルンベルクでのナチス全国党大会に招待するようにと、姪ゲリに指示を出したのである。ゲリは葉書を何枚も送った。そして全員がやってきた。異母姉アンゲラ、その子供たち（レオ、エルフリーデ）、異母兄アロイス・ジュニアとその妻ヘーテ、息子ウィリアム、パウラ、それにヴァルトフィアテル地方のおばたち。初のヒトラー家大集合。だがこれが最後の集まりになる。つまりこれは、一族全員が顔をそろえた唯一の機会だったのだ。

アドルフは一族をホテル〈ドイッチャー・ホーフ〉で出迎えたが、このときある噂が立った。ヘーテが、アドルフとゲリのあいだに「あまり世間で話題にしたくないような何かがあるにちがいない」[*213]と勘づいたのである。アドルフは一族の面々に、ナチスの党員にならないよう命じた。結局全員がその指令を守った。アロイス・ジュニアも。

党大会において兄弟姉妹は、一族の長アドルフが何万人という忠実な党員の歓呼を受けている場面を目撃したが、党大会の終了とともに、一族の短期間の邂逅《かいこう》は雲散霧消した。ヒトラー家はほんの一瞬だけまとまりを見せたが、その後は再び別々の道を歩むようになった。共通点は出自と名前だけ。

パウラは、兄アドルフが誰に好意を寄せているかをニュルンベルクで思い知った。アドルフは、オーバーザルツベルクにある〈ハウス・ヴァッヘンフェルト〉の切り盛りを異母姉アンゲラに任せることにしたのである。パウラにではなかった。アンゲラのほうが陽気で明るかったし、決断力と実行力で勝っていた。パウラはのっけから負け犬だった。二人が激しい競争をしていたことは、パウラの手紙に明らかである。

「私は兄アドルフと両親が同じであるにもかかわらず、はるかに年上でエネルギッシュな異母姉のほうが私よりあらゆる点で優れていた。しかし、兄をめぐる私たち二人の争いを世間に知られてはならないことを、私は承知していた。そこで私はウィーンにとどまり、異母姉アンゲラがオーバーザルツベルクの兄の家をとりしきるようになった。だが、こうした状態は一九三五年秋に終わりを告げる。アドルフはあらゆる点で自由を望み、束縛を断ち切ろうとしたのだ。個人的にもあらゆることに関して[*214]」

パウラはこう述べているが、ここには失望の色が浮かんでいる。

「アドルフの目から見ると、私たち姉妹は兄の取り合いをしすぎたのだ。兄はむしろ他人に取り巻かれていたくなったのである。仕事を任せても金銭で片がつく人たちに[*215]」

二人の姉妹間の隠れた軋轢《あつれき》は、生涯続くことになる。パウラは、その後ドレスデンに住むようになったアンゲラを訪ねることはなかった。アドルフよりもアンゲラと会うほうが少なかったのである。

パウラの生活にヒトラーという姓が初めて深い溝を刻んだのは、一九三〇年八月二日のことだった。彼女は各州保険組合をクビになったのである。「兄が誰だか、ばれたのだ」。パウラはこうして職を失い、収入もなくなった。この苦境に耐えかねて、再びミュンヘンに向かった。アドルフのところへ行ったのである。

「兄は私のことをすっかり理解してくれ、今後は私の面倒を見てくれると保証してくれた[*216]」。アドルフはお金でこの件を解決した。パウラに月額二五〇マルクを年金として与えることにしたのである。一九三八年のオーストリア併合後は月額五〇〇マルクに増額した。決して贅沢のできる手当ではなかったが、当時の労働者の平均給与より多かった。

パウラの生活はこうして激変した。三四歳になっていたパウラはもう定職を探さなくなり、その後は無職のままだった。つまり、早期年金生活者の生活を最期の日まで続けることになる。彼女はウィーンのシェーンブルク通り*訳註五二番地の一からゲルストホーファー通り二六番地の三に引っ越し、それ以降はすっかり兄がかりになった。だが兄と会うことは相変わらずまれで、年一回くらいだった。それは一、二週間の滞在で、たとえばオーバーザルツベルクの場合もあれば、ミュンヘンやベルリンでの催し物のこともあったし、バイロイトのワーグナー音楽祭や、ナチス全国党大会に招かれる場合もあった。

一九三三年には「勝利の党大会」でニュルンベルクに招かれた。新任のヒトラー首相への大衆の忠誠、果てしないパレード、松明《たいまつ》行列、楽隊、そして演説に、パウラは強い印象を受けた。

「あの人〔兄〕はいつも輝くようなすばらしい目をしている。その目は、『いろいろな時期に、実にいろいろな機会に、ほかの人々の頭上に例外なく集中的に光ってきた稲妻』よりもはるかに明るく輝いている。いい意味でこの光景は、ほかの人々のために

*訳註　シェーンブルク小路説もある。

記録しておく価値があるだろう」とパウラは回想している。なぜなら、アドルフが「帯びていたオーラは内部から外部へと流れ出ていたので、兄にいっそう強い力を授けていたからだ」[*217]。

ふだんのパウラはアドルフのことを新聞とラジオでしか知らなかったし、アドルフのほうも彼女に年に一、二回ほど、そっけない葉書を書くほかは、クリスマスに時々現金を送るだけだったが、その現金は三〇〇ライヒスマルクになることもあった。

パウラの故郷は相変わらず、ウィーンの狭い住まいと、ヴァルトフィアテル地方だった。そこにはシュミット家とコッペンシュタイナー家が住んでいた。彼女は一九三四年にもその地を訪れている。それも三月一六～二三日と七月末の二回だった。だがそのときに異常な事件が起こり、パウラは警察ともめ事を起こしている。この一件は、ニーダーエスターライヒ州公安監督局に記録が残っている。

事件の中心人物は、テレジア・シュミット（パウラの母クララの妹）と、その息子で二六歳のアントン・シュミット・ジュニアだった。隣人たちの話によれば、警察がシュピタールのシュミット家にやってきて中に入り、各室を捜索した。その結果、「銃四挺、弾丸四五発、SA装具五点、ならびにナチスのプロパガンダ資料各種」が地下に埋められていた。その後起こったことも、調書にはきちょうめんに記されている。

「アントン・シュミット宅で武器が発見されたさい、ドイツ首相の妹パウラ・ヒトラーが公務執行を妨害し、こう述べた。『これは政府によるテロよ、下劣だわ。兄に言いつけるわよ。兄はそれ相応の措置を講ずるでしょうよ』。この発言は、公務執行中の地方警察官複数および保安警察官一名が耳にしている。この公務批判について彼女はグミュント管区庁で、一九三四年七月二七日にこう申し述べている。『おばは高齢のため今、心臓を病んでいる。そのおばの健康を心配していた私は非常に興奮し、警官たちが警告したにもかかわらずその方々の公務を〈政府によるテロ行為〉だと批判したにちがいない。私は、この一件を兄に伝えるとも言ったが、〈下劣〉という表現をしたとか、兄が何らかの対抗テロをすると脅迫したことは認めない。私は今後いかなる批判も政治活動もしないこと、もしそうしたことをおこなった場合には相当の刑罰を受けることをたしかに承知したことを言明する』[*218]」

ヒトラーの従弟《いとこ》でナチス信奉者アントン・シュミット・ジュニアは、寛大な処置ではすまされなかった。懲役六週間の刑を受けたのである。当時のオーストリアでは、ナチス賛美は微罪とは見なされず当局から厳しく追及されていたし、ヒトラー式の挨拶も刑罰の対象になっていた。

だがそのころ事態はいっそう激烈さを増し、七月には、違法な第八九SS連隊がウィーンで反乱を呼びかけて首相官邸に乱入し、これを占拠した。このときSSのオットー・プラネッタがオーストリア首相エンゲルベルト・ドルフス（キリスト教社会党）

を撃った。首相は執務室で出血多量のため死亡した。これと時を同じくして、バイエルンにいたオーストリア人ナチスは集合して〈オーストリア軍団〉を構成し、一揆に参加するために国境を越えてオーストリアに入った。おそらくアントン・シュミット・ジュニアも、一揆の部隊を組織してドイツ人ナチスに味方し、戦闘に加わりたかったのだろうが、警察に待ったをかけられたのだ。

オーストリア政府軍はこの反乱を鎮圧した。イタリアの指導者《ドゥーチェ》ベニト・ムッソリーニはオーストリア側に味方し、五師団をブレンナー峠方面へ派遣し、ドイツに向かって進軍させる予定だった。ドルフスの後任となったクルト・シュシュニクは、四〇〇〇名ほどのナチスを政治犯として強制収容所に収監した。殺人犯プラネッタは絞首刑になった。

シュミット家での武器発見事件を概観すると、パウラが権威中心の考え方をしていたことは明らかだ。彼女は「ドイツ首相の妹」という立場を非常に強く意識していて、そのことを「下っ端の警官」に言いたかったのだし、兄の権力を笠に着て脅迫までもちだしたのだ。血縁があるだけとはいえ、ヒトラー姓を名乗っているからには権力を行使しておのずから影響力を及ぼすことができると考えていたのである。パウラは、自分がオーストリアでは大物であり、最も有名な一族の一人だと思っていたのだ。

奪われたヒトラー姓

この興奮が冷めたのは一九三六年のことだった。アドルフはガルミッシュ・パルテンキルヘン〔南ドイツ〕で開催の冬季オリンピックにパウラを招待し、二人は顔を合わせた。二月六〜一六日に、スキー、スピードスケート、フィギュアスケート、アイスホッケー、ボブスレーの選手たちはメダルを求めて競いあった。ドイツは金三個、銀三個を獲得し、ノルウェーに次いで総合二位になった。ドイツの金メダル受賞者を列挙すると、アルペン複合の金メダルは男子がフランツ・プフヌーア、女子がクリストル・クランツ、そしてフィギュアスケート競技ペアは一五歳のマクシー・ヘルバー、エルンスト・バイアー組だった。

　このとき、私的な会話でヒトラーはパウラにとんでもない要求をした。ヒトラー姓を捨てたほうが身のためだと言ったのである。そして今後はヴォルフという姓を名乗ること、「人知れず暮らすこと。私はどうしようもなかった。だからそのとおりになった」とパウラは述べている。[*219] ヴォルフというのはアドルフの以前の偽名で、一九二〇年代初頭によく使っていたし、また党員からプレゼントされた最初の飼い犬にもそう名づけていた。

　だが、パウラは一瞬にして自分のアイデンティティを剥奪されてしまった。これ以降、縁もゆかりもない姓を使わざるをえなくなり、公にはもはやヒトラー家の一員ではなくなった。総統の妹という立場を突如として失い、無名の人間として生活せざるをえなくなった。誰にも知られない「陰の妹」にさせられたのだ。きつい一撃だった。パウラは新しいパスポートを受け取ったが、そこには偽の誕生日が記されていた。一〇カ月遅い一八九六年一一月二一日生まれとなっていた。

この改姓と関連があるかどうかはもはや確認する術がないが、いずれにしてもパウラの性格にいくつか変化が生じたことはたしかだった。いっそう憂鬱になり、たえず引きこもっているか、おおむね親戚や親友としか交際しなくなった。アドルフとの間柄はいっそう悪化していった。おたがいに原因があった。

そしてアドルフはついに、パウラをクリスマス・プレゼントの対象リストから時には除外するまでになった。アドルフは親友シャウプにきちょうめんにプレゼントリストを作成させていて、そこには自分にとって私的に最も重要な人たちの名が一〇〇人ほどと、その人たちがその年と前年にアドルフからもらったプレゼントの内容が一覧になっていた。だが一九三五／三六年のリストには、パウラの名前は——異母姉アンゲラと違って——載っていなかった。この二年間はアドルフからクリスマス・プレゼントを贈られなかったのである。[*220]

パウラは、以前の知人すら避けるようになった。たとえば一九三八年には、ヒトラー家のかかりつけの医師エドゥアルト・ブロッホがパウラと連絡をとろうとしたらしい。ブロッホはユダヤ人だったので生命の危険を感じ、助けを必要としていたのだ。ゲシュタポは彼の家を徹底的に調査し、各種の物品を押収した。そういう事態だったので、彼はパウラに以前の感謝を思い出して支援してもらおうとしたのだ。そこで彼は自分の娘ゲルトルーデをウィーンに派遣して、パウラと話をさせようとした。彼はこう回想している。

「彼女［娘］はその住まいに行き、玄関をノックしたが、応答はなかった。しかし娘は中に誰かいると確信した。娘は隣家に行った。隣人の女性はこう言った。『ヴォルフさんはどなたのご訪問もお受けになりませんよ。ごくわずかの親友だけは別ですけど』。その親切な女性は、ヴォルフ夫人からの返答をもらってあげると言ってくれた。娘は待った。返答はすぐに来た。ヴォルフ夫人は挨拶を送ってよこして、できるだけのことはするつもりだと伝えてきた」[*221]

だが、その後何も起こらなかった。パウラはユダヤ人と関わりをもちたくなかったのだろうか？　ともあれブロッホは別の知人を通じてヒトラーに連絡をとり、ある程度の成功を収めた。出国が許されたし、自分の財産をそっくり国外に送付できたのである。

同様にウィリアム（アドルフの異母兄アロイス・ジュニアの息子）も、ワーグナーの楽劇と歌劇を上演するバイロイト音楽祭でパウラに会ったとき、人付き合いの悪さを感じた。「あの人はヴォルフ夫人として来ていた。ヒトラーは誰に対しても、自分の妹だとは言わなかった。……彼女はちょっと愚かな感じで、ほとんど会話もできなかった。口を開くこともまれだった」[*222]

パウラの苦悶は理解できる気がする。その一年前に、陰の妹という役柄をずっと続けることが確定したのだ。たしかに一九三八年のオーストリア併合とヒトラーのウィーン入城によって、彼女が新たな任務を得る可能性もなくはなかったのだが、アドルフにしてみればそんなことは微塵《みじん》も考えていなかった。

オーストリア併合前のヒトラーは、反抗的なオーストリア政府に腹を立て、オーストリア人ナチスの収監に対抗して過激な行動に出た。まず一九三八年二月なかばにヒトラーは、オーストリア首相シュシュニクと会談をおこなった。対談の場所が巧妙に選ばれた。ベルヒテスガーデンの〈ベルクホーフ〉である。シュシュニク首相とグイド・シュミット外務次官は、車でザルツブルクから到着した。二人は、陰鬱な目つきをしたSS隊員のあいだを通らされたが、その隊員のほとんどは、〈オーストリア軍団〉所属の違法ナチスだった。ヒトラーはシュシュニク首相を口汚くののしり、チェーンスモーカーのシュシュニク首相に禁煙を命じ、自分の暗殺を支持したと言って非難した。その後ヒトラーはシュシュニク首相の「汚い爪」とその「田舎の国民学校長めいた態度」をあざけったすえに、こう怒鳴った。

「私には歴史的な使命がある。私はそれを果たすだろう。神の摂理でそう決まっているからだ。……私は今までのドイツ史上でドイツ人に課された最も偉大な業績を果たした。……いわゆるオーストリア問題は全部解決するつもりだ、なんとしてもだ！」

度肝を抜かれて怯えているシュシュニク首相に対してヒトラーは、最後通牒を突きつけた。シュシュニクが嫌っている政治家と軍人を釈放し、ナチスに忠実な幹部を元の地位に戻すようにとのことだった。ヒトラーはオーストリアでの国民投票も望んだ。シュシュニクをとるか、ヒトラーをとるかという意味である。ヒトラーはさらに攻撃に出た。

「私は命令を発するだけでいいのだ。そうすれば、このたわいもない騒ぎも一夜にして終わる。まさか三〇分でも私を引き止めておけるとでも考えているんじゃないだろうな？　ことによると、私は夜が明けたら突然ウィーンにいたということになるかもしれないぞ、春一番のようにな！」

オーストリア首相と外務次官は、射殺されることさえ恐れていた。シュシュニク首相は外務次官に対して、もしヒトラーとスターリンのどちらかを選べと言われたら「私はスターリンのほうを良しとするだろうよ」[*223]と述べた。

この「人生最悪の日」のあと、シュシュニクはヒトラーの要求事項を実行に移した。多くの都市で勃発したナチス取巻き連の暴力行為に対して、シュシュニク首相は無力だった。彼は三月なかばに辞任した。ナチスはオーストリア政府内であらゆる枢要な地位を占め、事実上権力を掌握した。一九三八年三月一二日、最初のドイツ軍部隊が国境を越えてオーストリアに入った。予想された民衆と軍の抵抗はなかった。人々は花を持ち熱狂的な歓声を上げながら、ハーケンクロイツの旗を振った。

ヒトラーは、前進する軍のあとに続く車列のなかで、ベンツのオープンカーに乗っていた。同時にこれは自分の過去との再会でもあった。生地ブラウナウでヒトラーは短時間とどまり、祝福を受けてから、さらにリンツへと向かい、その地で何十万人という人々の熱烈な歓迎を受けた。ヒトラーは陸軍元帥ヘルマン・ゲーリングに電話でこう言った。「私は自分の故郷がこんなに美しいとは、今までまったく知らなかった」。そしてヒトラーは、レオンディングにある両親の墓に詣で、恩師と握手し、旧友たちと会った。

三月一五日、ヒトラーはウィーンのヘルデン広場で、嵐のような拍手喝采で迎えるオーストリア人二五万人を前に演説した。「ドイツ国民とドイツ国家の総統、首相として私は今、自分の故郷がドイツに入ったことをドイツの歴史に向かって報告する」。独立国オーストリアの消滅はここに確定した。そのあとに実施され九九パーセント以上の人々が併合賛成票を投じた国民投票は、たんなるお芝居にすぎなかった。

パウラは兄のウィーン入城を現場で目撃した。彼女は、この国民的祭典のときのほうがナチス全国党大会のときよりもさらに強く、ヒトラー姓の重要性を感じた。それは一族の歴史的クライマックスだった。パウラ・ヒトラーならぬパウラ・ヴォルフは、高名な兄とウィーンの〈ホテル・インペリアル〉で会った。ヒトラーの従僕ハインツ・リンゲは、そのときの模様をこう述べている。

「挨拶は心のこもったものだった。パウラ・ヒトラーは、まさに幸福の絶頂のように見えた。彼女は感動してヒトラーの片手を握ったし、ヒトラーも、ドイツ国元首としてウィーンで妹と会うことができたことを、見るからに喜んでいた。二人が何の話をしたかは（二人はヒトラーのホテル・ルームに他人を交えずに三〇分ほどいた）、私のところからは聞こえなかった。私は二人用に紅茶を運ばせた。二人が興奮して語りあっているのが見えた。洗練された母親のような妹は別れのさいに、一〇〇マルクほど入った封筒を指示どおり渡された。経済的には彼女はあまり恵まれていないようだった。そうでなければ、この行為は意味がわからないからだ。彼女の出立ちも、ウィーンの上流階級らしくなかった[*224]」

　こうした出会いはあったが、総統の妹は、新たなナチス支配のオーストリアで何ら公的な役割を果たさなかった。これは、たとえばゲーリングが自分の親戚を官庁に斡旋していたのと好対照である。ヴォルフという姓もそのままだった。慣れ親しんだヒトラー姓に戻るのをアドルフが許さなかったのである。パウラはオーストリアの政治に介入したかったようで、本当はアドルフに妹としての活動を禁止されていたにもかかわらず、戦後になって彼女は、自分がナチスの敵に対して寛大だったのだと言い張った。
「オーストリアがドイツに併合されたあと、以前の体制について所見を発表するのは私には容易だったことだろう。併合前にオーストリアの新聞界で敵として暴れまくっていたいろいろな人たちに対して、公的な処置を決めることもできただろう。私の文章はきっとすべて愛読され、内容も信じてもらえただろうから、——少なくとも——すでに公職を退いていたそうした元名士たちに最後の一撃を食らわすことになっただろう。そうした事柄を書く私の筆は、冴えわたっていたことだろう」[*225]
　これは希望的観測だ。そうした文章をアドルフは妹に絶対書かせなかっただろう。彼女は依然として背後に隠れていなければならなかったのだ。
　このことは、兄とのごくまれな出会いの場でも変わりはなかった。兄妹は一九三八年にはムッソリーニのミュンヘン訪問の折りに、そして三九年にはバイロイトで会っている。また四〇年には彼女のほうからベルリンのアドルフを訪問しているが、その後会ったのは一度きりだ。「兄アドルフに最後に会ったのは、一九四一年三月でウィーンでのことだ」[*226]
　こうした機会にパウラは兄に向かって希望を伝えた。今はウィーンに住まいがあるだけなので、田舎にも一軒、小さな家がほしいと言ったのである。そのためにはお金が必要だった。兄は彼女にその購入費として八〇〇〇ライヒスマルクを送金した。パウラはそれを投じて、メルク修道院の北に位置するヴァイテンに二戸建て住宅を購入した。ヴァルトフィアテル地方の近くである。そして、すばらしい庭がついているその不動産を、シュピタール在住の親戚エドゥアルト・シュミットと共同使用した。土地登記簿にはエドゥアルト・シュミットが所有者になっていた。

戦時中の彼女はウィーンで、あるいはヴァルトフィアテル地方のシュミット家とコッペンシュタイナー家の近くで、すばらしく快適な生活をした。ヴァルトフィアテルの両家とは交際を続けていた。彼女は親戚のマリア・コッペンシュタイナーとその二人の子を、一九三九年の聖霊降臨祭*訳註にウィーンの自宅に招き、金の腕時計を一個と複数のコートと靴を贈っている。一〇〇〇～二〇〇〇マルクという少額を送金したことも時々あるし、マリアにはグレーの服とシーツ類を送った。ヴァルトフィアテル地方の親戚はお返しに食糧を送ってきた。

アドルフのお金は彼女の生活を安定させた。ウィーンにある〈傷病兵のための病院〉で事務員として勤め、「内地戦線」に寄与しようとしたこともあったが、すぐに辞めた。

*訳註　キリスト教会の礎が築かれたことを祝う祝日。

「健康面の問題で続けることができなかった」[*227]からだ。パウラはしだいにいろいろな病気にかかるようになった。高血圧とリューマチがあったし、視力は急速に悪化していった。加えて、時々不安定な気分になり、最悪の場合には鬱病になった。

兄アドルフとの連絡は、ときたまの電話や手紙だけに限られていた。兄は彼女にちょっとした贈り物を祝日に送ったり、手紙を口述筆記して送付することもあったが、文面はそっけなくてよそよそしかった。一九四二年に兄は次の文章を送っている。


「愛しいパウラ!

私は誕生日に贈り物をとてもたくさんもらった。試食品を受け取ってくれ。おまえにはみんなおいしいことを祈ってる。

ことによるとおまえからフリードル[*訳註]の子供たちに、ちょっとしたものをいくつか渡してもらえるかもしれないな。ハムはスペインの支部から来たものだが、あそこの食肉検査は徹底していないから、煮るか炒めるかして食べたほうがいいだろう。

心からの挨拶を込めて」[*228]

兄から妹への文面はこんな調子だった。この贈り物は自分のところに送られてきた贈り物の余り、いわばゴミだった。べつに妹のことを考えてのものでもなかったし、アドルフが自分で選んだり、ましてや購入した物ではなかった。しかもフリードルの子供たちにも分けるようにというのだ。

さらに、パウラが知らなかったことがある。アドルフはそのハムを三つに分けて、一つはアンゲラに、そしてもう一つはエーファ・ブラウンの両親に送っていたのだ。その二軒への添え書きも、細部にいたるまでパウラ宛の文章と同じだった。アドルフは個々に文面を工夫する労すら惜しんだのだ。姉妹のことなどどうでもよかったのである。

ヒトラー最後の「厚意」

アドルフは、終戦が近づきドイツの敗北とみずからの没落が予想されるようになると、パウラを、接近するソ連軍から離れた安全な場所へ移送しようとした。すでにソ連軍は、パウラが女友達で教師のグレーテ・バウアーと滞在していたヴァイテンまで一〇〇キロメートルの地点に迫っていた。パウラは個人資料、タイプライター、洗濯物入れ袋三枚を、ヴァイテンの家の屋根裏部屋とミツバチの巣箱のなかに必死に隠そうとする。しかし、のちにソ連軍はそれらをすべて発見した。

＊訳註 異母姉アンゲラの娘エルフリーデ・ラウバルの愛称。

アドルフはマルティン・ボルマンに救援を指示した。ボルマンは一九四五年四月なかばに二人の男性をベンツで、ヴァイテンのパウラ宅に派遣した。パウラはこう回想している。

「運転手が家のなかに入ってきて、私をオーバーザルツベルクに連れていく任務を帯びていると言った。出発は二時間後だと。これにはびっくりした。そんなことは思ってもみなかったから。私は、二時間では絶対に無理と言った。……その人は、翌朝の出発を了解してくれた」[*229]

彼女は大急ぎで荷造りをした。特別救援隊は四月一四日、ベルヒテスガーデンに向かった。同地に着くと、パウラはナチス所属のホテル〈ベルヒテスガーデナー・ホーフ〉に荷物を預け、自分はガストホーフ〈フォーダーブラント〉のディートリヒ・エッカルト・ハウスに連れていってもらった。アドルフが一九二三年にエッカルトを訪れたあの家である。ただし、パウラ・ヴォルフの身元は依然として同地の人には知られていなかった。

アドルフはベルリンで副官シャウプに策を授けた。シャウプは四月二六日にベルヒテスガーデンに到着した。パウラが宿泊していたホテルで、シャウプとパウラ、それに同様に寝耳に水の状態でドレスデンから連れてこられた異母姉アンゲラとのあいだで話し合いがもたれた。シャウプは荷物のなかにもう一つ、驚くべき物を所持していた。それは姉妹二人のための現金一〇万ライヒスマルク。アドルフが贈った金だった。さまざまなトラブルの解決に使ってくれとのことだった。

それから何日も経ずして、ベルリンの総統地下壕ではアドルフが秘書に遺書を口述していた。アドルフは一族にこう遺贈しようとしたのである。

「私の個人的な遺言

闘争を続けた何年間か、私は結婚という責任を負うことはできないと思っていたので、この世での人生を終える今ようやく、あの女性を妻にする決意をした。その女性は、長い年月にわたって［私と］忠実な友情を育んだのち、すでにほとんど包囲されてしまった都市にみずから進んでやってきて、私と運命を分かちあおうとしている。彼女は自身の希望により、私の妻として私とともに死ぬ。私たち二人には、私が自分の民族のために尽くすという仕事をしていたため得ることができなかったものがあるが、死がそれを与えてくれるだろう。

私が持っている物は――そもそも価値のある物であるかぎり――党の所有となる。党が存在しない場合には国家の所有となるが、国家も滅亡した場合は、それ以上を私が決定する必要はない。

私は長年にわたり自分の絵画をコレクションの一部として自分で購入してきたが、

その収集が私的な目的だったことは一度もなく、つねに私の故郷の都市、ドナウ河畔リンツに建つ画廊の拡充用だった。
この遺言が文面どおりに実施されることこそ、私の心からの願いである。
この遺言執行者として、私は最も忠実な党員マルティン・ボルマンを指名する。彼は最終的かつ合法的に、すべての決定を下す権限を有する。彼は、個人的な思い出として価値ある物、あるいはささやかな市民生活を維持するうえで必要な物をすべて、私のきょうだいに、そして同様に私の妻の母親、並びに彼がよく知っている私の忠実な男女職員たち、とくに長年にわたりその仕事によって私を支えてくれた古くからの秘書たちとヴィンター夫人などに分与することが許される。
私自身と私の妻は、解任ないしは降伏の恥辱を避けるために死を選択するものである。私たちの意向は、私がわが民族に尽くした一二年間にわたり、日々の仕事の大部分をおこなってきた場所でそくざに焼却されることである。
ベルリンにて、一九四五年四月二九日午前四時
アドルフ・ヒトラー
証人：マルティン・ボルマン、ドクター・ゲッベルス
証人：ニコラウス・フォン・ベロウ*230」

死を目前にして書かれたこの書面は、大半がヒトラーとエーファ・ブラウンのつながりおよび彼の申し開きで埋め尽くされており、実《じつ》のきょうだいたち個々の名前は挙げられていない。アドルフが彼らに与えるつもりだったのは、記念品と、ささやかな市民生活のための微々たる心付けだけだった。これでは、姉妹各々に年額一万二〇〇〇マルクを与えることを認め、シュピタールの血族たちにも三万マルクを与えるとした一九三八年五月の遺言より少ないことになる。この一九四五年の遺言を読むかぎり、パウラ、アンゲラ、アロイス・ジュニアは、いまわのきわのアドルフの眼中にはほとんどなかったということだ。

アンゲラとパウラにしても、先ほど述べたお金［一〇万ライヒスマルク］はまったく使えなかった。一九四五年五月はじめにベルヒテスガーデンに入った米軍が、その紙幣およびベルヒテスガーデンの抵当割引銀行に預けられていた一万マルクを押収したと推測される。ホテルに預けてあったパウラの荷物も米軍の手に落ち、以来行方不明である。彼女はその後、標高一〇七〇メートルのところにあった小屋に姿を隠した。「私は部屋で食事をとり、人々と関わりをもたなかった。その小屋には顔見知りは一人もいなかった」。彼女の手元には、服の入ったスーツケース一個だけが残った。

米軍はパウラ・ヴォルフを見つけだし、何度か尋問した。彼女は以下のような発言をしたが、彼女が個人的に軽犯罪を犯したのかどうか、ナチス党員だったのかどうか、といったことに関しては、米軍将校は証明できなかった。「強制収容所内で無数の人々に加えられた犯罪を兄が指示したなんて、あるいは兄がそもそもそうした犯罪を知っていたなんて、私には思えない」*231

米軍は彼女に「山中から出てはいけない」と指示した。軽い拘束。一九四五年一二月に彼女は、アルプス山中のガストホーフ〈フォーダーブラント〉での宿泊を許された。

残された妹の戦後

結局ベルヒテスガーデンとその周辺の山岳地帯がパウラの故郷になり、死ぬまで故郷でありつづけた。この一帯は、兄アドルフも生地に代わる故郷とした地域だった。パウラはこの地で新たな存在になった。ナチス体制下ではたえず拒否されてきた存在、つまりアドルフ・ヒトラーの「存命しているいちばんの近縁者」「総統の妹」になったのである。

強い好奇心の持ち主や元ナチス党員は、すぐさまパウラ詣でを始めた。彼女は今もヴォルフと名乗っていた。彼女はおもに、エリカ製タイプライターで打つ手紙で外界と接触していた。散策はまれだった。リンツまで行くときには、知人に連れていってもらった。カトリック教徒と自称していた彼女は、オーバーバイエルン地方の巡礼地アルトエッティングまで旅することはあったが、ベルヒテスガーデンの教会内で彼女の姿を見かけることはほとんどなかった。視力は落ち、憂鬱な気分になっていった。旅行はしだいに困難になった。弱い心臓、高血圧、そして悪化するリューマチのため、長旅はつらくなっていた。

戦後になると、ナチス独裁の残酷な面がしだいに暴露されるようになった。ラジオ、新聞、書籍を通じて、人々は急速に真相を知るようになった。パウラ・ヴォルフもそうしたものをたくさん読んだし、兄の犯罪についての情報にも詳しくなった。だが彼女の信仰は、アドルフ・ヒトラーの罪を認識して彼が永遠に地獄に行くことを願う一助にはならなかった。それどころか逆だった。彼女は一族と兄の栄誉を守るほうに力を入れるようになったのである。

「兄は、主のチェス盤上で一つの役割をあてがわれただけだ」[*232]。つまりパウラは、兄が話のなかで好んで悪用したのと同じ宗教的な婉曲表現――「個人の責任ではなく、いと高き力のなせる業《わざ》」――を援用したのである。パウラにとって、オーストリア人アドルフは「故国で最も偉大な息子」であり、もし彼が批判されようものなら、「それは私にとって神を冒瀆するようなものだ」[*233]と言ってのけた。これは、アドルフを不快に思うあらゆる同時代人と逆の考え方だった。「もし現在の紳士方が、桶いっぱいの糞尿を振りまいて兄の良き思い出を逆方向に歪曲したり、そうした思い出をあらゆる人の心からむしり取ることができると思いこんでおられるなら……それはひどい思い違いだ」[234]。彼女は自分の運命を明確に予見していた。「私は生涯の終わりまで、一族の共同責任の一端を担っていくつもりだ」

彼女は歴史的な比較も使って、兄を過大評価しようとした。

「ナポレオン級の人間が一〇〇年後にまた現われて、その人物を崇拝する人たちも否定する人たちも出ることだろう。――このことだけでも、そうした興亡が永遠に続くことは明白だ」[235]。パウラ自身は自分のことをナポレオンの母レティツィアになぞらえていたが、「ただし違いはある。彼女は母親、苦痛に満ちた母親であり、ただの妹ではなかったこと、しかも彼女は、物質的な基礎を築くことを適切な時期に会得したので、少なくとも経済的な心配をせずにすんだ」。

この違いをパウラはとても悲しく思った。彼女の経済的状況は相変わらず悲惨だった。知人がこっそり渡してくれるお金で生計を立てていたのだ。だから、「夢のように遠い過去、新しい服と新しい帽子と美食に満ちた過去」を思って嘆き悲しんでいた。出費は続いた。「生活費は下がったが、私はその額さえどんなに努力しても手に入れられないかもしれない。だからいつまでも借金しながら暮らすかもしれないし、もっと貧しい生活になるかもしれない。ぜんぜん楽しくない」[236]。彼女はごく狭い一室に住んでいた。そのなかにはタンスが一棹《さお》、机が一台、椅子が一脚、ベッドが一台、それに干し物掛けが置かれていた。知人に出した一九四九年三月の手紙にはこう書かれている。

「服と肌着を家から持って出ましたが、ある事情により今はごくわずかしか残っていません。それも——古びてみすぼらしいので——散策に行く気も起こりません。私にはいまだに……見た目をとても良くするためのお金がないのです。……ですから私の最近の文章からあなたが憂鬱を感じられても、それは間違いではありません」。彼女は国家からの支援を申請したが、裁判所は一九四八年にそれを却下した。彼女に福祉手当が認められたのは後年のことである。

　パウラは一九四九年に山を下って、ベルヒテスガーデン近郊のケーニヒ湖に向かい、ケーヒニスゼーアー通り六番地にあるペンション〈ゾンネンフェルス〉に入居した。そこの家具付きの一部屋で彼女は何年も過ごすことになる。大家の話によれば、パウラのところに客が来たことはなかった。彼女は写真を撮られることもいやがった。「彼女はとても頑固だった。私たちのような子供は、大声を出すことが許されなかった」。異母姉アンゲラとの間柄は冷えきったままだった。「彼女はアンゲラ・ラウバルを嫌っていた」[*237]

　経済状態がよくなった一九五四年に、彼女は再度引っ越しをし、ベルヒテスガーデンの中心部、ハンゼラー通り一番地にあるガストホーフ兼映画館〈シュヴァーベンヴイルト〉の隣に移った。狭い住まいだった。
「一室は感じのよい部屋で、何も置いてなかった。隣に狭い部屋があった。けれども日当たりの悪い一階で、恐れていたとおり、足元がとても寒くて湿っぽかった」[*238]。しかし、ともあれ彼女は喜んだ。なぜなら、「とても安い家賃だったが、やっとまた家主から直接借りる立場になれたのだ。長年にわたってみすぼらしい転借人であり法律の保護を受けなかった私としては、小さからぬ昇級だった」。

　晩年になっても、彼女の住まいは相変わらず質素だった。一九五九年三月、知人のフェルディナント・シュレッサーが彼女の住まいを訪れた。彼はパウラと会ったあと、すぐにこうメモしている。

「『お入りください』と言われたので、私たちはその部屋に入った。……六三歳の女性「パウラ」は私たちに席を勧めたが、そのときちょっとおどおどした。彼女は昼食後、少しまどろんでいたのだ。彼女の住まいは、大きな〈シュヴァーベンヴィルト〉の建物のすぐ裏手、小川に面する古い家屋の一階にあり、向かいは中央《ママ》駅だった。ヒトラー夫人の住まいは、一六平方メートルほどの部屋と狭い隣室だった。……ヒトラー夫人は徐々にではあるが、住まいをある程度快適にしようとしていた。だが私たちの印象では、まさに貧しい生活ぶりだった。……タイプライターが置かれた小机は、多量の書類、記録、そしてこれまたたくさんの通信文で埋もれていた。その通信文というのは、戦後におこなわれた多数の審理に関するものと、その他の文書の集積だった。個人的な理由から彼女は、兄アドルフに関する新聞記事をできるかぎり集めていた」[*239]

アドルフ・ヒトラーのいちばんの近縁者だった彼女のもとに、しだいに敗走したナチス残党が立ち寄るようになった。彼女はコネを利用して、警察から追われている大物ナチスの南米逃亡を手助けしたり、アルゼンチンから訪問客を迎えたりした。そのなかの一人が、ドイツ極右勢力の鑑《かがみ》とされた元空軍大佐ハンス・ウルリッヒ・ルーデルである。[*240]

パウラ・ヴォルフ（1950年ごろ）

「ええ、そうなの、アドルフ・ヒトラーの妹でありながら、お金もないのに兄と同じようにドイツに対して連帯感を抱いていくのは容易なことじゃないわ！」[*241]と言って、彼女は自分の立場を鼻にかけた。その立場を彼女はのちに商品化して、副収入を得ることに成功する。

今や悪名高いヒトラー姓は、歴史家だけでなくジャーナリストや出版社の興味も惹いていた。彼らはパウラの口から一族のこと、兄のことをたくさん知りたがった。一九四〇年代末にはもう、ヴィースバーデン「ドイツ中部の都市」の出版者ハインツ・シュヴィーガーが、アルプス山中のガストホーフ〈フォーダーブラント〉で休暇中のパウラに会って、回想録を書くよう説得している。パウラは何ページか書いたが、シュヴィーガーがその原稿を校正しようとしたとたん、パウラはこの話を断わった。ミュンヘン郊外シュタルンベルク湖畔のレオーニに住む出版者ヘルムート・ズュンダーマンも、心情的にはパウラが兄弟のように感じていた人物だったが、結局パウラに本を書かせることはできなかった。別の出版社は、一九四九年に二〇〇マルクを内金として払いこみ、回顧録が刊行されたら同額を毎月支払うと約束した。

彼女は、長い原稿を書くことなど性に合わなかったかもしれないが、別の分野ではヒトラー姓を有効に使ってお金を得る方法を実によく心得ていた。彼女は、存命しているなかではアドルフ・ヒトラーのいちばんの近親者であり、ヒトラーの遺産を継ぐ可能性があったので、ことによるとヒトラーが発表した著作物に関して著作権を所有しているかもしれなかったのである。[*訳註1]だが、この問題は法的には複雑だった。

たとえば彼女は、ニュルンベルク裁判でルドルフ・ヘスの弁護人となったバイエルンの弁護士アルフレート・ザイドルに依頼して、スイスの実業家フランソワ・ゲノーと契約を結んだ。その契約の内容は、パウラが著作権を要求していた「ヒトラーのテーブルトーク」に関する著作物の利用権をゲノーが獲得するというものだった。この談話集は、戦時中にマルティン・ボルマンの発案でヘンリー・ピッカーとハインリヒ・ハイムが速記した記録を基にしている。

ゲノーは一九五〇年代初頭に、自分が許可していなかった版の刊行に反対してドイツの裁判所で白黒をつけようとした。彼は怪しげな人物として通っていた。戦時中には闇の金を動かしていたし、アドルフ・ヒトラーのことを「わが英雄」「わが師」と呼んでいた。戦後になると、億万長者の彼はナチスの大物たちの国外逃亡や、エルサレムでのアドルフ・アイヒマン裁判*訳註2の弁護、そしてフランスではゲシュタポのクラウス・バルビーの弁護に資金を援助した。彼は一九九六年五月、ローザンヌ［スイス］近郊のプリーで自殺した。パウラはさらに一九五九年には、イギリスのテレビ局のインタビューに出演して収入を手にしている。

---

*訳註1　第二次大戦後、ナチスの戦争犯罪人を裁いた国際軍事裁判。
*訳註2　「ユダヤ人問題」最終的解決の実行責任者である親衛隊将校アイヒマンは、戦後アルゼンチンで捕らえられ、エルサレムでの裁判で絞首刑に処された。

けれども、パウラが一族との関連で最大の金銭的成功を収めようと意図したのは、アドルフの遺産をめぐる闘争においてだった。実の妹であるからには、自分こそ遺産を合法的に相続できる唯一の人間だと思っていたのである。彼女はこの闘いをドイツ当局相手に熱心に遂行した。

この過程で彼女は一九五七年以降、奇妙な変化を見せている。当時はすでにヒトラー姓は犯罪や悪と同義とされていたので、自分からヒトラー姓を名乗りたい人など世界じゅうに一人もいなかったのだが、パウラはこの時点から再び本名のヒトラー姓を名乗りだしたのだ。そして、これ以降あらゆる文書に「パウラ・ヒトラー」と署名するようになる。交渉のさいには相手に対して、こう苦情を言うのだった。「アドルフの妹という私の比類なき立場を考慮してくださる方が一人もいない」[*242]

だが遺産はなかなか厄介な問題だった。たとえ遺産管理人がパウラ・ヒトラーの要求を認めたとしても、アドルフ・ヒトラーの資産は、いわば彼の犯罪の物的な補償として押収されていた。そこで、非ナチス化審査機関（ミュンヘン第I）は一九四八年一〇月一五日付の書類整理記号〈I―3568／48〉でこういう判断を下している。「一九四六年三月五日付の、ドイツ国民をナチスおよび軍国主義から解放するための法律（以下、解放令）に基づき、当非ナチス化審査機関は……アドルフ・ヒトラー、一八八九年四月二〇日ブラウナウ・アム・イン生まれ、ドイツ元首相、に対し、口頭での審理に基づき、以下の判断を下すものとする。一、バイエルン州にあるアドルフ・ヒトラーの遺産は完全に没収するものとする。二、この手続きの経費は、当遺産に課するものとする。……諸請求はヒトラーの妹、すなわちベルヒテスガーデン在住のパウラ・ヴォルフから、彼女の弁護人、すなわちベルヒテスガーデン在住の弁護士R・ミュラー博士を通じて出されているのみである。……全財産の没収にあたって当審査機関は、遺族が困窮していないことを考慮に入れた」

この判断に「総統の妹」は満足しなかった。ここで問題は、アドルフ・ヒトラーが一九四〇年代末にまだ死んでいなかったことだ。当局の理解によればそういうことだったのである。法的拘束力のある説明がまだなかったのだ。戦後になってから、かつてヒトラーと親しかった人々に尋問がおこなわれたが、ヒトラーの死去については相互に矛盾した発言が出てきたため、当局はヒトラーがどのように、また正確にいつ死亡したかを知らなかったのである。しかも、ヒトラーはまだ生きているという報道が各国の新聞に何度も出ては消えていた。タイミングよくベルリンを逃げ出して、今は外国で元気に生きている、自殺は嘘だというのだ。アメリカのFBIは、ヒトラーがニューヨークで生存しているとか、メキシコで目撃されたとかいう国民からの情報を何年間も追跡調査した。

ベルリンの首相官邸の総統地下壕で何が起こったか、それは今日明白になっている。

ヒトラーは一九四五年四月三〇日朝、副官オットー・ギュンシェにガソリン調達を命じた。遺体が焼却されれば「永遠に発見されることはない」。彼はそうなることを望んだのだ。彼は昼すぎに女性秘書たちといっしょに最後の食事をとった。スパゲッティだった。ヒトラーとエーファ・ブラウンは部屋に引きこもった。そして一発の銃声。だが、それが正確にいつ聞こえたかについてはさまざまな証言があり、明らかになっていない。三時半ごろから六時ごろまで諸説紛々だ。

ヒトラーの従僕ハインツ・リンゲは、アドルフ・ヒトラーとエーファ・ブラウンの遺体がソファの上にあるのを発見した。ヒトラーはどうやら青酸カプセルを嚙み砕くと同時に、頭に銃を放ったようだ。エーファは青酸による服毒自殺だった。忠実な部下たちは二人の遺体を毛布にくるんで、上に運んでいった。出口のすぐ外の庭に置かれた遺体に一〇缶のガソリンが注がれ、火が点けられた。灰のほかには何も残らなかったが、ただし確認できたかぎりで言えば、ヒトラーの歯の一部と、エーファの下顎のブリッジだけは見つかった。こうした残骸はソ連軍が発見し、葉巻箱のなかに入れて持ち去った。

ヒトラーの死後何年間か、ソ連の諜報機関は、(偽造された)ヒトラーの遺体の写真や幾多の行方不明説を発表することによって、さらに混乱をあおった。その結果、ヒトラーが正式に当局から死亡を宣告されたのは、一九五六年一〇月二五日のことだった。そのときベルヒテスガーデンの区裁判所は、ヒトラーの死亡時刻を「一九四五年四月三〇日一五時三〇分」と確定した。公式発表だった。こうしてパウラ・ヒトラーに相続証書を請求する機会が訪れた。彼女は実際に申請した。だが不意に意外な方向から競争相手が出現した。パウラはこう書いている。

「ブラウン家も相続請求を申請してきた。彼らはプリンツレゲンテン広場の家を希望していたし、当地の区裁判所判事にエーファの死亡日を修正するようにと言ってきた。修正すれば、自分たちが相続できるという算段だ。……遺産をめぐってはこうしたことが起こるものだが、おおかたは宝くじ同様、悪銭身につかずということになるのだ[*243]」

ブラウン家にとって相続請求の要になったのは、いわば「法的な屁理屈」とでも言うべきことだった。つまり、アドルフ・ヒトラーが自殺したのは、エーファ・ブラウン＝ヒトラーより前だったのか、それとも後だったのか、という点である。もしヒトラーのほうがたとえ数秒の差であれ先にこの世に別れを告げたとすれば、妻は相続人ということになり、彼女の血族は相続を請求する権利があることになる。ベルヒテスガーデン区裁判所は一九五七年一月一七日に、「アドルフ・ヒトラーの妻、エーファ・アンナ・パウラ・ヒトラー（旧姓ブラウン）の死去を、一九四五年四月三〇日一五時二八分と確定」した。こうしてアドルフのほうが二分間長く生きていたことになり、妹のパウラが相続人になる可能性が出てきたのである。

　裁判所との抗争はさらに三年続く。奇妙なことに裁判所は一九六〇年二月一七日、パウラを「主たる相続人」と認定した。一九四八年とは大違いの判断である。パウラは一九六〇年二月二九日付の手紙で、こう喜んでいる。「最近私は相続証書を交付された——当分はまだ本決まりではないが。……今までの私はみすぼらしい無意味な存在だった。ともあれ進歩だ。……」

　だが、ベルヒテスガーデン区裁判所の公式文書類は、交付が遅すぎた。パウラ・ヒトラーは勝利を味わうことができなかったのだ。一九六〇年六月一日午前八時三〇分、彼女は心臓の衰弱により、そしておそらくは生きる意志がなかったため死去したのである。最後の何週間かは、ベルヒテスガーデン近郊シェーナウにいる女友達マリア・ライターのもとへ行っていた。この女性は一九二〇年代には、兄アドルフのガールフレンドで愛人でもあった。パウラの診察にあたった医師ゲルト・ブラートケはこう回想する。「彼女は明らかに老けるのが早かった。六〇歳そこそこだったのだが、もう八〇歳くらいに見えた」[*244]

　パウラは聖霊降臨祭前の土曜日に、シェーナウの新しい墓地に埋葬された。参列者は一〇〇人にのぼったが、墓前で挨拶をする人は一人もいなかった。聖職者ですら、短い追悼の言葉も述べなかった。パウラは、静かに生きてきたのと同じように、静かにこの世から消えていった。

第7章　現在のヒトラー家

ヒトラー家の中心人物アドルフ・ヒトラーは、首相官邸の総統地下壕で自殺し、その遺体が庭で完全に焼却されたときに、言葉の真の意味でこの世から姿を消した。残ったのは、戦争と崩壊とホロコーストの残滓《ざんし》であり、そして一九四五年以降も相変わらず血族の上に落ちている彼の影である。その影は現在も消えていない。

異母兄アロイス・ジュニア、異母姉アンゲラ、妹パウラ、そして甥ウィリアムは終戦にいたるまで紆余曲折を経た人生を送ってきたが、戦後になっても彼らには破局と抑圧、そして頓挫がつきまとった。

だが、ほかの血族の場合は、平和が訪れたあとになってから、一族の誤謬と葛藤の巻添えを食ってしまったのである。彼らの場合も、すべては結局ヒトラーにつながる血筋が原因だった。

舞台は、オーストリアのヴァルトフィアテル地方シュピタールにある一軒の農家。ソ連軍のオフロード車が一台、接近していく。特別部隊〈スメルシュ〉の兵士が何人も銃を構えて飛び出し、大声で命令を発しながらその農家の建物に駆けこむ。ソ連兵が寝室のドアを押し開け、ベッドにいたヨハン・シュミットを取り押さえる。アドルフ・ヒトラーの血族であり、彼の母親とアドルフ・ヒトラーの母親クララが姉妹だったのだ。

ソ連兵は、呆気にとられているシュミットを車内に引きずりこみ、運び去っていった。〈スメルシュ〉というのはソ連の防諜機関で、〈スメルチ・シュピオーナム〉つまり「スパイに死を」の略である。彼らはヨハン・シュミットを一九四五年五月三〇日にウィーンに連れていき、牢獄にぶちこんだ。シュミットの息子ヨハン・ジュニアも、弟エドゥアルト・シュミットも、そして妹夫妻であるコッペンシュタイナー夫妻（マリアとイグナーツ）もソ連軍に連行された。ヒトラーの血縁だったのが理由である。

ヴァルトフィアテル地方の純朴な農民のなかには、有名な独裁者アドルフ・ヒトラーと個人的には一度も会ったことのない人が多かった（一九〇七年夏、子供時代のアドルフが休暇でやってきたときにいっしょに過ごしたことのある人は何人かいたが）。

ヨハン・シュミット（一八九四年生まれ）は逮捕時にはガストホーフを経営していて、二〇ヘクタールの土地を持ち、雌牛八頭、子牛二頭、雄牛二頭、ガチョウ二羽、羊二頭、豚二頭を飼っていた。しかもミステルバッハ村の村長を務めていた。ナチスの力添えで指名されたのだった。だがソ連軍に尋問されたとき、彼は「ヒトラーのおかげで特権を得たことは一度もない」と述べた。彼は自分の運命を知る術もなかったが、結局はソ連の牢獄で死亡することになる。公式文書には、一九四五年七月八日一六時三〇分に死亡したと記されている。死因は「病変による心停止、肋膜炎［胸膜に起こる炎症］、外傷なし」

ヨハン・シュミットの弟エドゥアルトも同様の運命をたどった。モスクワにあるソ連保安機関の悪名高いレフォルトヴォ監獄に入れられたのである。彼は所持品だった懐中時計一個、目覚まし時計一個、カフスボタン複数、それにベルト一本をソ連側に引き渡した。囚人房一一六号に入ったが、一九四九年一〇月一一日に同監獄の所長宛に次のような願書を提出した。

「拘留期間が四年半を過ぎ、私の服はすっかりぼろぼろになり、もはや修繕もかなわなくなりましたので、私にズボンを一本お与えくださるようお願い申し上げます。また、私は冬用の服装を持っておりませんし、しばしば寒さに凍えておりますので、オーバーないしはコートをお与えくださるよう懇請いたすものです。それから、二年前に与えていただいた［靴下代わりの］足布もすっかりいたんでしまいましたので、同じ物との交換をお願いいたします。私は長髪の許可を得ておりますが、櫛《くし》を持っておりませんので、櫛をお与えください」[*245]

衛生班は囚人エドゥアルトについて、一九五〇年二月二七日付でこう記録している。

「胸郭に外傷性の変形。肉体労働可」。その外傷というのは、殴打の結果と思われる。

　彼は軍隊に入ったことはなかったが、「平和に対する犯罪を犯したこと」を認める「自白」に署名している。その一〇日後、軍事法廷は彼に二五年間の懲役と所有物没収という判決を下した。理由は、ヒトラーの血族であること、「ヒトラーの諸計画に賛成したこと」、「ヒトラーの資金源だったこと」、「パウラ・ヒトラーと接触があったこと」[*246]。こうして彼はウェルヒネ＝ウラルスクの特別収容所に送られた。そして一九五一年九月五日一三時一〇分に死去した。公式の死因は、肺結核に起因する心臓衰弱だった。

　ヨハン・シュミット・ジュニアは一九二五年にヴァルトフィアテル地方のミステルバッハ村で生まれ、全国青少年団〈ヒトラー・ユーゲント〉の団員になり、一九四三年六月～四五年五月には武装ＳＳに所属していた。彼はソ連の牢獄を生きのび、一九五五年にようやく帰国できた。親戚たちは彼のことを、とっくに死んだものと思っていた。

　彼は牢獄のなかで、次のように書かれた尋問調書に署名している。「私は武装ＳＳに所属していたとき、対ソ戦のいくつかの作戦、およびユーゴスラビアのパルチザン討伐に参加しました」。しかも彼は、アドルフ・ヒトラーの政策を是認してきたことも認めている。彼はオートバイに乗った伝令兵として、義勇ＳＳ装甲擲弾兵《てきだんへい》師団〈ノルトラント〉に、そして一九四四年末には装甲師団〈ヴィーキング〉に所属した。一九五〇年三月二五日、彼はソ連国家保安省（ＫＧＢの前身）の特別法廷で「特別収容所での拘留二五年間」という判決を受けた。

農民だったコッペンシュタイナー夫妻は、懲役二五年の判決を受けた。ヒトラー家の親戚であることがおもな理由だったが、ソ連は、夫妻がヴァルトフィアテル地方の畑でロシア人労働者二名を雇っていたこと、そして妻マリアがアドルフ・ヒトラーから六〇〇〇マルクを受け取り、そのお金で複数の歯に金冠をかぶせていたことも重視した。

彼女は捕まったとき、子供三人を残していくはめに陥った。息子アドルフは当時五歳、娘二人は一五歳と一六歳だった。この子供たちは一九五五年にようやく、両親がどうなったかを知る。父イグナーツ・コッペンシュタイナーは長期間にわたって義兄弟であるヨハン〔父のほう〕およびエドゥアルトと同じ六三番という四人房で過ごした。三人は刑務所長に願書を提出している。

「どうか、夜間に布団をかけ、手をその下に入れて眠ることを、私たちにお許しください。上半身裸では寒くて眠れないからです。しかもヨハン・シュミットとイグナーツ・コッペンシュタイナーは刑務所の毛布を与えられていません。私たち自身が所持している毛布はもうひどくぼろぼろで破れています。ですから、私たちは毛布を刑務所からお与えいただけますようお願い申し上げます[*247]」

イグナーツ・コッペンシュタイナーは、一九四九年七月三日午前三時一五分に死亡した。公式の死因は、結核、衰弱、食欲不振、心停止。その妻マリア・コッペンシュタイナーは一九五三年八月六日にウェルヒネ＝ウラルスクの特別収容所で死亡した。公式の死因は、代償不全による心停止。

以上見てきたように、ヴァルトフィアテル地方の親戚たちは、たまたまヒトラー家の血縁だったというだけの理由で何人もが命を失ってしまったのである。書類を見ても、彼らの大半には重大な犯罪は認められない。ヒトラーの血縁だというだけで、ソ連兵に疑惑をもたれたのだ。その結果、シュミット家とコッペンシュタイナー家の人たちは、アドルフ・ヒトラーの異母兄、異母姉、実妹（全員が自然死しているし懲役も免れている）よりも酷い仕打ちを受けたのである。

ただし、ヴァルトフィアテル地方の農民たちは、死後に名誉を回復した。ロシア連邦の中央軍事検察局検事長が、以上に挙げた親戚たちの名誉回復を一九九七年に宣言したのである。だがヨハン・シュミット・ジュニアだけは、武装ＳＳとして参戦していたため、公式の名誉回復は実現しなかった。一九九七年八月、「赤旗勲章を二度授与されたバルチック艦隊の軍事法廷」はこう述べている。「シュミット、ヨハンは正しい判決を受けたのであり、名誉回復には相当しない」

ヒトラーの遺産をめぐる争い

当局がアドルフ・ヒトラーの死亡時刻を確定したのは一九五六年という遅い時期だったが、これを受けて妹パウラは、実の血族としてはいちばんの近縁者として遺産の相続証書を申請した。だが実に奇妙なことに、法律に関するくだらないいさかいを経たあとの一九六〇年、彼女は本当に遺産の三分の二を受け取ることが認められたのである。しかし、この勝利は結局彼女に何ももたらさなかった。彼女が同年六月に突然死亡してしまったからである。だがヒトラーの遺産をめぐる争いは、このあとも長く続くことになる。

パウラの遺産は、ベルヒテスガーデン区裁判所の決定（一九六〇年一〇月二五日付。書類整理記号〈Ⅵ108／60〉）により、死亡した異母姉アンゲラ・ラウバル（結婚後の姓はハミッチュ）の子供たちに渡ることになった。すなわち、一九〇六年生まれの息子レオ・ラウバル・ジュニアと、一九一〇年生まれの娘エルフリーデ・ラウバル（愛称フリードル）である。

レオは、おじアドルフ・ヒトラーをランツベルクの監獄に訪ねたことがある。彼は一九三九年にドイツ軍に入隊して空軍少尉になり、一九四三年一月にスターリングラードでソ連の捕虜になった。アドルフ・ヒトラーはこの甥のために尽力し、ヤーシャ・スターリン（スターリンの息子で、当時ドイツの捕虜になっていた）との捕虜交換を実現しようとした。しかしスターリンはこう言って断わった。「戦争は戦争だ」。その結果ヤーシャは捕虜収容所で死亡したが、捕虜レオは一九五五年九月末にソ連軍によって釈放され、それ以降はリンツで教師になった。

エルフリーデのほうは、一九三七年六月に弁護士のエルンスト・ホーヘッガーとデュッセルドルフで結婚した。この人物は一九一〇年にイプス近郊*訳註のヴァイトホーフェンで生まれたが、戦後になると同夫妻も、ヒトラーの懐かしの故郷であるリンツ（ヘルツィンガー通り四〇番地）に住んだ。そしてラウバル兄妹の二人（レオ・ジュニアとエルフリーデ）はアドルフ・ヒトラーの遺産を請求したのである。

それにしても、そもそも相続するものが何かあったのだろうか？　たしかにアドルフ・ヒトラーは、プロパガンダではつねに党と国民のことしか頭にない無欲な人間を演じてはいたが、実は億万長者だった。終戦時の彼の個人財産は一〇〇〇万マルク前後とされている。歴史家のなかには、それよりはるかに高額とする人もいる。

連合国側は戦後、判明している財産をすべて没収した。だが絵画、現金、金《きん》は、秘密のルートをたどって永遠に消えてしまった。とはいえ、ヒトラーがリンツの豪華画廊用に予定していた自作の美術作品の多くは、米軍が押収した。米軍はそれらを以前

---

*訳註　ウィーンとリンツのあいだにある町。

の持ち主に返却し、残りはのちに西ドイツ政府の手に委ねた。ミュンヘンのプリンツレゲンテン広場一六番地に位置するヒトラーの住まいは、妹パウラも、またエーファ・ブラウンの家族も権利を主張したが、最終的に手にしたのはバイエルン共和国*訳註だった。現在そこは警察署になっている。

降伏後の何カ月間かは、実にさまざまな人たちがアドルフ・ヒトラーの財産を勝手に使用していた。たとえば隣人、友人、個人秘書などは、いくつかの貴重品を持ち逃げした。ベルヒテスガーデンのオーバーザルツベルクでは、ヒトラーの財産の残りを略奪することを当局が公認していた。こうした盗品はうさんくさいコレクター市場ですぐに買い手が見つかり、高額で取り引きされた。

一九五〇年には、ヒトラーのかつての家政婦アンニ・ヴィンター宅が家宅捜索され、各種の品々が発見、押収された。警察が彼女のスーツケース内で発見したもののなかには、サイン入りのヒトラーの写真（複数）、『わが闘争』の初版本、ヒトラー自作の水彩画（複数）、それにヒトラーの兵士としての身分証明書、武器携帯許可証、オーストリアのパスポートがあった。だが彼女は法廷で、そうした遺品を所持してよいとの権利を勝ち取った（ただしヒトラーの書類は手放さざるをえなかったため、それは現在バイエルン州立中央公文書館に所蔵されている）。その根拠は、一九四五年四月のヒトラーの遺言書に、マルティン・ボルマンが、「個人的な思い出として価値ある物……をすべて」、血縁者並びにヴィンター夫人などの職員たちに分与することが許されるとあったからである。裁判所は当時その文面に従って判断していたのだ。

連合国の解放令は、「法的な相続順位ないし終意処分〔遺言〕を考慮せずに」、ナチス幹部たちの財産すべてを没収すると規定していた。ヒトラーの遺産の管理人はバイエルン州だった。アドルフ・ヒトラーが住所として申告していたのが同州だったからである。バイエルン州の財務省は以下のように明言した。

「〔連合国軍の〕軍政規則第五二号は、ナチスの幹部職員の財産が軍政府によって押収されるものと規定している。〔連合国の〕管理委員会の指令第二八号は、主要責任者の財産の没収を規定している。この点に関して意見の一致を見ている一九四六年三月五日付の『ドイツ国民をナチスおよび軍国主義から解放するための法律』は、ナチスの暴力支配を積極的に支援した者全員に賠償責任があると規定している。同法は、主要責任者の財産は賠償のために没収することと規定している。第三七条には、主要責任者がすでに死亡している場合にも、遺産没収の手続きは可能と規定されている。これに従い、非ナチス化審査機関（ミュンヘン第Ⅰ）は一九四八年一〇月一五日付の決定に基づき、バイエルン州内に存在するアドルフ・ヒトラーの遺産すべての没収を指示

＊訳註　州だが、公式には共和国と名のる。

した。

没収され、バイエルン共和国に委任された財産のなかには、アドルフ・ヒトラーの『わが闘争』およびヒトラーのその他の著作の著作権も含まれる。著作権に関しては権利所有者の住所を顧慮すべきであり、アドルフ・ヒトラーの住所は最期の時までミュンヘン、プリンツレゲンテン広場一六番地であったから、当該著作権はバイエルンに割り当てられる財産である。

これによりバイエルン共和国は——アメリカ合衆国の領域内を例外として——、今回の没収による権利移転の結果、アドルフ・ヒトラーの『わが闘争』の著作権所有者になったものとする」[*248]

まさにこの点に、ヒトラーの血族は口を挟んできた。これは法的に難解なテーマだった。問題の核心は、「著作権は、個人的かつ非物質的な権利であり、そもそも押収が許されるかどうか」という点だった。ヒトラーの血族はこの点を争った。そして著名な歴史家にしてヒトラー伝の著者ヴェルナー・マーザー教授に助力を仰いだ。同教授は一九六〇年代に実施した学問的な調査を通じて、ヒトラーの血族と接触があったのである。

そこでヴァルトフィアテル地方の血族を代表してアントン・シュミット・ジュニアが、『わが闘争』の著作権について調査してほしいという趣旨の手紙を同教授宛に書いた。教授の結論は、「その著作権はヒトラーの血族に帰すべきものであり、バイエルン共和国を訴える価値がある」というものだった。

これを受けてシュミットは、親族会議を開き、親族のスポークスマンとしてレオ・ラウバル・ジュニアを指名した。ヒトラーの異母姉アンゲラの息子である。ともあれ大金がかかっていた。著作権はドイツでは、著作者の死後七〇年間有効だから、二〇一五年までということになる。そして、マーザー教授は印税総額は二〇〇〇万ユーロ[*訳註]になると見積もっている。[*249]

ヒトラーが『わが闘争』を書いたのは、ランツベルク監獄に服役中の一九二三〜二四年のことである。同書は一九三〇年までは二巻本として一二マルクで売られていたが、それ以降は一巻本で八マルクという廉価版になった。売上げは当初の何年間かははかばかしくなかったが、一九三三年までに計二八万七〇〇〇部がはけた。政権掌握後、売上げは急上昇する。三三年には英米で英語版が刊行され、続いてデンマーク、スウェーデン、ブラジルで翻訳が出版された。こうしてブームに火が点き、三六年にはドイツでベストセラーになった。それ以降、同書は戸籍役場から新婚カップルへの公式贈答品として聖書に代わる位置を占めるようになり、ヒトラーの思想はドイツ人

＊訳註　二〇〇六年一月時点のレートで約二八億円。

夫婦の手引き書となった。結果的に印刷部数は一〇〇〇万部前後にのぼった。

　戦後も同書は外国でさらに売れた。今後も売れることだろう。ドイツでの刊行は今も禁止になっているが、[*訳註]英米では出版が許可されている。そしてドイツ当局は、「刊行を阻止できない地域」での販売にともなう印税を受け取っている。その金はバイエルン共和国の特別口座に振り込まれ、慈善活動に役立てられている。

　レオ・ラウバル・ジュニアは、「ヒトラー遺産の管理人」を自称しているマーザー教授に手紙を書き、適切な弁護士の照会を教授に委任した。またアントン・シュミット・ジュニアは、一九六九年八月に以下の手紙を教授に書いた。

「私の従兄《いとこ》アドルフ・ヒトラー（私の母の姉の息子）に関する私の権利と私の一族の権利を擁護するために（教授殿に）全権を委任します。法的に承認されたヒトラーの遺産相続人が二〇一五年まで著作権を所有している記録（個人的な手紙、スケッチ、メモ、談話記録、美術作品等々）のうちどれを、書籍や論文、新聞、ラジオ、テレビなどで公表するのを許すか、それを（そのつど私と申し合わせたうえで）決定する権利を有するのはマーザー教授殿のみであります。結局は私たちに支払われることになる報酬に関しても、同様の取決めが相当するものとします」[*250]

　教授は相続人たちに、一九三六年までの印税だけを要求するよう忠告した。それ以降は国家がおもにこの本の販売に資金を出していたからだ。シュミット家とコッペンシュタイナー家は、とらぬタヌキをどう分配するかについて意見が一致しなかった。教授の言を聞こう。

「ラウバル［レオ・ラウバル・ジュニア］は一人で五割をほしがったが、私はそんなことを血族のほかの人たちに言うわけにいかなかった」[*251]

レオ・ラウバル・ジュニアが一九七七年八月に休暇先のスペインで死去すると、バイエルン共和国に対する訴訟計画は頓挫した。エルフリーデ・ホーヘッガーも、著作権の件で訴訟を起こす決心がつかぬまま、一九九三年九月に死去した。

この件は現在もそのままになっている。ヒトラー家の一族で今も存命中の人たちは、自分たちが持っているかどうかわからないような権利を、裁判をやってまで勝ち取ろうというつもりはまったくない。おそらく世間をはばかってのことだろう。なぜなら、ヒトラー一族の末裔たちはほとんどが今も、一族にとっての伝統の地、つまりヴァルトフィアテル地方やリンツなどに住んでいるので、とにかく社会の注目を浴びたくないのだ。[*252] 外部と隔絶した生活を送りたいと思っているのであり、一族のまがまがしい歴史とのからみで社会に登場することだけは御免なのだ。アドルフ・ヒトラーの血族たちは今もなお、自分たちの生計よりも、ヒトラー姓が投げかけている長い影のほう

＊訳註　『わが闘争』は二〇一五年に著作権が失効し、再出版されている。

を重視せざるをえないのである。

謝辞

本書の成立に協力してくださった方々全員に、再度、心から感謝申し上げたい。なかでもズザンネ・ビレスとクリスティーナ・クルシュヴィッツのお二人は、原稿を入念にチェックして私にアドバイスしてくださった。また左記の研究所や公文書館で職務に真剣に取り組んでおられる方々にも感謝の言葉を申し上げる。現代史研究所、バイエルン州立中央公文書館、州立図書館（以上ミュンヘン）、ザクセン州立図書館（ドレスデン）、カール・マイ博物館、市立公文書館（以上ラーデボイル）、FBI公文書館（ワシントン）、公立図書館（ニューヨーク）。同様にベルリンの国立公文書館の職員の方々からも貴重な情報をいただいた。ウィーン市立・州立公文書館のヘルベルト・コッホは、ご親切にも各種資料を利用させてくださった。リンツのオーバーエスターライヒ州立公文書館のヨゼフ・ゴルトベルガー博士は、本書の基礎になる資料を閲覧させてくださった。ドレスデン市立公文書館のカローラ・シャウアーは、所蔵データを徹底的に調査してくださったし、ドレスデン在住のマティアス・グリーベル、ラーデボイル在住のヴォルフガング・クルーク、ベルヒテスガーデン在住のロベルト・ブラントナーは、有益な情報とアドバイスを与えてくださった。慎重にして丁寧な編集をしてくださったシュテッフェン・ガイアーにも感謝の言葉を申し上げる。

訳者あとがき

映画『ヒトラー～最期の12日間～』の大ヒット以来、「人間ヒトラー」に対する関心が高まっている。本書も「人間ヒトラー」にスポットを当てている点においては変わりはないが、あの映画が、総統という公職にあるヒトラーと側近などのやりとり、つまりは「公的な付き合いにおける人間ヒトラー」がメインであったのに対し、本書は「家族や親類との私的な付き合いにおけるヒトラーの人間像」がテーマである。つまり本書に登場するヒトラーは「日常生活のヒトラー」、「素《す》のヒトラー」なのだ。

ヒトラーにも兄弟姉妹はいた。いとこや甥、姪、おば、おじもいた。しかもヒトラーの父親が三回結婚したため、家族や親類と呼びうる人たちは、かなり大勢いた。そしてヒトラーに限らず、一族のなかには特異な性格の人が多かったこともあって、ヒトラーと彼らとの付き合いはノーマルとは言いがたかった。ただ一つ共通点がある。一族同士でありながら、おたがいの交流はきわめて不活発で冷たかったことだ。

大勢いる一族のなかにも、とりわけ特徴的な人物が何人かいる。本書は、そうした人たちの生涯を克明にたどっていて、何本もの伝記が連続する構成になっている。たとえば父親、異母兄、異母姉、妹、姪などの生涯がまずは各人の伝記として描かれているわけだが、そうした伝記のすべてに「一族の中心たるヒトラー」がからんでくるため、通読すると「ヒトラーの個人生活」が自然に浮かびあがる仕掛けになっている。総合的に言うと、本書はおそらく史上初の「ヒトラーの私的な伝記」なのだ。

本書はまた、幾多の新情報や新証言が全編に盛りこまれているので、ヒトラー通の読者の方々にも興味深く読んでいただけることと思う。一例を挙げると、本書の後半には、アメリカに渡って米軍に入りドイツ軍と戦ったヒトラーの甥が登場する。まさに第二次大戦中の奇妙なエピソードの一つと言えよう。ちなみにその甥の子孫は、現在もなお正式にはヒトラー姓のまま、アメリカで暮らしている。

今回の翻訳にあたっては、著者と何度か電子メールのやりとりをしながら作業を進めた。私の疑問点に関して著者は懇切丁寧な説明を施してくれたし、いっそう詳細な情報を求めて関係者に問い合わせてくれたこともある。このようにして私が得た情報はもちろん、訳注などの形で本書に反映させた。

著者のメールによれば、ヒトラー一族の故郷ヴァルトフィアテル地方に住むシュミット家関連の情報は錯綜していて、いまだに調査がしにくいとのことだ。本文にもあるように、それは「まがまがしい歴史との関連を今なお隠そうとしているため」なのだろう。探れば探るほど虚実が織りまざってきて、暗澹《あんたん》たる闇の世界に迷いこんでしまう。今後も新事実が明らかになることはあるだろうが、逆に時間が経過するにつれて歴史の彼方に消えていってしまう事実も多々あることだろう。

ここで著者ヴォルフガング・シュトラールの略歴をご紹介しておく。生年は一九五八年で、ジャーナリスト学校を卒業後、大学で経済学、政治学、コミュニケーション学を学び、その後ジャーナリストとして活躍。現在は雑誌『キャピタル』の編集を担当している。二〇〇二年に、ヒトラーの資産をテーマとした著書を刊行している。

末筆ながら、本書に関しても刊行にいたるまで総合的な指揮を執ってくださった草思社編集部の碇高明さん、そして的確な校正をしてくださった編集室カナールの片桐克博さんに心から感謝する。系図や地図等についても、お二人をはじめとする方々のご協力のおかげで、原著よりもすぐれた仕上がりになった。改めて謝意を表する次第である。

二〇〇六年二月

畔上司

249 Gespräch des Autors mit Werner Maser vom 29. 9. 2004, vgl. *New Yorker*, 17. 7. 2000, S. 46 ff.
250 Brief Anton Schmidt an Werner Maser, August 1969. Faksimile im Besitz des Autors.
251 Gespräch des Autors mit Werner Maser vom 29. 9. 2004, vgl. *New Yorker*, 17. 7. 2000, S. 46 ff.
252 Aussage Peter Raubal und Heiner Hochegger gegenüber dem Autor am 2. 10. 2004.

写真出典
Washington Archive: P 231, P 265
Corbis: P 261, P 289
個人蔵：P 29, P 35, P 38, P 46, P 57, P 153, P 195, P 303

56.

226 Verhörprotokoll Paula Hitler vom 26. 5. 1945, a. a. O.

227 Ebenda.

228 Brief Adolf Hitler an Paula Hitler, 1942, MA 1298/10, Institut für Zeitgeschichte, München.

229 Verhörprotokoll Paula Hitler, 26. 5. 1945, a. a. O.

230 Faksimile in Werner Maser: a. a. O., S. 213 ff.

231 Verhörprotokoll Paula Hitler: a. a. O., 5. 6. 1945.

232 Brief Paula Hitler vom 8. 10. 1947, in Jürgen Hillesheim: a. a. O., S. 68.

233 Brief Paula Hitler vom 12. 10. 1957, in Alfred Läpple: *Paula Hitler*, Stegen 2003, S. 249.

234 Brief Paula Hitler vom 28. 12. 1957, ebenda, S. 252.

235 Brief Paula Hitler vom 1. 12. 1947, in Jürgen Hillesheim: a. a. O., S. 72.

236 Brief Paula Hitler vom 4. 8. 1948, ebenda, S. 82.

237 Aussage Frau Lochner gegenüber dem Autor am 30. 9. 2004.

238 Brief Paula Hitler vom 3. 3. 1957, in Alfred Läpple: a. a. O., S. 237.

239 Alfred Läpple: a. a. O., S. 257 ff.

240 Vgl. ebenda, S. 178 ff. und S. 265.

241 Brief Paula Hitler vom 12. 12. 1959, in Alfred Läpple: a. a. O., S. 264.

242 Brief Paula Hitler vom 20. 12. 1958, ebenda, S. 255.

243 Brief Paula Hitler vom 13. 7. 1957, ebenda, S. 243 f.

244 Aussage Gerd Bratke gegenüber dem Autor am 30. 9. 2004.

第7章

245 Wilhelm Romeder: a. a. O., S. 106 f.

246 Ebenda, S. 105.

247 Eingabe Ignaz Koppensteiner, Johann Schmidt, Eduard Schmidt vom 25. 9. 1948, ebenda, S. 106.

248 Schreiben des Bayerischen Finanzministeriums an den Autor vom 20. 5. 2003.

Zeitgeschichte, Berchtesgaden, gemäß Aussage Jürgen Hillesheim gegenüber dem Autor vom 24. 9. 2004.
201 *Wochenend-Sonntagspost*, Nr. 24, 11. 6. 1959, S. 3.
202 *Wochenend-Sonntagspost*, Nr. 26, 25. 6. 1959, S. 11.
203 August Kubizek: a. a. O., S. 137.
204 Ebenda, S. 140.
205 Faksimile in Werner Maser: *Hitlers Briefe und Notizen*, Düsseldorf 1973, S. 35 f. ［ヴェルナー・マーザー『ヒトラー自身のヒトラー』西義之訳、読売新聞社、1974年］
206 Verhörprotokoll Paula Hitler, 26. 5. 1945, a. a. O.
207 Faksimile in Anton Joachimsthaler: a. a. O., S. 21. Vgl. Spiegel Nr. 41, 1965.
208 Verhörprotokoll Paula Hitler, 5. 6. 1945, a. a. O.
209 Verhörprotokoll Paula Hitler, 26. 5. 1945, a. a. O.
210 Ebenda.
211 Werner Jochmann (Hrsg.) : a. a. O., S. 204.
212 Brief Paula Hitler vom 8. 10. 1947, in Jürgen Hillesheim: a. a. O., S. 68.
213 Zusammenfassung Manuskript Petra Hitler, a. a. O.
214 Brief Paula Hitler vom 7. 2. 1957, in Christa Schroeder: a. a. O., S. 64.
215 Brief Paula Hitler vom 5. 2. 1957, ebenda, S. 64.
216 Verhörprotokoll Paula Hitler, 5. 6. 1945, a. a. O.
217 Brief vom 4. 7. 1947 u. 8. 10. 1947, in Jürgen Hillesheim: a. a. O., S. 62 und 68 f.
218 Amtsnotiz Juli 1934, MA 731, Institut für Zeitgeschichte, München.
219 Verhörprotokoll Paula Hitler, 26. 5. 1945, a. a. O.
220 Faksimile in Anton Joachimsthaler: *Hitlers Liste*, a. a. O., S. 35 f.
221 Walter C. Langer: a. a. O., S. 31.
222 Ebenda, S. 108.
223 *Der Spiegel*, Nr. 4, 1988.
224 Heinz Linge: *Bis zum Untergang*, München 1980, S. 79 f.
225 Brief Paula Hitler vom 1. 9. 1946, in Jürgen Hillesheim: a. a. O., S.

178 *Look*, 4. 7. 1939, S. 19.
179 Gemäß Aussage Heinz Hitler in John Toland: a. a. O., S. 491.
180 *Toronto Star*, 2. November 1939, zitiert nach David Gardner: a. a. O., S. 115 ff.
181 Ebenda.
182 *New York Times*, 31. 7. 1941.
183 *New York Times*, *New York Herald* 25. 6. 1941.
184 Sammelakte Federal Bureau of Investigation, Subject: Bridget Elizabeth & William Patrick Hitler, ohne Jahr, FBI-Archiv Washington.
185 Ebenda.
186 Ebenda.
187 Ebenda.
188 Ebenda.
189 *New York Times*, 30. 10. 1942.
190 Walter C. Langer: a. a. O., S. 104.
191 Ebenda, S. 106.
192 Ebenda, S. 243 ff.
193 John Toland: a. a. O., S. 491 und 1160.

第6章

194 Verhörprotokoll Paula Hitler, 26. 5. 1945, MA 1298/10, Institut für Zeitgeschichte, München.
195 Verhörprotokoll Paula Hitler, 12. 6. 1945, URL Eisenhower Library Website.
196 Verhörprotokoll Paula Hitler, 26. 5. 1945, a. a. O.
197 Jürgen Hillesheim: *Hitlers Schwester Paula Wolf und das »Dritte Reich«*, Berlin 1992, S. 26.
198 August Kubizek: a. a. O., S. 39.
199 Verhörprotokoll Paula Hitler, Agent C 10, vom 5. 6. 1946, Modern Military Records, 319 IRR XE575580, National Archives Maryland.
200 Manuskriptfragment Paula Hitler, ohne Datum, Archiv für

154 Faksimile in: *Der Spiegel*, 24. 7. 1967.
155 Faksimile im Besitz des Autors.
156 Schreiben vom 8. 2. 1938 in Wolfgang Schneider: *Frauen unterm Hakenkreuz*, Hamburg 2001, S. 75.
157 Stefan Roloff: *Die rote Kapelle*, Berlin 2002, S. 61.
158 Ebenda, S. 54 ff.
159 Faksimile ebenda, S. 70.
160 Bescheinigung Alois Hitler, 106/04, Staatsarchiv Hamburg.
161 Bericht der Hamburger Polizei über Alois Hitler vom 24. 10. 1945, Staatsarchiv Hamburg.
162 Ebenda.

第5章

163 Hier und im Folgenden: William Patrick Hitler, in: *Paris-Soir* vom 5. 8. 1939. Siehe auch Werner Maser, *Adolf Hitler*, München 1985, S. 18 f., sowie Michael Unger (Hrsg.) : a. a. O., S. 62.
164 Michael Unger (Hrsg.) : a. a. O., S. 55.
165 *Look*, 4. 7. 1939, S. 16 ff.
166 Faksimile in David Gardner: *The Last of the Hitlers*, Worcester 2001, S. 88 f.
167 *Paris-Soir*, 5. 8. 1939.
168 Faksimile in David Gardner: a. a. O., S. 88 f.
169 Michael Unger (Hrsg.) : a. a. O., S. 89.
170 Faksimile in: *Look*, 4. 7. 1939, S. 18.
171 Michael Unger (Hrsg.) : a. a. O., S. 92 f.
172 Faksimile in David Gardner: a. a. O., S. 88 f.
173 Hans Frank: a. a. O., S. 330.
174 Armin Büttner/Otto Flückinger: *Die Lanigiro-Story*, Jazzdocumentation, Booklet 1, Wallbach 2000.
175 Mündliche Auskunft Otto Schlepper gegenüber dem Autor, 1. 9. 2004.
176 Ebenda.
177 *Daily Express*, 22. 11. 1937.

131 Nerin Gun: a. a. O., S. 76 ff.
132 Ebenda, S. 130.
133 Otto Wagener: a. a. O., S. 99.
134 Albert Speer: a. a. O., S. 106.
135 Herbert Döhring zitiert nach Guido Knopp: *Hitlers Frauen und Marlene, München* 2001, S. 41.
136 Nerin Gun: a. a. O., S. 164 f.

第4章

137 Antrag auf Namensänderung Alois Hitler vom 1. 10. 1945, Nr. 106/04, Staatsarchiv Hamburg.
138 Walter C. Langer: a. a. O., S. 102.
139 Ebenda, S. 103 f.
140 *Saarbrücker Zeitung* vom 9. 2. 1946.
141 Zusammenfassung Manuskript Petra Hitler, Hamburg ohne Datum, Archiv für Zeitgeschichte, Berchtesgaden, S. 1.
142 Walter C. Langer: a. a. O., S. 102 f.
143 Michael Unger (Hrsg.) : *The Memoirs of Bridget Hitler*, London 1979, S. 17 ff.
144 *Herald Tribune*, 25. 6. 1941.
145 *New York Herald*, 25. 6. 1941.
146 Michael Unger (Hrsg.) : a. a. O., S. 38.
147 Zusammenfassung Manuskript Petra Hitler; a. a. O., S. 2.
148 Michael Unger (Hrsg.) : a. a. O., S. 40 f.
149 Ebenda, S. 46 f.
150 Faksimile Mitgliedskarte Alois Hitler der NSDAP-Zentralkartei, Bundesarchiv Berlin, R1 Pers.-04.
151 Zusammenfassung Manuskript Petra Hitler, a. a. O., S. 1.
152 Adolf Hitler: a. a. O., S. 277 f.
153 Klaus Kleinau: *Im Gleichschritt, marsch ! Der Versuch einer Antwort, warum ich von Auschwitz nichts wusste. Lebenserinnerungen eines NS-Eliteschülers der Napola Ballenstedt*, Hamburg 1999, S. 25 ff.

104 Ebenda, S. 206 f.
105 Steuerakte Adolf Hitler im Finanzministerium München.
106 Zitiert nach Joachim Fest: a. a. O., S. 353.
107 Steuerakte Adolf Hitler, a. a. O.
108 Ebenda.
109 Ebenda.
110 Christa Schroeder: a. a. O., S. 171.
111 Aussage Johanna Stangassinger gegenüber dem Autor am 30. 9. 2004.
112 Christa Schroeder: a. a. O., S. 171 f.
113 Faksimile in Anton Joachimsthaler: a. a. O., S. 304.
114 Faksimile im Besitz des Autors.
115 Anton Joachimsthaler: a. a. O., S. 296.
116 Ebenda, S. 297 f.
117 Christa Schroeder: a. a. O., S. 164 f.
118 Anton Joachimsthaler: a. a. O., S. 299 f.
119 Elke Fröhlich (Hrsg.) : a. a. O., Eintrag 11/1935.
120 Verhörprotokoll Eduard Schmidt, April 1949 in Wilhelm Romeder: *Das Jahr 1945 in Weitra und Umgebung*, Horn/Wien o. J., S. 103 f.
121 Faksimile unter: www.ns-archiv.de/personen/hitler/testament/1938.shtml.
122 Faksimile in Anton Joachimsthaler: a. a. O., S. 305.
123 Karl-May-Verlag (Hrsg.) : *Ich. Karl Mays Leben und Werk*, Bamberg 1975, S. 293 ff.
124 Elke Fröhlich (Hrsg.) : a. a. O.
125 Zusammenfassung Verhörprotokoll Angela Raubal, 46-13, MA 1298/10, Institut für Zeitgeschichte, München.
126 Nerin Gun: a. a. O., S. 46.
127 Heinrich Hoffmann: a. a. O., S. 163.
128 Ebenda, S. 160.
129 Henriette von Schirach: a. a. O., S. 225.
130 Heinrich Hoffmann: a. a. O., S. 106.

82 Ian Kershaw: a. a. O., S. 444 f.
83 Brief vom 22. 12. 1926 in: Anton Joachimsthaler: *Hitlers Liste*, München 2003, S. 184.
84 Aussage Maria Reiter gegenüber ihrem Bekannten Robert Brandner, Gespräch vom 28. 9. 2004.
85 Werner Jochmann (Hrsg.) : a. a. O., S. 230.
86 Heinrich Hoffmann: a. a. O., S. 152 ff.
87 Protokoll der Kriminalpolizei München, zitiert nach Anna Maria Sigmund: *Die Frauen der Nazis*, Wien 1998, S. 148 ff.
88 Henriette von Schirach: *Frauen um Hitler*, München 1983, S. 67. ［ヘンリエッテ・フォン・シーラッハ『ヒトラーをめぐる女性たち』シュミット村木眞寿美訳、三修社、1985年］
89 Julius Schaub: *Erinnerungen* (*Arbeitstitel*), Inning, 2004.
90 Heinrich Hoffmann: a. a. O., S. 158 f.
91 Otto Wagener: a. a. O., S. 358.
92 Ernst Hanfstaengl: a. a. O., S. 242 f.
93 Heinrich Hoffmann: a. a. O., S. 158.
94 *Wochenend-Sonnenpost* Nr. 23, 4. 6. 1959.
95 Ebenda.
96 August Kubizek: a. a. O., S. 136.
97 Ebenda, S. 39 f.
98 Ebenda, S. 263.
99 Franz Jetzinger: a. a. O., S. 117.
100 »Gutachten« Adolf Hitlers vom16. 9. 1919, zitiert nach Werner Maser: *Fälschung, Dichtung und Wahrheit über Hitler und Stalin*, München 2004, S. 68 ff.
101 *Prager Tagblatt* vom 27. 9. 1931, zitiert nach Anton Joachimsthaler: a. a. O., S. 274.
102 Faksimile in John Toland: *Adolf Hitler*, Bergisch Gladbach 1977, S. 238. ［ジョン・トーランド『アドルフ・ヒトラー』永井淳訳、集英社、1979年］
103 Beide: Adolf Hitler, zitiert nach Werner Jochmann (Hrsg.) : a. a. O., S. 204 und 203.

56 Brigitte Hamann: a. a. O., S. 342.
57 Ebenda, S. 344 ff.
58 Ebenda.
59 Friedrich Polleroß（Hrsg.）: a. a. O., S. 83.
60 Ebenda, S. 88 f.
61 August Kubizek: a. a. O., S. 41.
62 Henry Picker: a. a. O., Eintrag 21. August 1942.
63 Christa Schroeder: a. a. O., S. 64.
64 Josef Müllner: *Die entweihte Heimat*, Allensteig 1998, S. 6.
65 Friedrich Polleroß（Hrsg.）: a. a. O., S. 35.

第3章

66 Richard Overy: *Verhöre*, Berlin 2002, S. 252.
67 *Wochenend-Sonntagspost* Nr. 23, 4. 6. 1959.
68 Heinrich Hoffmann: *Hitler was my friend*, London 1955, S. 150.
69 Alfred Maleta: *Bewältigte Vergangenheit*, Graz 1981, S. 49.
70 Heinrich Hoffmann: a. a. O., S. 148.
71 Nerin Gun: *Eva Braun-Hitler*, Kettwig 1968, S. 17 und 24.［ネリン・グーン『エヴァ・ブラウン――ヒトラーの愛人』村社伸訳、日本リーダーズダイジェスト社、1973年］
72 Heinrich Hoffmann: a. a. O., S. 148.
73 Ernst Hanfstaengl: *15 Jahre mit Hitler. Zwischen Weißem und Braunem Haus*, München 1980, S. 232.
74 Zitiert nach Erich Schaake: *Hitlers Frauen*, Augsburg 2000, S. 141 f.
75 Zitiert nach Christa Schroeder: a. a. O., S. 235 f.
76 Elke Fröhlich（Hrsg.）: a. a. O., Eintrag 19. 10. 1928.
77 Christa Schroeder: a. a. O, S. 234.
78 Albert Zoller: *Hitler privat. Erlebnisbericht seiner Geheimsekretärin*, Düsseldorf 1949, S. 90.
79 Otto Wagener: *Hitler aus nächster Nähe*, Frankfurt 1978, S. 98.
80 Ernst Hanfstaengl: a. a. O., S. 236.
81 Nerin Gun: a. a. O., S. 25 f.

第2章

37 Brigitte Hamann: a. a. O., S. 11.

38 Adolf Hitler zitiert nach Albert Speer: *Erinnerungen*, Frankfurt 1969, S. 113.［アルバート・シュペール『ナチス狂気の内幕――シュペールの回想録』品田豊治訳、読売新聞社、1970年（現行版は『第三帝国の神殿にて』中央公論新社、2001年）］

39 Werner Jochmann（Hrsg.）: *Adolf Hitler: Monologe im Führerhauptquartier 1941-1944*, aufgezeichnet von Heinrich Heim, München 2000, S. 405.

40 MA 731, Institut für Zeitgeschichte, München, Blatt 13.

41 Ebenda.

42 Beide: Adolf Hitler: a. a. O., S. 138 und S. 135 f.

43 Konrad Meyer: »Siedlungs-und Aufbauarbeit im deutschen Osten«, in: *Die Bewegung*. Folge 8, 1941, S. 7.

44 Beide: Adolf Hitler: a. a. O., S. 757 und S. 754.

45 Henry Picker: a. a. O., S. 339.

46 Adolf Hitler: a. a. O., S. 20.

47 Elke Fröhlich（Hrsg.）: a. a. O., Einträge 21. 3. 1943, 25. 6. 1943 und 9. 4. 1945.

48 Adolf Hitler: a. a. O., S. 138.

49 Ebenda, S. 3.

50 Baltasar Brandmayer: *Zwei Meldegänger*, Bruckmühl 1932, S. 66 f.

51 Anton Joachimsthaler: *Adolf Hitler 1908-1929. Korrektur einer Biographie*, München 1989. S. 157 f.

52 Friedrich Polleroß（Hrsg.）: *»Die Erinnerung tut zu weh«. Jüdisches Leben und Antisemitismus im Waldviertel*, Waidhofen 1996, S. 96.

53 Adolf Hitler: a. a. O., S. 107 ff.

54 Rudolf Lochner: *Georg von Schönerer, ein Erzieher zu Großdeutschland*, Bonn 1942, S. 3 ff.

55 Otto Henke: *Die Juden in Niederdonau*, Schriftenreihe für Heimat und Volk, St. Pölten 1940, S. 16.

11 Adolf Hitler: a. a. O., S. 32 f. und S. 28.
12 Hans Frank: *Im Angesicht des Galgens*, München 1953, S. 331.
13 MA 731, Institut für Zeitgeschichte, München.
14 Franz Jetzinger: a. a. O., S. 81.
15 Aussage Eduard Bloch in Walter C. Langer: OSS-Geheimbericht über Adolf Hitler, Washington, D. C. 1943, Supplement S. 1. ［ウォルター・C・ランガー『ヒトラーの心――米国戦時秘密報告』ガース暢子訳、平凡社、1974年］
16 siehe www.shoa.de/euthanasie.html.
17 *Wochenend-Sonntagspost* Nr. 23 vom 4. 6. 1959.
18 Adolf Hitler: a. a. O., S. 3.
19 Elke Fröhlich（Hrsg.）: *Die Tagebücher von Joseph Goebbels*, Teil I u. II, München 1987, Eintrag 22. 7. 1938.
20 Adolf Hitler: a. a. O., S. 6 und 3.
21 Ebenda, S. 5 f.
22 Ebenda, S. 6.
23 Verhör Paula Hitler, Verhörender: Agent C 10, 5. 6. 1946, NND/881077, National Archives Washington.
24 Christa Schroeder: *Er war mein Chef*, München 1985, S. 63.
25 Franz Jetzinger: a. a. O., S. 105 f.
26 Adolf Hitler: a. a. O., S. 16.
27 Ebenda, S. 20 und 16.
28 August Kubizek: *Adolf Hitler-mein Jugendfreund*, Graz 2002, S. 39. ［アウグスト・クビツェク『アドルフ・ヒトラーの青春』橘正樹訳、三交社、2005年］
29 Ebenda, S. 38.
30 Ebenda, S. 40.
31 Brigitte Hamann: *Hitlers Wien*, München 2002, S. 48.
32 August Kubizek: a. a. O., S. 131 f.
33 Ebenda.
34 Adolf Hitler: a. a. O., S. 223.
35 Brigitte Hamann: a. a. O., S. 55.
36 August Kubizek: a. a. O., S. 147.

原注

＊凡例――〈a. a. O.:前掲書（論文）〉〈Ebenda:同上〉〈siehe～：～を参照のこと〉〈sowie:および〉〈S. 18: 18ページ〉〈S. 18 f. /S. 18 ff.: 18ページ以降〉〈Vgl:参照〉〈5. 8. 1939:1939年8月5日〉

＊なお、諸外国で改訂版などが出た書籍の場合は、最新の改訂年が記されていることもある。

第1章

1 Adolf Hitler: *Mein Kampf*, München 1938, S. 2 und 16. ［アドルフ・ヒトラー『わが闘争』平野一郎／将積茂訳、角川書店、1973年］

2 Henry Picker: *Hitlers Tischgespräche im Führerhauptquartier*, Berlin 1997, S. 172.

3 Zitiert nach Franz Jetzinger: *Hitlers Jugend*, Wien 1956, S. 67.

4 Werner Maser: Adolf Hitler, München 1971, S. 39. ［ヴェルナー・マーザー『人間としてのヒトラー――ヒトラー伝1』『政治家としてのヒトラー――ヒトラー伝2』黒川剛訳、サイマル出版会、1976年］

5 Verhörprotokoll Paula Hitler, Verhörender George Allen, 26. 5. 1945, MA 1298/10, Institut für Zeitgeschichte, München.

6 Zitiert nach Franz Jetzinger: a. a. O., S. 22.

7 Vgl. Werner Maser: a. a. O., S. 28 ff., Ian Kershaw: *Hitler 1889-1936*, Stuttgart 1998, S. 34, Joachim Fest: *Hitler*, Berlin 2002, S. 31 ff. ［ヨアヒム・フェスト『ヒトラー』（全2巻）赤羽龍夫／関楠生／永井清彦／佐瀬昌盛／鈴木満訳、河出書房新社、1975年］

8 Werner Maser: a. a. O., S. 34.

9 Dispensakt Linzer Bischofshof. Zitiert nach Erich Schaake/Roland Bäurle: *Hitlers Frauen*, München 2000, S. 17 f. ［エーリヒ・シャーケ『ヒトラーをめぐる女たち』渡辺一男訳、TBSブリタニカ、2002年］

10 Franz Jetzinger: a. a. O., S. 55.

編集協力―編集室カナール（片桐克博）
地図・系図制作―アートライフ

＊本書は、二〇〇六年に当社より刊行した著作を文庫化したものです。

草思社文庫

アドルフ・ヒトラーの一族
独裁者の隠された血筋

2025年2月10日　第1刷発行

著　者　ヴォルフガング・シュトラール
訳　者　畔上 司
発行者　碇 高明
発行所　株式会社 草思社
〒160-0022　東京都新宿区新宿1-10-1
電話　03(4580)7680(編集)
03(4580)7676(営業)
https://www.soshisha.com/

本文組版　有限会社 一企画
本文印刷　株式会社 三陽社
付物印刷　日経印刷 株式会社
製本所　加藤製本 株式会社
本体表紙デザイン　間村俊一

ISBN978-4-7942-2770-6　Printed in Japan

ご意見・ご感想は、こちらのフォームからお寄せください。
https://bit.ly/sss-kanso

草思社文庫既刊

ヒトラーとは何か

セバスチャン・ハフナー　瀬野文教＝訳

画家になり損ねた我の強いオーストリア人青年はいかにして類を見ない独裁者になったか？　ナチスの興亡を同時代人として体験したジャーナリストがヒトラーの野望の軌跡を臨場感あふれる筆致で描いた傑作評伝。

ドイツ現代史の正しい見方

セバスチャン・ハフナー　瀬野文教＝訳

ヒトラーによる権力掌握はドイツ史の必然だったのか？　第二次世界大戦の真因とは？　独自のヒトラー論で知られる歴史家が、ドイツ現代史の分岐点となった数々のトピックスを取り上げ、「歴史のイフ」を考察。

私はヒトラーの秘書だった

トラウデル・ユンゲ　高島市子・足立ラーベ加代＝訳

ドイツ敗戦まで秘書として第三帝国の中枢で働いていた女性が、ヒトラーの素顔や側近たちとの交流、地下壕での最期までを書き記した手記。戦後まもない時期に書かれ、半世紀を経て初めて公開された貴重な証言録。

草思社文庫既刊

アラン・ブロック　鈴木主税＝訳
対比列伝　ヒトラーとスターリン
（全4巻）

二十世紀を揺るがした二人の独裁者の対比列伝。それぞれの出自から独裁者に上り詰める行程、史上最悪の犠牲者を出した独ソ戦を経て、それぞれの死に至るまでが、練達の筆で生き生きと描かれる。

ジャン・ヴァン・エジュノール　小笠原豊樹＝訳
亡命者トロツキー
1932―1939

スターリンと対立、追放された革命家トロツキーの亡命生活において、個人秘書として七年間を共にしたフランス人青年の回想記。フリーダ・カーロとの日々なども詳述、人間トロツキーの姿が鮮烈に甦る。

アルバート・アインシュタイン
ゼエブ・ローゼンクランツ＝編　畔上司＝訳
アインシュタインの旅行日記
日本・パレスチナ・スペイン

ノーベル賞受賞の前後、アインシュタインは日本、パレスチナ、スペインを訪問した。本書はその旅の間に本人が書き記した日記・手紙を網羅した貴重な一冊。偉大な科学者が見出した日本人の美点とは？

草思社文庫既刊

マリン・カツサ　渡辺惣樹＝訳
コールダー・ウォー
ドル覇権を崩壊させるプーチンの資源戦争

自国の膨大なエネルギー資源を武器に、ペトロダラーによる米国の世界支配を崩壊させようと目論むプーチンの恐るべき戦略。ウクライナ侵攻に繋がる状況を見通した洞察に富む全米ベストセラー。

アンヌ・モレリ　永田千奈＝訳
戦争プロパガンダ10の法則

「戦争を望んだのは彼らのほうだ。われわれは平和を愛する民である」――近代以降、紛争時に繰り返されてきたプロパガンダの実相を、ポンソンビー卿『戦時の嘘』を踏まえて検証する。現代人の必読書。

ジェイミー・バートレット　秋山　勝＝訳
操られる民主主義
デジタル・テクノロジーはいかにして社会を破壊するか

ビッグデータで選挙民の投票行動が操れる？　デジタル・テクノロジーの進化は、人間の自由意志を揺るがし、共有される匿名の怒りが社会を断片化・部族化させ、民主主義の根幹をゆさぶると指摘する衝撃的な書。

草思社文庫既刊

鳥居 民
日米開戦の謎

そこには政府組織内の対立がもたらした恐るべき錯誤が存在していた。膨大な資料検証をもとに「政治の失敗」という観点から開戦の真因を大胆に推理、指摘した歴史評論書。これまで語られなかった新説を提示。

渡辺惣樹
誰が第二次世界大戦を起こしたのか
フーバー大統領『裏切られた自由』を読み解く

第三十一代米国大統領フーバーが生涯をかけて記録した大戦の真実とは？ 半世紀にわたって封印されていた大著『裏切られた自由』を翻訳した歴史家が、同書を紹介しながら新解釈の「第二次世界大戦史」を提示する。

ハミルトン・フィッシュ 渡辺惣樹＝訳
ルーズベルトの開戦責任
大統領が最も恐れた男の証言

当時の米国内の戦争反対世論をねじふせ、対日最後通牒を巧妙に隠してアメリカを大戦に導いたとして、元共和党重鎮がフランクリン・ルーズベルトの責任を厳しく追及。太平洋戦争史観を一変させる重大証言。

草思社文庫既刊

毛沢東の大飢饉
史上最も悲惨で破壊的な人災1958―1962

フランク・ディケーター　中川治子＝訳

毛沢東のユートピア構想は未曾有の大飢饉を発生させ4500万もの死者を出していた。中国共産党最大のタブー、「大躍進」運動の全体像を、党の資料をもとに明らかにした衝撃の書。サミュエル・ジョンソン賞受賞。

文化大革命とモンゴル人ジェノサイド（上・下）

楊　海英

一九六六年からの中国文化大革命のさなか、内モンゴル自治区で実行されていた恐るべきモンゴル人粛正。六千頁にのぼる膨大な資料をもとに、封印された殺戮の全貌を検証した決定版。

中国はいかに国境を書き換えてきたか
地図が語る領土拡張の真実

平松茂雄

古来、中国に「国境」という概念は存在しない。時代により状況によって「顔」を変え、自在に国の「形」を変えて生き延びてきた中国。威嚇と恫喝を繰り返す裏に隠されてきた、中国最大の弱点を浮き彫りにする。

草思社文庫既刊

楊海英　新間聡
モンゴル最後の王女
文化大革命を生き抜いたチンギス・ハーンの末裔

文化大革命の時代、内モンゴルで一体何が行われてきたか。チンギス・ハーンの血を受け継ぐ王女スチンカンルの悲劇をたどり、中国共産党によるジェノサイドの実態を明かす。**『チンギス・ハーンの末裔』改題**

ポール・クローデル　奈良道子＝訳
孤独な帝国　日本の一九二〇年代
ポール・クローデル外交書簡一九二一―二七

フランスの詩人大使が、第一次大戦の戦勝国としてさらなる近代化に向けて邁進する一方で、英米提携強化により孤立を深める日本社会の諸相を活写。初公開の第一級資料。

チャールズ・マックファーレン　渡辺惣樹＝訳
日本　1852
ペリー遠征計画の基礎資料

天皇と将軍、宗教、武士道、民族性、ルーツ――米英は1853年のペリー来航以前に、日本と日本人について恐るべき精度で把握していた。大英帝国の一流の歴史・地史学者が書いた、驚きの〝日本の履歴書〟。